ペットビジネス プロ養成講座 vol.1

ペットショップ

基礎&実践

改訂第2版

EDUWARD Press

CONTENTS

▼基礎編

Part 1 ペットショップの位置づけ

■ **ペット産業とペットショップ** ……… 8
　安定的に成長するペット産業 ……… 8
　ペット産業の歴史 ……… 9
　ペット産業のしくみ ……… 10
　ペットショップの仕事 ……… 10
　ペットショップに関わる仕事 ……… 11

Part 2 ペットショップの職業倫理と法律

■ **生体販売に関する職業倫理と法律** ……… 14
　ペットショップの責務 ……… 14
　動物の愛護及び管理に関する法律 ……… 15
　動物の愛護及び管理に関するその他の法令 ……… 19
　獣医療に関する法律 ……… 20
　人と動物の共通感染症を予防する国の取り組み ……… 21
　野生動物を守るための取り組み ……… 22

■ **販売活動に関する職業倫理と法律** ……… 26
　ペットショップでの販売業務に関するルール ……… 26
　販売活動に関わる法律 ……… 26
　ペットショップの仕事に役立つ資格 ……… 28

Part 3 ペットの基礎知識

■ **犬の歴史と生態** ……… 30
　犬の祖先 ……… 30
　犬の基礎知識／解剖生理／繁殖 ……… 32
　犬と人間との関わり ……… 34
　純血種のスタンダード（犬種標準） ……… 35
　血統書の意義 ……… 35

■ **グループ別　犬種の特徴** ……… 36
　犬種とその分類について ……… 36

■ **猫の歴史と生態** ……… 50
　猫の祖先 ……… 50
　猫の基礎知識／解剖生理／繁殖 ……… 50
　猫と人間との関わり ……… 53

■グループ別　猫種の特徴 ……………54
猫種とその分類について ……………54
コラム 血統書発行の流れ ……………64

■小動物の基礎知識 ……………65
ハムスター ……………65
フェレット ……………66
ウサギ ……………67
モルモット ……………69
デグー ……………70
チンチラ ……………71
ヨツユビハリネズミ ……………72
フクロモモンガ ……………73

Part 4 犬と猫の遺伝
犬と猫の遺伝様式 ……………74
犬と猫の遺伝性疾患 ……………76

Part 5 ペットの栄養学

■犬と猫の栄養学 ……………80
犬と猫に必要な栄養 ……………80
ペットフードの基礎知識 ……………86

■小動物の栄養学 ……………96
小動物の栄養管理 ……………96
ハムスターの食事と栄養 ……………96
ウサギの食事と栄養 ……………96
モルモットの食事と栄養 ……………97
フェレットの食事と栄養 ……………98
そのほかの小動物の食事と栄養 ……………99

▼実践編

Part 6 ペットショップの仕事の流れ

■生体の管理と販売 ……………102
ペットの販売の仕事 ……………102
ペットショップでの感染症対策 ……………110

コラム 人と動物の共通感染症 ……… 113

■ **ペット用品の販売** ……… 114
　ペット用品の販売の仕事 ……… 114

Part 7 ペットショップでの接客

■ **店内における接客とマナー** ……… 116
　接客マナーの重要性 ……… 116
　あいさつ ……… 116
　表情 ……… 118
　態度・仕草 ……… 118
　身だしなみ ……… 119
　言葉遣い ……… 119
　電話 ……… 121
　手紙 ……… 122
　FAX ……… 122
　電子メール ……… 122
　SMSやメッセージアプリ ……… 125
　ホームページ ……… 125

コラム 顧客管理と個人情報保護法 ……… 128

■ **接客のポイントと注意点** ……… 129
　接客時の所作 ……… 129
　レジ周りで気をつけること ……… 130
　不快感を与える接客態度 ……… 130
　ペットを連れてきた人への注意 ……… 131
　展示ペットを見ている人への注意 ……… 131

コラム 子犬と子猫の抱き方 ……… 133

Part 8 ペットの生体管理

■ **生体販売に関する職業倫理と法律** ……… 134
　生体管理と法律 ……… 134

■ **犬の生体管理としつけ** ……… 140
　哺乳期の子犬の健康管理 ……… 140
　子犬に多い病気 ……… 144
　子犬の行動の発育としつけ ……… 146
　わかりやすいしつけの方法 ……… 148
　犬の知育、しつけに役立つアイテム ……… 150
　子犬に行う日頃の手入れ ……… 152

■猫の生体管理としつけ …………154
哺育期の子猫の健康管理 …………154
子猫に多い病気 …………156
子猫の行動の発育としつけ …………158

コラム ペットショップスタッフに求められる正しい情報の提供 …………160
猫の知育、しつけに役立つアイテム …………161
子猫に行う日頃の手入れ …………162

コラム 犬と猫の緊急時の応急処置と対処法 …………163

■小動物の生体管理 …………164
ハムスターの飼養管理 …………164
ウサギの飼養管理 …………165
フェレットの飼養管理 …………166
モルモットの飼養管理 …………168
デグーの飼養管理 …………169
チンチラの飼養管理 …………170
ヨツユビハリネズミの飼養管理 …………171
フクロモモンガの飼養管理 …………172

Part 9 ペットの生体販売

■生体販売に関わる法律 …………174
生体販売と契約 …………174

■動物愛護管理法と生体販売 …………177
生体販売に関する規制 …………177

コラム ペットショップのよくあるトラブル事例［法律Q&A］ …………180

Part 10 ペット関連用品の販売

■ペット関連用品のトレンド …………182
用品販売の重要性 …………182
ペット関連用品のトレンド …………182

■商品別販売のポイント …………185
ペットフード …………185
ハウス …………186
リードやカラー／おもちゃなどのしつけ関連用品 …………187
シャンプー、ブラシなどのお手入れ用品 …………189
犬用ウェア、アクセサリー …………191

Part 11 売り場づくり

■ペットショップの売り場 ……………192
- 売り場づくりの重要性 ……………192
- 入りやすい売り場づくり ……………192
- まわりやすい売り場づくり ……………193
- 見たくなる売り場づくり ……………196
- ふれたくなる売り場づくり ……………198
- 生体販売コーナーの工夫 ……………200

Part 12 ペットショップの運営と販売促進

■ペットショップの運営 ……………202
- ペット用品・ペットフードの仕入れ業務 ……………202
- 仕入れ業務に必要な専門用語 ……………205
- ペットの仕入れ方法 ……………206
- 在庫管理 ……………208
- 販売管理 ……………209

■ペットショップの販売促進 ……………210
- 生体販売と関連用品 ……………210
- 販売促進の方法 ……………211
- キャンペーンやイベントの企画 ……………213
- シーズン別販売促進 ……………214

付録

■店頭で使えるお客様用リーフレット ……………218
- 子犬との暮らしに必要なもの
- 子猫との暮らしに必要なもの
- 子犬を迎えたらやるべきこと
- 子猫を迎えたらやるべきこと
- 犬のライフステージとケア
- 猫のライフステージとケア
- ペット用非常持ち出し袋

■独立開業タイムテーブル ……………227
- 独立開業までの歩み ……………227
- 独立開業までの大まかなスケジュール ……………228

索引 ……………230

※本書に記載されている薬品・器具・機材の使用にあたっては、能書あるいは商品説明を再度ご確認ください。
※犬種・猫種の記載については、犬種名は JKC（ジャパンケネルクラブ）、猫種名は TICA（ザ インターナショナル キャット アソシエーション）を主として参考にしています。

基礎編

Part 1 ペットショップの位置づけ

ペットビジネスは、今や年間1兆円ものお金が動く大きな産業になりました。さらに新しい商品やサービスが続々登場し、飼い主のニーズに対応しながら、今後も発展することが予想されています。ペット産業ができるまでの歴史やその仕組みを理解して、現在のペット産業の姿をおおまかに捉えることから始めましょう。

ペット産業とペットショップ

安定的に成長するペット産業

犬、猫、小動物、小鳥、爬虫類、観賞魚、昆虫など、生活に楽しさや癒しを与える存在として人間に飼育される動物、ペット。そのペットを飼ううえで必要となる用品やフード、サービス、そして生体（生き物）を取り扱う企業により構成されているのがペット産業です。

ペットを飼う人口が拡大したのに伴い、ペット産業も順調に成長を続け、いまや年間に1兆7,000億円ともいわれるお金が動く大きな産業になりました。

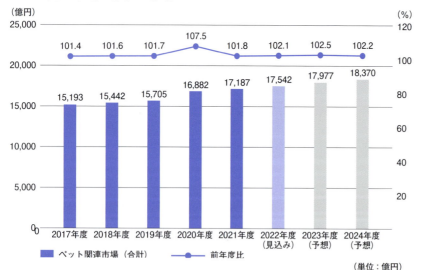

ペット関連市場の推移と予想

（単位：億円）

	2017年度	2018年度	2019年度	2020年度	2021年度	2022年度(見込み)	2023年度(予想)	2024年度(予想)
ペットフード	5,015	5,212	5,333	5,822	6,083	6,379	6,725	7,078
ペット用品	2,561	2,576	2,667	2,864	2,880	2,911	2,974	2,999
生体＋サービス分野	7,617	7,654	7,705	8,196	8,225	8,252	8,278	8,294
ペット関連市場(合計)	15,193	15,442	15,705	16,882	17,187	17,542	17,977	18,370

（2022年ペットビジネスマーケティング総覧［矢野経済研究所］）

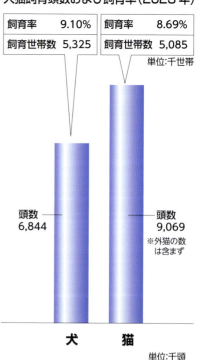

犬猫飼育頭数および飼育率（2023年）

犬：飼育率 9.10%　飼育世帯数 5,325　頭数 6,844
猫：飼育率 8.69%　飼育世帯数 5,085　頭数 9,069
※外猫の数は含まず
単位：千世帯／千頭

（2023年度全国犬猫飼育実態調査，一般社団法人ペットフード協会）

　また、少子化、高齢化、核家族化などの社会の変化を受け、ペットは「家族の一員」としての地位を確立しています。犬猫の飼育頭数は2008年をピークに、犬は減少傾向、猫は横ばいから微増減で推移しています。一方で、飼い主のニーズも多様化、細分化し、それに応える商品や新たなサービスが続々と開発されていることから、ペット産業は安定的に発展しています。

ペット産業の歴史

　日本のペット産業が形成されたきっかけとなったのは、1960年に初めて国内で製造されたドッグフードの誕生であると考えられています。それまで犬には残飯を与えるのが普通であり、ドッグフードは一部の愛犬家やブリーダーが欧米から直接輸入して使うのみでしたが、国産のドッグフードが登場し、それが手軽に手に入るようになると流通が徐々に整備されたのです。

　その少し前、1953年に犬の輸入自由化が始まったこともあり、純血種を愛玩犬として飼う人が増えました。これまで観賞魚や小鳥を主に販売して

1960年、日本で初めて開発されたドライドッグフード「ビタワン」
（写真提供：日本ペットフード㈱）

いたペットショップでも犬を取り扱う店舗が増え、それに伴いペットフードや用品の販売が一般化しました。

　70年代中期から80年代初頭にはデパートなどの大型店舗にペットショップが出店するようになり、美容室などを併設した高級指向の店舗も登場。90年代中期には、郊外を中心に200坪を超える大型のペットショップや、テーマパークの要素を取り入れたペットショップが増えました。

　現在日本国内には約1万5千軒を超えるペットショップがあるといわれ、ペット業界と飼い主をつなぐ役割を果たしています。

ペット産業のしくみ

ペット産業は大きく以下のように分けることができます。

- **ペットそのもの（生体）を取り扱う業態**
  ブリーダー、ペット卸問屋、ペットショップなど

- **ペットフードや用品を扱う業態**
  メーカー、フード・用品卸問屋、ペットショップなど

- **ペットオーナーへサービスを提供する職種**
  トリマー、ドッグトレーナーなど

- **獣医療を提供する職種**
  獣医師、愛玩動物看護師

ペットショップの仕事

ペット業界の窓口として、飼い主と直接関わる位置にあるのがペットショップです。単にペット（生体）や商品を販売するだけでなく、ペットとの生活が豊かで楽しいものであるように、飼い主へペットと共生するための情報発信地としての重要な役割も担います。

ペットの購入を希望するお客様には、ペット飼育に関する説明をしながら、そのお客様の家庭環境で本当にペットが飼えるのかを見極めます。販売後も定期的に連絡を取り、しつけや健康状態で困っていることがないか、といったアフターフォローを行います。店頭ではお客様からの質問に応対して、それぞれのペットに最適な商品セレクトのアドバイスを行います。

健康なペットを提供するために、まだ体力が不十分な子犬や子猫の管理を行い、元気な状態で新しい家族に引き渡すことも大きな役割です。

ペットショップの仕事紹介

ペットの管理／販売（犬猫）

ペットの管理／販売（小動物）

ペット用品などの管理

接客／ペットの飼育相談など

接客／ペットフードや用品の販売

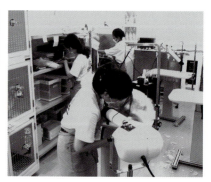
サービス（美容／トレーニング／ホテル／ドッグラン／イベントなど）撮影協力：AHBASE

ペットショップに関わる仕事

■ペット用品・フードのメーカー

仕事 ペットが人間の家族と快適に生活するうえで必要な商品や食べ物を企画製造し、卸問屋や小売店へ販売する仕事です。自社で工場を持ち製造まで行う会社、企画のみを行い製造は他社に委託する会社、海外のブランドと契約を結んで商品を輸入する会社など、いろいろな形態があります。

ペットショップ 自社の商品をPRするため、卸問屋のスタッフとともに定期的にペットショップを訪問します。宣伝用の印刷物を展示したり商品陳列のアドバイスをしたりすることもあります。

また反対に、ペットの飼い主の需要に応えた商品企画の材料を得るため、店頭・イベント会場などでの聞き取り調査を実施することもあります。

最近の流れ 「ペットは家族の一員」という意識や室内飼育の普及により、人間同様の質や安全性に考慮した商品が求められるようになりました。こうした背景を受けて、人の生活用品を扱う大手メーカーが、ペット用品も手がけるケースが増えています。

また、用品やフードに対する飼い主のニーズは多様化、細分化しています。そのニーズに応えるために、企業の規模を問わず、アイデア勝負のさまざまな用品も登場し、異業種からのペット関連市場への参入も目立っています。

■ペット用品・フード・ペットの卸問屋

仕事 ペットショップへ用品やフードを販売卸しする仕事です。ただ商品を売るだけでなく、売り場づくりや販売キャンペーンなどの提案も行い、ペットショップの営業を全面的にサポートします。

また犬や猫、小動物、観賞魚などの生き物（生体）をブリーダーから仕入れてペットショップへ販売している卸問屋もあります。

ペットショップ メーカーとペットショップを結ぶ役割として、商品と金銭の円滑な流れを管理するのが一番の仕事です。メーカーは、全国各地にあるペットショップ一軒一軒への商品発送や代金回収の膨大な仕事を卸問屋へ委託し、またペットショップは日々発売される新しい商品の情報を卸問屋から入手することができます。ペットショップとしては、日々の業務はもちろんのこと、売り上げ拡大をサポートしてくれるもっとも頼るべき存在です。

最近の流れ ペット用品がスーパーマーケットやホームセンターなどの量販店でも並べられることが多くなったため、日用雑貨や食品の卸問屋、総合商社もペット用品を扱うようになりました。またインターネット通販の発展で、メーカーとエンドユーザーの直接的な流通ラインができたため、卸問屋に頼らずメーカーが直接、ペットショップ、あるいは飼い主に販売するルートも一般化しています。

ペット専業卸問屋はペットやペット用品に関する知識を武器として、専門だからこそできる、きめの細かいサービスを行うことで、この流れに対抗しています。

■トリマー（グルーマー）

仕事 犬や猫の美容師。飼い主から預かった犬猫のシャンプーや爪切りなど日頃の手入れから、クリッパーやハサミを使って被毛を整えるト

トリマーの仕事は、犬や猫の手入れ、トリミング、さらに健康状態を把握する能力が必要 (iStock)

リミングを担当します。

預かったペットを清潔にし、見た目をよりかわいらしく演出します。また作業中にペットの体をさわったり、近くで観察したりすることで、皮膚や被毛の異常をいち早く発見して飼い主に知らせることができます。大きな病気の徴候を見逃さない経験と注意力を持つことで、さらにお客様に信頼されるトリマーになれます。

フリーとして活動しているトリマーと契約するペットショップもありますが、トリマーの資格と技術を持ったスタッフを採用することで、トリミングのサービスを提供するペットショップがほとんどです。

シャンプー、爪切り、カットなどの一般的な手入れだけでなく、ペット向けのマッサージ、アロマテラピー、温泉浴など、特別なサービスを売りにする店舗も増えています。

■ **ドッグトレーナー**

警察犬や盲導犬、聴導犬、介助犬などの使役犬を訓練することはもとより、一般の家庭で飼われている愛玩犬のしつけも行うスペシャリスト（上記の使役犬の訓練には、それぞれの目的に応じた専門的な資格を取る必要があります）。トレーニング法、飼育法をはじめ、犬の習性や心理、行動などについてかなりの技術と知識が必要になります。

飼い主に対する指導も行うので、犬ばかりでなく人にものを教えるための話術や気づかいも重要な要素となります。「犬好きの人間嫌い」では務まらない仕事です。

店内のスペースや併設のドッグランなどを使って、お客様向けのしつけ教室を実施するペットショップが増えています。その際には契約しているプロのドッグトレーナーに要請して、セミナーを行います。

またお客様からのしつけ相談に答えるためのカウンセリングや、店員向けの勉強会などを、ドッグトレーナーを招いて開催するペットショップもたくさんあります。ペットショップでドッグトレーナーを雇用し、常駐しているケースも見られます。

動物の習性を学ぶ「動物行動学」や、動物の学習方法を学ぶ「行動分析学」を基本にしたドッグトレーニングを行うトレーナーが最近の主流です。「ほめてしつけること」を本質としているので一般の飼い主も実践しやすく、犬に社会性を身につけさせることを重視し、子犬とその飼い主家族を集めて開かれるパピー教室なども行われています。

■ **ブリーダー**

犬や猫、小動物の繁殖家。親となる動物を計画的に交配させて、安全な出産を助け、子どもを健康に育てた後にペットショップ、ペット卸問屋、一般家庭へ販売します。交配、妊娠、出産についての知識が不可欠なことはいうまでもないことですが、スタンダード（犬種標準）、血統、遺伝的疾患、特徴について、自分の所有している動物だけでなく、繁殖相手として考えている他人の動物へも深い見識を持っていなければなりません。また出産時に起こり得るさまざまなアクシデントに備えて、適切に対処するための経験、知識、獣医師との太いパイプなどが必要になります。

健康なペットを飼い主へ提供することが、ペット業界全体の発展につながります。信頼できる技術を持ったブリーダーと提携し、卸問屋を通さず直接仕入れる方法を取っているペットショップも少なくありません。

健全なペット業界の将来にとっては、繁殖に関する確かな経験と知識を持ち合わせたプロ意識の高いブリーダーの存在が最も欠かせないものです。

近年では、親やきょうだいの様子や飼育環境などが確認できることなどから、ペットショップか

らではなく、ブリーダーから直接ペットを購入する飼い主も増えています。

■獣医師

仕事 診察や診断、投薬や手術をして、動物の病気を治すお医者さんです。また病気の早期発見や予防のための健康診断や飼い主への指導も行います。最近では体の病気だけでなく、問題行動など動物の心の病気を診療する獣医師も活躍しています。

動物に医療行為を行ったり、飼い主からの病気相談に答えるためには、獣医師の国家試験に合格して免許を取得する必要があります。また獣医療は人間の医療同様日々進歩しているので、常に新しい治療法などの勉強・研究を怠ることはできません。

ペットショップ内に診察施設を設ける、「動物病院併設型」の店舗が増えています。ペットショップにとっては、ペットを購入したお客様に信頼度の高いアフターフォローができるほか、診察に訪れた際の商品の購入にもつながるなどのメリットがあるといわれています。

最近の流れ ペットの病気を総合的に診察する病院だけでなく、専門科目に特化した「専門医」も登場しています。猫、ウサギ、エキゾチックアニマル、小鳥など特定の動物種を対象とした専門病院も近年増えつつあります。

また、人間の「ホームドクター」のように、健康のアドバイザーとして日々の健康管理を行いながら、深刻な問題を発見したときには、より専門性の高い獣医大学の付属動物病院や大規模な病院を紹介するなど、動物病院同士の連携が図られるようになっています。

■愛玩動物看護師

仕事 獣医師のアシスタントとして働くのが愛玩動物看護師です。診察や手術の補助、入院動物の世話、カルテの管理、外来の受付など、動物病院の業務のなかで幅広く獣医師をサポートします。飼い主からやさしく、正確にペットの病気やケガの状況を聞き出し、獣医師に伝える役目も担当するので、高いコミュニケーション能力が要求されます。2019年に「愛玩動物看護師法」が成立して国家資格となり、愛玩動物看護師の業務が明確化されました（2023年に第1回国家試験を実施）。

ペットの健康維持についてのアドバイスをお客様に提供する役割を担っています。販売中のペットの健康状態について気になる点があるときには、獣医師へその状況を正確に伝えるために、その知識を活用することも大切な仕事です。

最近の流れ 愛玩動物看護師法では、この職業の資格を定めるとともに、「愛玩動物に関する獣医療の普及及び向上」と「愛玩動物の適正飼養に寄与」することを目的としています。愛玩動物看護師の業務としても診察の補助、病気やけがをしている動物の看護・世話に加えて、愛護や適正飼養に関する助言や支援も含まれます。このことからも、動物に対する広い知識を持ち、ペットの健康管理だけでなく、飼い主とペットが互いに快適かつ幸せに生活するためのアドバイザーとしての活躍も期待されています。

Part 2 ペットショップの職業倫理と法律

命ある動物を取り扱うペット関連ビジネスには、守るべき職業倫理と法律があります。身勝手な都合により飼育を放棄され不幸な結末を迎える犬や猫、飼いきれずに捨てられてしまう爬虫類などの問題が取りざたされています。このような事態を防ぐために、ルールを遵守し、お客様への教育に当たるのも私たちの仕事です。

生体販売に関する職業倫理と法律

ペットショップの責務

生体を取り扱うペットショップは、ペットという「生命」を販売することで成り立っています。その特性上、この仕事にはすべての人が守るべき「職業倫理」が存在します。

■繁殖

無計画な近親交配や、知識を持たない人の繁殖により、生まれつき体や性格に異常を持って生まれる子犬や子猫が後を絶ちません。また、劣悪な環境で繁殖されたペットは、栄養失調や寄生虫、骨格の発育異常など、さまざまな健康上の問題を抱える危険性が高くなります。

自家繁殖を行うペットショップでは、健康なペットを生み出すための最善の備えをしなければなりません。また、ペットを仕入れる際には、優秀なブリーダーを厳選する目も必要です。

■最適な販売時期

2019年6月の「動物の愛護及び管理に関する法律」の改正により生後56日（8週齢）以下の犬と猫の販売展示・引き渡しが禁止（特例あり）となりました。（17ページ参照）。母親やきょうだいたちとの接触期間が短かった犬や猫は社会性に乏しく、極度に警戒心の強い、扱いにくい性格に成長することが多くなります。「なるべく幼く、かわいい時期に売る」ことを優先して、体力面、性格形成面で未熟なペットを販売することは、そのペットショップの信用を落とすだけでなく、ペット業界全体への悪影響になります。

■獣医師との連携

幼齢の犬猫や繁殖の目的で飼養する犬猫の健康と安全を確保することも、ペットショップの重要な責務です。そのため、かかりつけの獣医師を持ち、定期的にその診察を受けるなど、獣医師との連携が求められます。

■購入者の準備状況

ペットショップのショーケースを見ただけで、衝動買いによりペットを購入した飼い主は、最悪の場合、飼育を放棄して処分を依頼したり、捨ててしまったりという行動に出るおそれがあります。

こうした事態を防ぎ、不幸になるペットを少しでも減らすためには、販売する段階で「ペットを飼う準備ができている家庭なのか」を見極める必要があります。

■飼育に関する正しい情報提供

ペットを飼育するためには、健康維持やしつけに関する知識が必要となります。ペットを販売す

る際には、購入者へ向けた十分な説明を行う必要があります。

また異常が見つかった際には、すぐに動物病院や専門のトレーナーへの相談を勧め、適切な処置を施すように指導しなければなりません。

■ 生態系への悪影響を予防

野生動物や自然へ悪影響を及ぼすことがないように、人間とともに生きる「ペット」と自然界に生きる「動物」との区別を明確にすることが大切です。

希少な動物はもちろん、国が定めた危険な動物（特定動物）とその交雑種は、2020年6月1日からペットとして飼養ができなくなりました。

そして、ペットとして販売、飼育された動物を自然へ放つ行為は、動物愛護と自然保護の精神に反する行為です。たった1匹の自然への流失が、広範囲な生態系の破壊につながることもあります。

動物の愛護及び管理に関する法律

ペットに最も密接に関連する法律です。1973年に議員立法により制定された「動物の保護及び管理に関する法律」が1999年に改正され、「動物の愛護及び管理に関する法律」（以下、動物愛護管理法）と名称変更、2000年12月に施行されました。その後何回か改定されています。

「保護」から「愛護」へと変わったことには、大きな意味があります。それまで法律上では、動物は「器物」や「動産」であり、つまり「物」として扱われていました。しかし、ペットの社会的な地位が向上したこと、動物虐待を発端とした凶悪犯罪が増えたことなどから、ペットを「命あるもの」として考えるべきという声が高まったことによって、より生命を尊重する理念を盛り込んだ法律へと改められたのです。

社会情勢などを反映させながら、5年を目処として、必要に応じて改正が行われています。動物愛護管理法の主な内容は以下の通りです。

■法律の目的と基本原則

この法律の目的は、「動物の虐待及び遺棄の防止」「動物の適正な取扱い」「動物の健康及び安全の保持」などの「愛護」の思想と、動物による人の生命や身体、財産に対する侵害や、生活環境の保全上の支障を防止するなどの適切な「管理」によって「人と動物の共生する社会の実現」を図ることです。

また、基本原則は「人と動物の共生に配慮した適正な取り扱い」です。動物は単なる「物」ではなく、「命あるもの」であることを認識し、みだりに動物を虐待することのない、人間と動物が共に生きる社会を目指し、動物の習性をよく知ったうえで適正に取り扱うことを定めています。

■動物の所有者・占有者の責務

この法律では、動物の所有者や占有者が守らなければならない責任が規定されています。動物の所有者とは「飼い主」のことで、ペットショップは、販売または繁殖のために店舗で管理されている犬猫の所有者になります。また、占有者とは所有者のいる動物を事実上、所持（支配）している者のことで、一時的に動物を預かっているペットホテルやトリミングサロン（トリマー）などがこれにあたると考えられます（通常、所有者と占有者は同一人物ですが、このように場面によっては異なる場合があります）。

動物の所有者・占有者の責務として、次のようなことが定められています。

- 動物の種類、習性等に応じて適正に飼養、または保管すること。
- 動物の健康及び安全を保持するように努め、動物が人の生命、身体、財産に害を加えたり、生活環境の保全上の支障を生じさせたり、人に迷惑を及ぼすことのないように努めること。
- 所有または占有する動物が原因となる感染症について正しい知識を持ち、その予防のために必要な注意を払うように努めること。
- 動物が逃げ出したり迷子になったり（逸走）することを防止する対策を講じること。

さらに所有者には次のようなことも定められています。

- その動物が命を終えるまで適切に飼養すること（終生飼養）に努めること。
- 所有する動物がみだりに繁殖して適正飼養が困難とならないよう、繁殖制限などの措置を行うこと。
- 無責任な飼育放棄や迷子などを防ぐために、マイクロチップ、迷子札など、動物の所有者を明らかにするための対策を行うこと

■第一種動物取扱業

動物を取り扱う事業者のことを「動物取扱業者」

第一種動物取扱業

業　種	業の内容	該当する業者の例
販　売	動物の小売及び卸売り並びにそれらを目的とした繁殖または輸出入を行う業（その取次ぎ又は代理を含む）	小売業者、卸売業者、販売目的の繁殖又は輸入を行う業者、露天等における販売のための動物の飼養業者、飼養施設を持たない取次ぎ・代理販売業者
保　管	保管を目的に顧客の動物を預かる業	ペットホテル業者、美容業者（動物を預かる場合）、ペットのシッター
貸出し	愛玩、撮影、繁殖その他の目的で動物を貸し出す業	ペットレンタル業者、映画等のタレント、撮影モデル、繁殖用等の動物派遣業者
訓　練	顧客の動物を預かり訓練を行う業	動物の訓練・調教業者（出張も含む）
展　示	動物を見せる業（動物とのふれあいの提供を含む）	動物園、水族館、動物ふれあいテーマパーク、移動動物園、動物サーカス、乗馬施設・アニマルセラピー業者（「ふれあい」を目的とする場合）
競り あっせん	動物の売買をしようとする者のあっせんを行う業	会場を設けてのペットオークション
譲受飼養	動物を譲り受けて飼養する業	老犬ホーム、老猫ホーム

（環境省ホームページ）

といいます。動物愛護管理法で定める動物取扱業には、営利性のある「第一種動物取扱業」と、営利性のない「第二種動物取扱業」があります。

●**第一種動物取扱業の業種**

第一種動物取扱業とは、哺乳類・鳥類・爬虫類（実験動物、産業動物を除く）を対象とし、販売、保管、貸出し、訓練、展示、競りあっせん、譲受飼養の業を、有償無償に関係なく、営利目的で行う事業者です。ペットショップは「販売」に該当します。

●**第一種動物取扱業の登録**

これらの業を行おうとするときには、事業所・業種ごとに都道府県知事または政令指定都市の長への登録が必要となります。ペットのシッターや出張訓練など、動物の所有や飼育施設がない場合も、登録しなければなりません。

また、登録は5年ごとに更新する必要があります。更新をしなければ事業を続けることはできません。

●**動物取扱責任者**

第一種動物取扱業者には、「動物取扱責任者」を事業所ごとに配置することが義務づけられています。動物取扱責任者は自治体が開催する研修会に参加し、そこで得た知識や技術を職員に伝える義務もあります。

動物取扱責任者になるには、次のいずれかの要件を満たす必要があります。
- 獣医師の免許（国家資格）を取得している。
- 愛玩動物看護師の免許（国家資格）を取得している。
- ①種別に係る半年以上の実務経験または取り扱おうとする動物の種類ごとに実務経験と同等と認められる1年以上の飼育経験＋②種別に係る知識と技術について1年以上教育する学校などを卒業していること。
- ①種別に係る半年以上の実務経験、または取り扱おうとする動物の種類ごとに実務経験と同等と認められる1年以上の飼育経験＋③公平性・専門性を持った団体が行う試験により、資格を得ていること。

●**犬猫等販売業者の規制**

第一種動物取扱業者のうち、ペットショップやブリーダーなど、飼育施設を設けて犬や猫の繁殖や販売を行う業者は「犬猫等販売業者」と定められています。

環境に左右されやすくて飼育が難しい幼齢期の子犬子猫を取り扱うことが多いことや、劣悪な環境での繁殖が行われたり、飼育が困難になったりした場合に動物や周辺の環境に与える影響が大きいことから、次のような事項の遵守が設けられています。

- 犬猫等健康安全計画の策定
- 獣医師等との連携
- 販売が困難な犬猫等の終生飼養の確保
- 幼齢動物の販売等の制限
  犬猫の社会化期などを考慮して、展示・販売・引き渡しできるのは生後56日を超えてから。ただし、専ら日本犬のみを繁殖する事業者が直接販売する場合については、49日齢。
- 展示時間の規制
  午後8時から翌午前8時までは、展示、客との接触や引き渡しは禁止。猫カフェなどでは生後1年以上の成猫に限り、午後10時まで。

●**第一種動物取扱業者が守るべきこと**

動物の健康や安全を保持し、生活環境の保全上の支障が生じることを防止するために、第一種動物取扱業者には、動物愛護管理法と、その政令や省令などによって、守るべきさまざまな基準が設けられています。

- 飼養施設等の構造や規模、維持管理に関する事項（Part8を参照）
- 感染症の予防
- 繁殖に関する制限
- 取扱いをやめるときの受け渡し
- 販売に関する情報提供
  販売時の現物確認、動物の健康状態、生年月日、飼い方などの18項目を文書などの対面説明（Part9を参照）
- 帳簿の作成と報告　など

●立入検査・罰則

　第一種動物取扱業者に対して、都道府県等は必要に応じて立入検査を行うことができます。守らなければならない基準が守られていない場合には、改善の勧告や命令を行い、改善されない場合には、登録の取り消し、業務の停止（6カ月以内）を行うことがあります。また、それに従わなかった場合は100万円以下の罰金（命令違反の場合）などの罰則（ばっそく）が科（か）せられます。

■第二種動物取扱業者

　飼育施設などを設置して一定数以上（馬や牛などの大型動物は3頭以上、犬、猫、ウサギなどの中型動物は10頭以上、ネズミ、リスなどの小動物は50頭以上）の動物の、譲渡し、保管、貸出し、訓練、展示などの業を行っている者で、営利性がない場合は、都道府県知事または政令指定都市の長への第二種動物取扱業の届出が必要となります。対象となる動物は哺乳類、鳥類、爬虫類です。

　第一種動物取扱業者と同様に、飼育施設には守るべき基準が設けられており、対応が不適切な場合は都道府県知事等からの勧告や命令の対象になります。

■マイクロチップ装着・登録の義務化

　マイクロチップは、ペットを個体識別するのに有効な手段であり、犬猫等販売業者は入手した犬または猫について、取得した日から30日以内にマイクロチップを装着しなければならないと規定されており、マイクロチップの装着が義務化されています。

　販売業者以外の犬または猫の所有者については、「マイクロチップを装着するよう努めるものとすること」、つまり努力義務となっています。

　犬猫にマイクロチップを装着した者は環境大臣（環境大臣が定める指定登録機関）の登録を受けなければならないこと、また、環境大臣は登録を受けた者に対し、登録証明書を交付しなければならないことも定められています。

　犬や猫を販売する際には、登録証明書を新たな飼い主（購入者）に渡し、飼い主は30日以内に登録情報の変更を行う必要があります。

■周辺生活環境の保全

　動物の飼養、保管、給餌（きゅうじ）、給水などが原因となる騒音や悪臭の発生、動物の抜け毛が飛んだり害虫が発生したりなど、周辺の生活環境が損なわれている場合、都道府県知事は必要な指導や助言を行うことができます。

　また、適切でない飼育によって動物が衰弱（すいじゃく）するなどの虐待を受けるおそれのある場合は、当事者に事態を改善するために立入検査を行い、必要な措置を命じたり、勧告したりできます。

■犬及び猫の引き取りの拒否

　以前は、犬猫の保護や犬猫による人への危害を防ぐことを目的に、自治体は所有者や拾得者から求められた場合、引き取りが義務となっていました。けれども、終生飼養の義務を果たさず、安易に自治体に引き取りを求めるケースが後を絶たなかったため、現在では所有者からの引き取りについては、「相当の理由がない」と認められた場合には、引き取りを拒否できます。

　拒否できるケースには、「犬猫等販売業者から引取りを求められた場合」「引取りを繰り返し求められた場合」「繁殖制限措置を行わずに子犬・子猫の引取りを求められた場合」「犬猫の老齢や病気を理由として引取りを求められた場合」「飼養が困難であるとは認められない場合」「譲渡先を見つける努力をしていない場合」などが該当します。

■特定動物の飼養規制

　特定動物とは、人の生命・身体等に害を加えるおそれのある動物のことで、トラ、タカ、ワニ、マムシなど約650種（哺乳類・鳥類・爬虫類）が指定を受けています。飼育には自治体の許可が必要となり、逸走などを防ぐために、飼養施設の構造や規模、管理方法、マイクロチップの装着など守るべき基準が定められています。

　2020年6月からは、動物園などの展示施設や、研究利用などを除き、飼養や保管は原則禁止され

ており、愛玩目的で新たに飼養許可を受けることはできません。

■**罰則**

動物愛護管理法にはさまざまな罰則が設けられており、主なものは次の通りです。

- 愛護動物＊をみだりに殺したり、傷つけたりした者は5年以下の懲役または500万円以下の罰金
- 愛護動物をみだりに外傷が生ずるような暴行を加えたり、餌や水を与えなかったり、酷使したり、不適切な環境で飼養して衰弱させたり、病気やけがの際に適切な保護を行わなかったり、排泄物や動物の死体が放置された場所で飼養・保管するなどの虐待を行った者は、1年以下の懲役または100万円以下の罰金
- 愛護動物を遺棄した者は、1年以下の懲役または100万円以下の罰金
- 無許可で特定動物を飼養・保管した者は6カ月以下の懲役または100万円以下の罰金
- 登録を受けずに第一種動物取扱業を営んだり、不正な手段で登録したり、業務停止命令に違反した者は100万円以下の罰金

＊愛護動物とは、牛、馬、豚、めん羊、山羊、犬、猫、いえうさぎ、鶏、いえばと、あひるのほか、人が占有している動物で哺乳類、鳥類、爬虫類のことで、実験動物や産業動物、動物園の展示動物も含まれます。

動物の愛護及び管理に関するその他の法令

動物の愛護及び管理に関する法令には、法律（動物の愛護及び管理に関する法律）のほか、政令（動物の愛護及び管理に関する法律施行令）、省令（動物の愛護及び管理に関する法律施行規則、第一種動物取扱業者及び第二種動物取扱業者が取り扱う動物の管理の方法等の基準を定める省令）、告示（家庭動物等の飼養及び保管に関する基準、展示動物の飼養及び保管に関する基準など）が含まれています（次ページの図参照）。

これらの関係法令のうち、法律より細かく規定され、実務とも密接に関連する「動物の愛護及び管理に関する法律施行規則」と「第一種動物取扱業者及び第二種動物取扱業者が取り扱う動物の管理の方法等の基準を定める省令」の概要を紹介します。

■**動物の愛護及び管理に関する法律施行規則**

2006年6月1日に施行された環境省令で、法律から委任を受けて、法律の手続きを補う規定や書類等の様式を定めています。

- 第一種動物取扱業の登録の申請に関すること（登録の基準や更新、変更、廃業の届出など）
- 動物の販売に際する情報提供の方法（飼養や保管のために説明しなければならない18項目）
- 標識の掲示
- 動物販売業者等が取り扱う動物に関する帳簿の備付けの内容
- 第二種動物取扱業の範囲・届出等、動物取扱責任者の選任・研修
- マイクロチップの登録や変更に関すること　など

■**第一種動物取扱業者及び第二種動物取扱業者が取り扱う動物の管理の方法等の基準を定める省令**

飼養施設の管理、設備の構造及び規模、設備の管理、動物の管理、従事する従業員数の員数に関する事項、その他の遵守すべき基準が定められています（詳細についてはPart8で解説します）。

（1）飼養施設の管理、飼養施設に備える設備の構造及び規模並びに当該設備の管理に関する事項
（2）動物の飼養又は保管に従事する従業者の員数に関する事項
（3）動物の飼養又は保管をする環境の管理に関する事項
（4）動物の疾病等に係る措置に関する事項
（5）動物の展示又は輸送の方法に関する事項
（6）動物を繁殖の用に供することができる回数、繁殖の用に供することができる動物の選定その他の動物の繁殖の方法に関する事項
（7）その他動物の愛護及び適正な飼養に関し必要な事項（動物の管理に関する事項）

法律		・動物の愛護及び管理に関する法律
政令		・動物の愛護及び管理に関する法律施行令
省令	環境省令	・動物の愛護及び管理に関する法律施行規則 ・第一種動物取扱業者及び第二種動物取扱業者が取り扱う動物の管理の方法等の基準を定める省令
告示	環境省告示	・特定飼養施設の構造及び規模に関する基準の細目 ・特定動物の飼養又は保管の方法の細目 ・家庭動物等の飼養及び保管に関する基準 ・展示動物の飼養及び保管に関する基準 ・実験動物の飼養及び保管並びに苦痛の軽減に関する基準 ・動物が自己の所有に係るものであることを明らかにするための措置について ・犬及び猫の引取り並びに負傷動物等の収容に関する措置 ・動物の殺処分方法に関する指針 ・動物の愛護及び管理に関する施策を総合的に推進するための基本的な指針
	総理府告示	・産業動物の飼養及び保管に関する基準

法律：衆参両院の審議・議決を経て制定。政令：内閣が制定する命令。閣議決定を経て成立。法律の実施にあたって、補足すべき事項を規定。省令：各省大臣が発する命令。法律を行政事務として実施するにあたって、より具体的に補足すべき事項を規定。告示：公の機関が一定の事項を公式に広く一般に知らせること。またはそのための形式

（環境省ホームページ）

■動物の適正な取扱いに関する告示

　告示とは、国や地方自治体などがある事項について国民に広く知らせることです。告示は「基準」として定められることがあり、動物愛護管理法にも「動物の飼養及び保管に関しよるべき基準を定めることができる」と記されています。基準は法律ではないものの、最低限満たすべきルールです。ペットに関連する環境省告示には、「家庭動物等の飼養及び保管に関する基準」や「展示動物の飼養及び保管に関する基準」などがあります。

獣医療に関する法律

■獣医師法

　1949年に公布された獣医師法は、当初、馬や牛、豚などの大型の家畜を診察・衛生管理する獣医師の資格を定めた法律でしたが、犬や猫などのペットを診察することが増えたため、時代に合わせて改正が加えられています。

　ペットの仕事をする人たちがこの法律でおぼえておかなければならないことは、獣医師法第17条（飼育動物診療業務の制限）に規定されている「獣医師でなければ、飼育動物の診療を業務としてはならない」という決まりです。つまり獣医師の国家資格がなければ動物の病気を扱ってはいけないということです。

　例えば、ペットショップの店頭やホームページなどで獣医師ではないスタッフがお客様から愛犬・愛猫の病気の相談を受けて回答をするという行為は、それを繰り返し行った場合は「問診」にあたり、獣医師免許を持っていなければ違法になります。

■獣医療法

　動物病院など、飼育動物の診療施設の開設や管理に関する決まりや獣医療を提供する体制の整備のために必要な事項を定めた法律です。

　診療施設を開設するには都道府県知事への届出が必要です。また例えば、飼育動物を収容する設備には収容可能な頭数を超えて収容しないこと、収容設備でない場所に収容しないこと、飼育動物の逸走を防止するために必要な措置を講ずることなど、診療施設は農林水産省令で定められた基準に適合していなければなりません。

この法律では、獣医師または診療施設の業務に関して、特例以外の技能、療法または経歴に関する事項の広告をしてはならないという規定も設けられています。

■愛玩動物看護師法

2019年6月28日に公布され、2022年5月1日から施行された新しい法律で、動物病院で獣医師の業務のサポートなどを行う愛玩動物看護師の業務内容や資格について定めています。

●法律の目的

この法律は、愛玩動物看護師の資格を定めるとともに、「獣医療の普及及び向上」と「愛玩動物の適正な飼養に寄与」することを目的としています。そのため、獣医療を管轄する農林水産省と、愛玩動物の適正飼養を推進する環境省の2省庁が所管しています。

●愛玩動物看護師の免許

愛玩動物看護師になるには国家試験に合格し、農林水産大臣と環境大臣からの免許を受ける必要があります。「愛玩動物看護師」という名称を使用できるのは資格を持った者だけであり、無資格者は「動物看護師（士）」など紛らわしい名称は使用できません。

●業務内容

愛玩動物看護師の業務は、①獣医師の指示のもとに行う診療の補助、②愛玩動物の世話、看護、③愛玩動物の飼い主などに対する愛護及び適正な飼養のための助言や支援です。

このうち、診療の補助には、輸液剤の注射、採血、マイクロチップの装着、カテーテル留置、投薬等が含まれます。

この法律のいう「愛玩動物」とは、獣医師法令で規定されている飼育動物のうち、犬、猫、その他政令で定める動物と規定されています。その他の動物とは愛玩鳥のうち、オウム科全種（セキセイインコ、オカメインコ、ボタンインコ、コザクラインコ、ダルマインコ、オオバタン、コバタン、ヨウムなど）、カエデチョウ科全種（ブンチョウ、ジュウシマツ、ベニスズメ、キンチョウ、ヘキチョウなど）、アトリ科全種（カナリア、マヒワ、ウソなど）です。

ウサギやハムスター、カメなどの爬虫類は含まれていませんが、愛玩動物の定義に含まれない動物についても、診療の補助を除く、看護、愛護・適正飼養支援などについては行うことができます。

人と動物の共通感染症を予防する国の取り組み

海外から日本に動物を持ち込む際には、海外で蔓延している感染症の国内流入を防ぐために、監督省庁である農林水産省や厚生労働省が中心となり法律を整備して規制を行っています。

■狂犬病予防法

動物から人にも感染する人と動物の共通感染症（動物由来感染症、人獣共通感染症ともいう）のなかで、最も恐ろしい病気とされる狂犬病を抑えるために、1950年に制定された法律です。その内容は、飼い犬の登録と狂犬病ウイルスの予防接種の義務づけ、輸入動物の検疫制度の制定などでした。

この法律が効果をあげて、1957年を最後に国内での狂犬病発生件数はゼロとなっています。

■犬等の輸入検疫制度

日本では50年以上発生していない狂犬病ですが、世界的にみれば、アジア諸国、アメリカ、ヨーロッパなどで毎年55,000人もの死亡者を出すなど依然として猛威を振るっています。特に近隣の中国での死亡者は、エイズや重症急性呼吸器症候群（SARS）による死亡者をはるかに超えており、深刻な問題となっています。

このような狂犬病発生国からペットショップで販売するための犬や猫を輸入するケースも少なくないことから、日本でもこれまでの動物検疫制度を見直す必要が生じました。2004年11月に制度が改正され、「犬等の輸入検疫制度」が導入されました。

犬猫の輸入検疫手続きの流れ

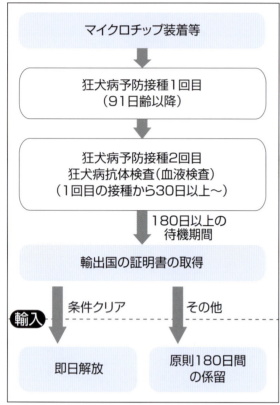

（農林水産省動物検疫所ホームページ）

● 予防接種の時期と回数

・狂犬病発生国からの犬猫の輸入に際しては、生後91日齢以降に1回目のワクチン接種、それから最短で30日後に2回目の接種を行います。
・2回目の狂犬病予防注射の後（同日可）、動物病院で採血し、日本の農林水産大臣が指定する検査施設（指定検査施設）で狂犬病抗体検査を受けます。狂犬病に対する抗体価（免疫抗体の量）は0.5 IU/ml以上でなければなりません。
・抗体検査の採血日から狂犬病の潜伏期間である180日間以上待機、その後、輸出国政府機関発行の証明書を取得すれば入国が許可されます。
・この一連の手続きをクリアするためには、最短でも生後10カ月以上の犬である必要があることから、狂犬病発生国からのそれ以下の幼犬の輸入は実質できません。
・反対にこの手続きを踏めば、これまで必要だった入国後の14日〜180日の係留は免除され、検疫も即日通過できます。手続きになんらかの不備があった場合には、180日間の係留・検査または返送処分となります。

● マイクロチップの導入

・輸入する犬猫の皮下に、一つずつ異なる唯一の識別番号が記録されているマイクロチップを埋め込むことが義務づけられました。
・検疫時にその記録を専用のリーダーで読み取り、輸出国政府機関発行の証明書と照合します。

■感染症の予防及び感染症の患者に対する医療に関する法律

狂犬病以外にも、恐ろしい人と動物の共通感染症はたくさんあります。新たな感染症対策を確立するために「感染症の予防及び感染症の患者に対する医療に関する法律」（感染症法）が1999年4月より施行されました。

この法律では、獣医師による感染症発生時の届け出、サルの輸入禁止地域と輸入時の動物検疫、プレーリードッグの輸入禁止などの項目が強化されました。しかしその後、さらにエボラ出血熱、鳥インフルエンザウイルス感染症、ウエストナイル熱、そして原因はまだ解明されていないものの野生動物に由来することが推察されているSARSなどが流行すると、輸入業者の届け出制度など、これら新たな感染症に対抗するための制度の創設と新たな規定の追加が随時なされています。

野生動物を守るための取り組み

■ワシントン条約

ワシントン条約（絶滅のおそれのある野生動植物の種の国際取引に関する条約）は、野生動植物の国際取引の規制を輸出国と輸入国とが協力して実施することにより、採取・捕獲を抑制して絶滅のおそれのある野生動植物の保護をはかることを目的とした国際条約です。1975年にワシントンで発効し、日本は1980年に批准しました。

条約締結国は、違反する取引もしくは所持について処罰し、違反にかかる動植物を没収し、輸出国ま

たは保護センターなどに返還する処置をとることが要求されます。規制の対象となるのは、生きた動植物だけでなく、体の一部（例えば象牙）や製品（禁止動物の部位を用いた漢方薬など）も入ります。

条約に違反した野生生物を日本へ持ち込むと、知らずに持ち込んだ場合を含めて罪になります。税関で輸入が差し止められ、輸入品の没収と罰金の支払いを通告されます。拒否すれば検察官へ告発され、刑事裁判になります。税関でチェックを受けずに持ち込んだ場合の罰則は、5年以下の懲役若しくは1000万円以下の罰金又はこれらの併科です。さらに、条約違反の輸入は外国為替および外国貿易法違反ともなり、5年以下の懲役もしくは1000万円以下の罰金又はこれらの併科の罰則が定められています。

輸入されたものと知らずに、ペットショップで入荷し販売してしまったというケースも報告されているので、注意が必要です。

ワシントン条約では絶滅のおそれがあり保護が必要と考えられる野生動植物を附属書3種（下の表参照）に分類しています。

■絶滅のおそれのある野生動植物の種の保存に関する法律

絶滅が心配されている動物や植物（国内希少野生動植物種）を、環境省に許可を得た場合や特別な場合を除き、捕獲、譲渡、輸出入、陳列をしてはいけません。違反した者に対しては、懲役刑を含む厳しい罰則が設けられています。

■特定外来生物による生態系等にかかる被害の防止に関する法律

外来生物とは、それまで生息していなかった場所に持ち込まれた動植物等のことで、生態系のバランスを崩したり、人の生命や健康に影響を及ぼしたり、農水産業に被害をもたらしたりすることもあります。

こうしたさまざまな被害を防止し、生物の多様性の確保、人の生命・身体の保護、農林水産業の健全な発展のために、「特定外来生物による生態系等に係る被害の防止に関する法律（以下、外来生物法）」が2005年6月1日に施行されました。

外来生物のうち、生態系、人の生命・身体、農林水産業へ被害を及ぼす、あるいは及ぼすおそれがある動植物は「特定外来生物」に指定されます。特定外来生物は飼育・栽培、保管、運搬、野外への放出、許可を受けていないものへの譲渡、輸入が原則禁止されています。

2023年9月現在、哺乳類25種、鳥類7種、爬虫類22種、両生類15種（ウシガエル、オオヒキ

ワシントン条約の附属書分類

附属書Ⅰ	国際取引によって絶滅のおそれのある種。商業目的での輸出入は原則禁止されています。例外的に学術目的の取引は許可されますが、輸出入国双方の政府の許可書の発給を得る必要があり、その許可も種の存続を脅かすものでないこと、適切な収容ができること、などの厳格な条件があります。	オランウータン、アジアゾウ、トラ、サイ、ツキノワグマ、コツメカウソ、コンゴウインコ、ヨウム、ウミガメ、オオサンショウウオ、アジアアロワナなど約1,100種。
附属書Ⅱ	国際取引を規制しないと絶滅のおそれがある種。商業目的の取引は可能ですが、輸出国政府の許可書の発給を得る必要があります。	カバ、キリン、サル類の多く、ネコ類の多く、キュウカンチョウ、アジアハコガメ類、カメレオン、ワニガメ（アメリカ）、など約37,200種。
附属書Ⅲ	締約国が自国内の保護のため、他の締約国・地域の協力を必要とする種。商業目的の取引は可能ですが、輸出国政府の発行する輸出許可書または原産地の証明書が必要です。	セイウチ（カナダ）、イボイモリ（日本）、モモイロサンゴ（中国）、など約500種。

主な特定外来生物（環境省　2023年）

哺乳類 25種	フクロギツネ、ハリネズミ属の全種、タイワンザル、カニクイザル、アカゲザル、タイワンザル×ニホンザル、アカゲザル×ニホンザル、ヌートリア、クリハラリス（タイワンリス）、フィンレイソンリス、タイリクモモンガ（エゾモモンガを除く）、トウブハイイロリス、キタリス、マスクラット、カニクイアライグマ、アライグマ、アメリカミンク、フイリマングース、ジャワマングース、シママングース、アキシスジカ属の全種、シカ属の種（ホンシュウジカ、ケラマジカ、マゲシカ、キュウシュウジカ、ツシマジカ、ヤクシカ、エゾシカを除く）、ダマシカ属の全種、シフゾウ、キョン
鳥類 7種	カナダガン、シリアカヒヨドリ、ガビチョウ、ヒゲガビチョウ、カオグロガビチョウ、カオジロガビチョウ、ソウシチョウ
爬虫類 22種	カミツキガメ、アカミミガメ、ハナガメ（タイワンハナガメ）、ハナガメ×ニホンイシガメ、ハナガメ×ミナミイシガメ、ハナガメ×クサガメ、スウィンホーキノボリトカゲ、アノリス・アルログス、アノリス・アルタケウス、アノリス・アングスティケプス、グリーンアノール、ナイトアノール、ガーマンアノール、アノリス・ホモレキス、ブラウンアノール、ミドリオオガシラ、イヌバオオガシラ、マングローブヘビ、ミナミオオガシラ、ボウシオオガシラ、タイワンスジオ、タイワンハブ
両生類 15種	プレーンズヒキガエル、キンイロヒキガエル、オオヒキガエル、ヘリグロヒキガエル、アカボシヒキガエル、オークヒキガエル、テキサスヒキガエル、コノハヒキガエル、キューバズツキガエル、コキーコヤスガエル、ジョンストンコヤスガエル、オンシツガエル、アジアジムグリガエル、ウシガエル、シロアゴガエル
魚類 26種	ガー科全種、ガー科に属する種間の交雑により生じた生物、オオタナゴ、コウライギギ、ブラウンブルヘッド、チャネルキャットフィッシュ、フラットヘッドキャットフィッシュ、ヨーロッパナマズ、カワカマス科全種、カワカマス科に属する種間の交雑により生じた生物、カダヤシ、ガンブスィア・ホルブロオキ、ブルーギル、オオクチバス、コクチバス、ラウンドゴビー、ナイルパーチ、ホワイトパーチ、ホワイトバス、ストライプトバス、ホワイトバス×ストライプトバス、ラッフ、ヨーロピアンパーチ、パイクパーチ、ケツギョ、コウライケツギョ
昆虫類 27種	アカボシゴマダラ（アカボシゴマダラ奄美亜種を除く）、ツヤハダゴマダラカミキリ、サビイロクワカミキリ、クビアカツヤカミキリ、アングラートゥスマルバネクワガタ、パラデバマルバネクワガタ、ギガンテウスマルバネクワガタ、カツラマルバネクワガタ、マエダマルバネクワガタ、マキシムスマルバネクワガタ、ペラルマトゥスマルバネクワガタ、サンダースマルバネクワガタ、タナカマルバネクワガタ、ウォーターハウスマルバネクワガタ、テナガコガネ属の全種（ヤンバルテナガコガネを除く）、クモテナガコガネ属の全種、ヒメテナガコガネ属の全種、セイヨウオオマルハナバチ、ハヤトゲフシアリ、アルゼンチンアリ、ソレノプスィス・ゲミナタ種群の全種（アカカミアリ、その他のソレノプスィス・ゲミナタ種群、ソレノプスィス・サエヴィスィマ種群の全種）、ソレノプスィス・トゥリデンス種群の全種、ソレノプスィス・ヴィルレンス種群の全種、上記4種群に属する種間の交雑により生じた生物、コカミアリ、ツマアカスズメバチ
甲殻類 6種	ディケロガンマルス・ヴィルロスス、ザリガニ科の全種（ウチダザリガニ（タンカイザリガニ含む）、その他のザリガニ科）、アメリカザリガニ科の全種、アジアザリガニ科の全種（ニホンザリガニを除く）、ミナミザリガニ科の全種、モクズガニ属の全種（モクズガニ、オガサワラモクズガニを除く）
クモ・サソリ類 7種	キョクトウサソリ科の全種、アトラクス属の全種、ハドロニュケ属の全種、ロクソスケレス・ガウコ、ロクソスケレス・ラエタ、ロクソスケレス・レクルサ、ゴケグモ属の全種（アカオビゴケグモを除く）ハイイロゴケグモ、セアカゴケグモ、クロゴケグモ、その他のゴケグモ属。

（環境省自然環境局野生生物課外来生物対策室［令和5年9月1日］）

ガエルなど）、魚類26種、昆虫類27種、甲殻類6種、クモ・サソリ類7種、軟体動物など5種、植物19種類が指定されています。

アライグマは1970年代に放送されたテレビアニメの影響で人気者となり、輸入・飼育されるようになりました。けれども、もともとは野生動物であり、成長すると凶暴になって飼いきれずに野に放したり、ケージから脱走したりした結果、全国に広がりました。

このようにペットとして飼育されていたものが、被害をもたらす特定外来生物になることもあります。エキゾチックアニマルと呼ばれる外国産の動物を新たに取り扱う場合には、その動物の生態や習性をよく理解して慎重に行うことが重要です。

●**特定外来生物の飼育**

特定外来生物は、原則的に飼育が禁止されていますが、学術研究や展示などの目的の場合は、許可を得て新たに飼育することができます。

愛玩や観賞が目的の場合は、新規で許可を得て飼育することはできません。ただし、規制前から愛玩目的で飼養している場合には、特定飼養等施設（動物種ごとに定められている飼養等の基準に見合った施設）を用意するなど条件を満たしていれば、規制されてから6カ月以内に申請を提出し、許可を得られれば、その個体に限り飼養等し続け

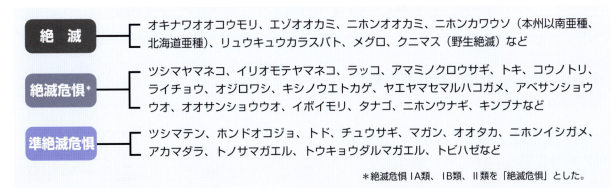

環境省レッドリスト2020（哺乳類、鳥類、爬虫類、両生類、汽水・淡水魚類）

絶滅：オキナワオオコウモリ、エゾオオカミ、ニホンオオカミ、ニホンカワウソ（本州以南亜種、北海道亜種）、リュウキュウカラスバト、メグロ、クニマス（野生絶滅）など

絶滅危惧＊：ツシマヤマネコ、イリオモテヤマネコ、ラッコ、アマミノクロウサギ、トキ、コウノトリ、ライチョウ、オジロワシ、キシノウエトカゲ、ヤエヤマセマルハコガメ、アベサンショウウオ、オオサンショウウオ、イボイモリ、タナゴ、ニホンウナギ、キンブナなど

準絶滅危惧：ツシマテン、ホンドオコジョ、トド、チュウサギ、マガン、オオタカ、ニホンイシガメ、アカマダラ、トノサマガエル、トウキョウダルマガエル、トビハゼなど

＊絶滅危惧IA類、IB類、II類を「絶滅危惧」とした。

ることができます。

違反した場合には、厳しい罰則が科せられます。
- 愛玩用に飼育した場合は、1年以下の懲役もしくは100万円以下の罰金（法人では5000万円以下の罰金）又はこれらの併料
- 許可なく野外に放出した場合は、3年以下の懲役若しくは300万円以下の罰金（法人では1億円以下の罰金）又はこれらの併料
- 販売目的で飼育、または販売した場合には、3年以下の懲役若しくは300万円以下の罰金（法人では1億円以下の罰金）又はこれらの併料

●**条件付特定外来生物**

2022年6月からは、特定外来生物に指定された生物のうち、当分の間は通常の特定外来生物の一部の規制だけをかけて、条件付きで飼養を認める「条件付特定外来生物」という新たな制度ができ、アカミミガメ（子ガメの通称はミドリガメ）と、アメリカザリガニが指定されました。

アカミミガメとアメリカザリガニも、野に放たれたものが全国各地に定着し、生態系に大きな影響を与えています。一方で、どちらも飼育者がとても多く、特定外来生物に指定して飼育等を禁止すると、手続きが面倒などの理由で野外へ放す飼育者が増え、かえって生態系等への被害を生じるおそれがあります。そのため、現段階では「条件付特定外来生物」となっています。

アカミミガメとアメリカザリガニは規制開始後も、一般家庭での飼養や無償での譲渡については許可や届出は必要ありません。

一方で、販売・頒布（広く配ること）・購入、輸入、販売・頒布を目的とした飼養、野外への放出等については、原則として通常の特定外来生物と同様の規制がかかります。

■**レッドリスト・レッドデータブック**

レッドリストとは絶滅のおそれのある、もしくはすでに絶滅が確認された野生生物の種のリストです。そのレッドリストに掲載された種について、生息状況を取りまとめ編纂したものがレッドデータブックです。レッドリストは生物学的観点から個々の種の絶滅の危険度を評価し選定したもので、法律上の効果を持つものではありませんが、絶滅のおそれのある野生生物の保護を進めていくための基礎的な資料として広く活用されています。

国際自然保護連合（IUCN）によって1966年から発行されている「全世界の絶滅のおそれのある動植物のリスト」は表紙が赤いことから、「レッドデータブック」と呼ばれており、野生動植物を保護するための生息状況に関する基礎的な資料が掲載されています。

日本では、環境省が絶滅のおそれのある日本産の動植物の種を選定するために「緊急に保護を要する動植物の種の選定調査」を実施し、2000年以降、「日本の絶滅のおそれのある野生生物（レッドリスト）」をまとめています。リストは概ね5年ごとに全体的な見直しが行われ、個別の種については必要に応じて個別の改定が行われています。

販売活動に関する職業倫理と法律

ペットショップでの販売業務に関するルール

ペットショップがお客様にへ商品やサービスを提供するには、購入の際に誤解が生じないよう、ルールに基づいて販売活動を行う義務があります。

■販売前に適切な説明を行う

すべてのお客様が、商品の特徴や価格について完全に納得したうえで購入に至るようにするためには、販売に立ち会う人がわかりやすく、ていねいにその説明を行わなければなりません。

■それぞれの職業領域を守る

医薬品など、正確な説明を行わなければ利用者やペットに多大な危険が及ぶおそれのある商品は、その販売の資格を有した者のみが販売を行うことができます。

また、ペットの診療・治療行為は、獣医師のみに認められている特殊な職域です。あいまいな知識による行為は、ペットの健康に悪影響を及ぼすリスクがあります。

■アフターフォローを行う

商品やサービスを購入した消費者が、購入後に疑問や不満が生じた際には、それに誠実に対応しなければなりません。

販売活動に関わる法律

■民法

民法とは、市民の生活の基本となるルールを定めたもので、さまざまや契約取引の基本となる法律です。

●売買契約

「売買」とは、文字通り、売ったり買ったりすることです。日常的に行われているものの売り買いですが、このとき、買主(金銭を払って購入する側)と、売主(金銭を受け取って販売する側)には民法における「売買契約」が成立しています。この契約によって売主には代金を受け取るために商品を渡す義務が、買主には商品を受け取るために代金を支払う義務が発生します。

ペットショップとお客様の間でも、ペット(生体)をはじめさまざまな商品を売り買いするときには、販売契約書を交わしているかどうかに関係なく、法的な売買契約をしていることになり、ペットショップにはお客様に対してさまざまな責任と義務が生じます。

●契約不適合責任

民法では、売主は原則として「中等の品質」(標準的な品質)のものを提供しなければならないと定められています。その前提のもとで、引き渡された商品の種類、品質、数量等に関して契約の内容に適合しないものであるときは、買主は、売主に対し、目的物の修補、代替物の引渡しまたは不足分の引渡しなどを請求することができます(買主の追完請求権)。一方、契約内容と異なったものを販売したことになり、売主には、「契約不適合責任」が生じます。買主が追完請求を行う場合には、不適合を知った日から1年以内に売主に通知する必要があります。

例えば、ペットショップが販売した動物に障害や病気があった場合、購入者はペットショップに対して、治療費の請求や、代わりのペットの引渡しなどを請求する権利があります。売買トラブルにならないよう、お互いにしっかりと確認することが重要です。

●債務不履行責任と不法行為責任

債務とは、特定の人に対して一定の行為をする義務のことで、約束通りに債務が果たされないことを「債務不履行」といいます。

例えば、ペットショップで特定の犬種（猫種）を取り寄せる約束をしたのに守れなかった場合や、約束の期日までに引き渡しができない場合などがこれに当たります。

「不法行為責任」は、わざと（故意）あるいは不注意（過失）によって、他人の権利や法律上保護される利益を侵害した場合には、それによって被害者に生じた損害を、加害者が賠償しなければならないという責任です。

■消費者契約法

消費者が事業者と結ぶ契約（消費者契約）に関するトラブルを解決するため、2001年4月1日から施行された法律です。

事業者は売ろうとする商品に関して、当然十分な知識や情報を持っています。また商品をどう売ったらよいかという売り方についての経験も豊富です。反対にそれらに乏しい消費者は、時には意に反した契約をさせられてしまうことがあります。また契約する内容についても、通常は事業者が契約書をつくるため、一方的に消費者に不利益な内容となっていることが少なくありません。

そこで、契約について当事者がやらなければならないことを定め、消費者の不利益が容認できないものであれば、契約条項の無効や契約取消権を認め、適正な消費契約が交わされるようにしたのがこの法律の趣旨です。

消費者契約法は、消費者と事業者の間に生じた労働契約を除くすべての契約に適用されます。

●取り消しについて

下記の不適切な勧誘で誤認・困惑して契約した場合、その契約を取り消すことができます。取り消しできるのは誤認に気がついたとき、または困惑行為のときから6カ月、契約締結のときから5年以内です。

- 不実告知：重要な項目について事実と違うことを言う。
- 断定的判断：将来の変動が不確実なことを断定的に言う。
- 不利益事実の不告知：利益になることだけ言って、重要な項目について不利益になることを故意に言わない。
- 不退去：帰ってほしいと言ったのに、帰らない。
- 退去妨害・監禁：帰りたいと言ったのに（素振りをしたのに）帰してくれない。

●無効について

下記のような消費者に一方的に不当・不利益な契約条項の一部または全部が無効になります。

- 事業者の損害賠償責任を免除したり、制限する条項

（例）「当社の負う損害賠償責任は30万円を限度とします」との条項

- 不当に高額な解約損料

（例）「結婚式場の契約で、1年以上前のキャンセル料が契約金額の80％」との約定

- 不当に高額な遅延損害金（年14.6％以上）
- 信義誠実の原則に反して消費者の利益を一方的に害する条項

（例）「（消費者からの）契約の解除は認められません」との契約条項

■クーリングオフ

訪問販売やキャッチセールス、マルチ商法などの悪徳商法などにより、消費者の意に反して商品を購入してしまった場合の救済措置として定められた制度にクーリングオフがあります。

商品を買ったり、サービス契約をした場合、何の理由もなく契約を解除することはできません。しかし事業者に強引に契約させられたときなどに、クーリングオフ制度を活用し、契約から一定の期間内（8日間や20日間など）であれば契約を解除することができます。クーリングオフ法という法律があるわけではありませんが、特定商取引法、割賦販売法といった法律にそれぞれ規定されています。

しかしすべての契約がクーリングオフできるわけではありません。店舗に自分で出向いて商品を買った場合や、雑誌やインターネットなどの広告を見て自ら申し込み商品を買ったケースで、返品不可と表示されている場合など、消費者を保護する必要がないと思われる場合にはクーリングオフはできません。

■景品表示法

正式名称は、「**不当景品類及び不当表示防止法**」といいます。事業者による不当な広告や表示、過大な景品類を規制し、消費者が適正に商品・サービスを選択できる環境を守ることを目的とした法律です。

この法律では、主に不当表示（商品やサービスの品質や価格などについて、実際よりも優良または有利であると見せかける表示）の禁止や、景品類の制限（景品類の総額や最高額の規制）を行っています。

また、動物病院の広告には、国（農林水産省）が定めた「**獣医療に関する広告の制限及びその適正化のための監視指導に関する指針（獣医療広告ガイドライン）**」が設けられています。このガイドラインによって、比較広告（ほかの動物病院より優れている言い回しや、著名人を広告に出すことで訴求力を高める内容など）や、獣医療の内容を大げさに表現した誇大広告などが禁止されています。

景品表示法に違反すると、消費者庁や都道府県等からの措置命令や、過納金納付命令、懲役または罰金などの罰則があります。

ペットショップの広告に関しては、動物病院のようなガイドラインは特に設けられていませんが、実際のサービス内容に反する誇大表示などによって景品表示法違反に問われた事例もあるため注意が必要です。

■薬機法

正式名称は、「**医薬品、医療機器等の品質、有効性及び安全性の確保等に関する法律**」といいます。この法律では、医薬品、医薬部外品、化粧品、医療機器、再生医療等製品の製造・販売などに関する規制を定め、保健衛生の向上をはかることを目的としています。動物用医薬品も対象となります。

ペットフードやペット用サプリメント、一般的なシャンプーなど医薬品でないものに対し、「○○に効く」「○○病を予防する」「○○病の改善に」など、病気を治療する効果・効能を暗示させる表現は使用できません。違反すると、行政処分、課徴金、懲役または罰金などの罰則を科せられます。

店頭広告やPOPなども規制の対象となるため、ペットショップでこれらを作成する際にも、表現に気をつける必要があります。

ペットショップの仕事に役立つ資格

獣医師や愛玩動物看護師など、国により認定される資格のほか、血統書発行団体や動物愛護団体などの機関が認める資格にも、ペットショップの仕事をするために有利になる資格があります。ここではその一例を紹介します。

■愛玩動物飼養管理士

動物関係の法令や保健衛生、犬・猫・鳥の適正な飼養管理の知識を修得し、「動物の愛護及び管理に関する法律」の趣旨を正しく理解して、適正飼養を啓発するペットのスペシャリストになるための資格です。

有資格者の多くは、ペット関連の日常業務においてはもちろん、地域でのボランティア活動などで活躍しています。

公益社団法人日本愛玩動物協会の認定資格で、動物取扱責任者になるための要件の資格として認められています。

■家庭動物管理士

関連法令や衛生管理、動物の健康管理、動物販売に必要な知識と技術、接客の基本まで、ペットを扱ううえで欠かせない知識を幅広く学べ、ペットのプロの育成を目的とした資格です。有資格者

は全国のペットショップやペット関連事業所で活躍しています。

一般社団法人全国ペット協会の認定資格で、動物取扱責任者になるための要件の資格として認められています。

■公認訓練士

犬の訓練士資格は、訓練をするにあたり必須のものではありませんが、お客様に自分の訓練技術を証明するために役立つ資格です。さまざまな団体が独自の基準を設け、認定しています。

公認訓練士になるには訓練士試験を受験しなければなりませんが、その前に血統書発行団体や専門学校、協会が定める訓練試験科目に自分が訓練をした犬を合格させることが受験資格として要求されます。

「公認訓練士」の資格は、一般社団法人ジャパンケネルクラブ、公益社団法人日本警察犬協会、一般社団法人日本シェパード犬登録協会が認定しているものがあり、どちらも「保管」「訓練」の種別の動物取扱責任者になるための要件の資格として認められています。

■公認トリマー

訓練士同様、トリマーの仕事も法律的に特に持っていなければならない資格ではありませんが、お客様に信頼されるためには、血統書発行団体公認のトリマー資格や専門学校独自の資格を取ることが賢明でしょう。

さまざまな団体の資格がありますが、なかには動物取扱責任者の要件の資格として認められているものもあります。

■愛玩動物看護師

動物病院で獣医師のアシスタントとして働く動物看護師については、かつてはいくつかの民間団体がそれぞれ試験を実施し、合格者を認定していました。しかし、その呼称も動物看護師としての質も多様で、体系的な法整備が求められていました。2019年6月、「愛玩動物看護師法」が成立したことにより、小動物医療に従事する動物看護師の名称が「愛玩動物看護師」に定まりました（21ページ参照）。

愛玩動物看護師になるには、受験資格をとり愛玩動物看護師国家試験（以下「試験」という）に合格し、農林水産大臣および環境大臣の免許を受ける必要があります。

試験は愛玩動物看護師として必要な知識および技能について行い、毎年1回以上実施されます。また、大学において指定の科目を修めて卒業した者、都道府県知事が指定した愛玩動物看護師養成所において3年以上愛玩動物看護師として必要な知識および技能を修得した者、農林水産大臣及び環境大臣認定の外国資格保有者が受験資格となります。なお、受験資格について、法ができる前からすでに動物病院で動物看護師として働いている人への対応として、施行日から5年間（2027年6月まで）の特例措置が設けられました。

この資格は、動物取扱責任者になるための要件の資格となっています。

■販売士

日本商工会議所と全国商工会連合会が認定。小売業に関する専門知識を証明する資格です。消費者の動向を的確につかみ、同時に深い商品知識や販売技術を持つための能力が問われます。

Part 3 ペットの基礎知識

犬や猫は、人間とともに生活を始めてから長い歴史があります。各犬種、猫種の作出（さくしゅつ）の歴史を知ることで、それぞれの性格やしつけ方法、手入れ方法などをより深く理解することができます。また比較的ペットとしての歴史が短い小動物では、その生態に関する知識がそのまま飼育に欠かせない情報になります。

犬の歴史と生態

犬の祖先

犬の祖先はオオカミ？

犬をはじめとする肉食哺乳類は、すべてミアキスという今から約6,500万年前に生息したイタチのような小型の動物から派生したと考えられています（下の図参照）。その後、一部が森林地帯から草原へと移り住み、その生活に適した体に進化していきました。それがオオカミ、ジャッカル、キツネ、タヌキなどのいわゆる犬属の動物たちの先祖です。

飼い犬（イエイヌ）の祖先についての研究は世界中で行われ、そしてさまざまな説が語られています。これまで最も有力とされている説は、オオカミを祖先とするものです。犬はオオカミと交配することができ、その結果オオカミとの雑種を出産することができます。またその子どもも繁殖能

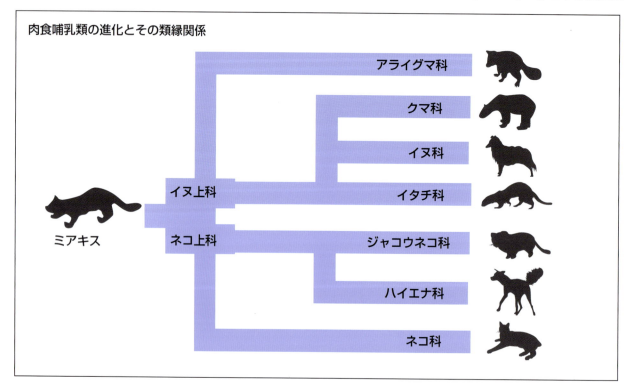

肉食哺乳類の進化とその類縁関係

力を持つことから、遺伝子的にみてもこの2種の体の仕組みは非常に近いということになります。

外見もジャーマン・シェパード・ドッグやシベリアン・ハスキーといった犬とオオカミはよく似ており、密接な関連があることは間違いのない事実といえるでしょう。

■犬とオオカミの違い

犬とオオカミは非常に似た動物であることは間違いないのですが、その反面、犬とオオカミの体の特徴のなかには異なる部分もあります。

まずは出産可能な体になるため（性成熟）に必要な期間ですが、オオカミは2、3年かかるのに対して、犬は6〜9カ月と短時間です。メスの発情期もオオカミは通常年に1回ですが、犬は通常年に2回です。

犬があいさつ、遊びの催促、服従、防御、接触の希求など、さまざまな場面で使う「クンクン」という鳴き声は、オオカミはあまり出しません。また犬がよく使う「ワンワン」という吠え声も、オオカミは防御、威嚇、合唱のときのみ使うだけです。

最近の研究・観察の結果、このように、犬とオオカミの両者に行動、体の違いがあるということは、オオカミがそのまま人間に飼いならされて現在の犬になったわけではなく、オオカミが進化をして犬の祖先となり、その野生犬がさらに家畜化されて現在の飼い犬になったと考えるほうが自然なのです。

つまり、人とチンパンジーは共通の祖先を持ちますがチンパンジーから直接、現在の人になったわけではないということと同じです。

オオカミ

犬

犬の基礎知識／解剖生理／繁殖

■基礎知識

[特徴] 犬は群れで大型の草食動物を追い、捕まえるという狩りの方法をとっていました。そのために社会性が高く、仲間同士のコミュニケーション手段が発達しています。

[能力] 広い草原で獲物を追っていたため、運動能力、なかでも走力に長けています。さまざまな犬種がつくられるなかで犬種による能力差（長所の差）があります。

[活動時間] もともとは薄明薄暮性で、明け方と夕暮れの薄暗い時間帯に活発に活動します。飼い主に合わせて日中は活動し、夜は眠るといった活動パターンの犬が多くみられるようです。

[なわばり意識] 犬はなわばり意識が強い動物です。オオカミは巣をもち、なわばりを守るという本能があったことに由来すると考えられます。尿によるマーキングでなわばりを主張します。犬が電柱などの高い位置に足を上げて尿をするのは、それだけ大きな体をしているのだと示すためといわれます。

[食性] 雑食傾向のある肉食です。オオカミは肉食動物ですが、犬は人と暮らしていくなかで植物も食べる雑食動物へと変化しました。肉食動物の名残りとして胃や腸は単純です。腸管の長さは体長の約6倍で、完全肉食動物の猫（約4倍）よりは長いです。獲物をいつでも仕留められるとは限らないため、食べられるチャンスには食いだめをしておこうとする習性があります。

[学習能力] 学習能力は高く、2歳以上の子どもと同じくらいの知能があるともいわれます。また、コミュニケーション能力も高く、仲間同士ではボディランゲージ、ニオイ、鳴き声でコミュニケーションをとっています。

[幼形成熟] 犬は、家畜化したことによって幼形成熟（ネオテニー）という特徴がみられます。ネオテニーとは、完全に成体になっている個体にも関わらず、未成熟な幼体の特徴（外見や性質）が残っていることをいいます。顔つきに幼さが残っている、耳が垂れている、幼い個体のように遊びが好きだったり、探究心が強かったりすることなどがあります。

[家畜化による変化] ネオテニーのほかには、脳容積の縮小、マズル（口吻部）が短くなる一方で幅が拡大した、顎が小さくなったことによって歯牙の密生がみられる、さまざまな毛色や柄が生まれた、といったものがあります。

■解剖生理

[筋肉] 犬は筋肉が発達しています。筋肉には瞬発力に重要な速筋と持久力に重要な遅筋があり、犬はそのバランスがよいといわれます。

[骨格] 犬は鎖骨がなく、肩甲骨がほかの骨と筋肉だけでつながっています。そのため、人のように左右に腕を動かすことはできませんが、前足を前後に素早く動かせるため、速く走ることが可能になります。

[歩行様式] 趾行性といい、かかとを浮かせて指先だけを地面について歩きます。素早く走るのに適しています。人のように足の裏をつけて歩くのを蹠行性、牛や馬のようにつま先だけをつけて歩くのを蹄行性といいます。

[指] 前肢には5本の指がありますが、地面につく指は4本で、前肢の親指にあたる指は「狼爪」といい、前肢の内側に存在しています。後肢には4本の指があります。犬種によっては後肢にも狼爪があります。

[被毛] ほとんどの犬種でオーバーコートとアンダーコートの2層（ダブルコート）になっています。オーバーコートは太く、皮膚を守る役割を、アンダーコートは柔らかく、保温の役割を持ちます。寒冷地の犬種ほどアンダーコートが厚くなっています。オーバーコートのみをもつシングルコートの犬種もいます。換毛（毛の生え替わり）は一般的には春から秋にかけて起こります。

[肛門腺] 肛門の左右には肛門腺（肛門嚢）という臭腺があり、マーキングに使われる分泌物がたまっています。

[汗腺] 人では全身に存在し、さらさらの汗を出して体温調節も行う「エクリン腺」は、犬では肢の肉球と鼻先にしかありません。そのため、体熱の放散は主にパンティング（口を開けてハアハアと荒い呼吸をすること）によって行います。また、人では脇や股など一部の場所にしかない「アポクリン腺」が犬では全身にあります。アポクリン腺は脂腺と直結し、体臭やフェロモンを発しています。

[歯] 永久歯は全部で42本あります。その内訳は、切歯12本（上顎6本、下顎6本）、犬歯4本（上顎2本、下顎2本）、前臼歯16本（上顎8本、下顎8本）、後臼歯10本（上顎4本、下顎6本）です。裂肉歯（上顎の第4前臼歯と下顎の第1後臼歯）という肉食動物に特徴的な歯を持ちます。ハサミのように咬み合って、動物の肉を食いちぎるという役割の歯です。生後3～5週で乳歯が生え始め、1歳になるころに永久歯へと生え変わります。

[視力] 近視とされ、目の前1mほどが最も焦点が合うといわれますが、動体視力は優れています。明暗を感じ取る桿状体細胞が発達しているため、薄暗いところでものを見る能力にも優れています。網膜の後ろにタペタムという反射板があるため、わずかな光でも増幅させることができます。色を識別する錐状体細胞は人より少なく、青は識別できますが、緑は黄色っぽく、赤は灰色に見えると考えられています。

[聴覚] 優れており、人の4倍以上の周波数まで聞き取ることができます（人は16～2万キロヘルツ、犬は65～5万キロヘルツ）。耳介を片耳ずつ動かすことができるため、音源を探る能力にも長けています。

[嗅覚] 犬の五感のなかで最も優れている感覚です。鼻の奥にある嗅上皮（においを受け取る部分）の表面積がとても大きく、人では3～4cm²ですが、犬は18～150cm²あります。そこにある嗅細胞（においを受け取る細胞）の数も、人では4,000万個、犬では2億～10億個と非常に多く、それに加えてにおいを記憶する能力も優れているといわれます。

[味覚] 味蕾（舌にある、味覚を感じる細胞が集まった受容体）の数は約1,700個で、人の9,000個と比べると5分の1ほどの数です。甘味を感じる味蕾が多く、苦味を感じる味蕾はあまり発達していないといわれます。

[触覚] とくに鋭いのはひげなどの感覚毛です。その根元には神経細胞があり、障害物などに触れる感覚だけでなく空気の流れまでも感じ取っています。感覚受容器は全身の被毛の根元にも存在します。

[寿命] 平均寿命は14.62歳です（2023年一般社団法人ペットフード協会調べ）。毎年、延びている傾向にあり、また、大型犬のほうが寿命は短く、小型犬や超小型犬で長生きの傾向があります。

■繁殖

・子犬が性成熟（生殖能力をもつこと）を迎えるまでには、一般的に7～12カ月の時間を要するといわれていますが、個体や犬種による差があります。小型犬ほど早い傾向があり、生後7～9カ月で性成熟に達します。大型犬はやや遅く、生後1年前後です。

・繁殖適期は、骨格や気質が安定する2回目以降の発情からで、超小型～中型犬は1歳以上、成長の遅い大型犬や超大型犬は2歳以上がよいと考えられています。上限年齢は6～7歳くらいまでと考えたほうがよいでしょう。

[メスの発情周期] 通常4～8カ月おきに繰り返されます。犬種や年齢、栄養状態などによっても変化します。発情周期には4つの段階があります。

発情前期（平均8日） ホルモンの働きにより卵巣・卵胞が発達、陰部が腫大し、子宮内膜の血液供給量が増加すると発情出血がみられます。フェロモンを含む排尿によりオスを引きつけますが、交尾を受け入れる体勢はまだ整っていません。

発情期（約10日） 卵巣が成熟すると出血量が低下して2～4日目に排卵が起こります。膨らんだ陰部を誇示してオスの受け入れ体勢をとり、排卵の時期に合わせて交配を行うと妊娠する確率が高ま

ります。

発情後期（約60日） 発情休止期ともいいます。交尾を受け入れなくなります。

無発情期（120～180日） 卵巣内部で小さな卵胞が発現したり消滅したりします。発情兆候をまったく示さない、通常の状態です。

- 受胎した場合には妊娠・出産・授乳の準備が整えられて子犬が生まれます。その後黄体機能が停止して体は正常に戻ります。妊娠しなかった場合にもホルモンの働きが維持されるため、偽妊娠（妊娠したような状態になること）が起こりやすくなります。
- 妊娠期間は約9週間（63日）で、一回の出産で生まれる子犬の数は平均6～10頭です。小型犬よりも大型犬のほうが頭数が多い傾向にあります。生まれたときの子犬の体重は犬種により差があり、チワワでは100gほど、ゴールデン・レトリーバーでは400gほどです。

[不妊・去勢手術]

- 動物愛護管理法では、動物の飼い主は、みだりな繁殖によって適正飼養が困難になることのないよう、繁殖に関する適切な措置をするよう努めることが定められています。その措置の一つが不妊・去勢手術です。不妊・去勢手術のメリットについて一般の飼い主に適切な説明ができるようにしておきましょう。

[不妊手術（メス）のメリット] 望まない妊娠を防ぐことができる、女性ホルモンの影響を受ける病気の予防になる、発情出血がなくなり、オス犬が寄ってこなくなるなどがあります。

[不妊手術（メス）のデメリット] 繁殖できなくなる、全身麻酔のリスク、ドッグショーの出場資格を失う、ホルモンバランスの影響で肥満になりやすい、術中および術後の感染症、メスはまれに尿失禁（尿道括約筋機能不全）を引き起こす可能性があるという報告があります。

[去勢手術（オス）のメリット] 男性ホルモンの影響を受ける病気の予防になる、攻撃性が低下し、性格も穏やかになってしつけをしやすくなることがある、尿のマーキングが減るなどがあります。

[去勢手術（オス）のデメリット] 繁殖できなくなる、全身麻酔の手術によるリスク、ドッグショーの出場資格を失う、ホルモンバランスの影響で肥満になりやすい、術中および術後の感染症などがあります。

犬と人間との関わり

■犬と人との出会い

オーストラリアに生息するディンゴ、東南アジアに生息するパリア犬など、現在でも人間に飼われていない野生の犬は存在しますが、野生犬の多くはすでに絶滅してしまいました。

飼い犬の直接の原種は、すでに絶滅してしまった野生犬と考えられます。化石などの研究から、この飼い犬の原種となった野生犬はアジア南部に生息し、そこで人と接触したと想像されています。

野生犬のうち、自分で獲物を捕まえることが不得意な個体は自然に仲間からあぶれ始めました。彼らはやがて自分たちの近くで生活していた人という動物が、自分たちにはあまり危険な存在ではないこと、周りには食べ物が豊富にあることを学んだのでしょう。そしてその近辺で暮らしているうちに、今度は反対に人間に利用価値を見いだされたのだと思われます。

■狩りのパートナーとして

原始の人にとって犬の最大の利用価値とは、狩りのパートナーとしての能力でしょう。犬は優れた嗅覚で獲物を探し、群れをつくって仕事を分担しながら獲物に襲いかかります。そして獲物が弱り、動きが鈍ったところで人間が槍などの武器を使って仕留めるのです。

このような狩りは現在でも行われていますが、犬と最初に生活を共にした人も犬の高い狩猟能力を利用したに違いありません。

このほかにも、夜間の警備をする番犬として、残飯を食べ集落の清潔を保つ清掃役として、そして心を癒すペットとして、人間が犬を生活のパートナーに選んだのが最初の出会いだったと想像されます。このように人間と犬が共生し始めたのは、

今から2～3万年前だったというのが、化石の研究から有力な説となっています。

純血種のスタンダード（犬種標準）

■仕事に応じて犬を改良する

野生の犬を飼い慣らした人類は、やがてその仕事に応じて適した姿に犬を改良し始めました。古代から世界各地で犬種作出の作業は行われましたが、何といってもその中心はヨーロッパです。共に狩りをしたり、戦争の武器として使ったり、牛や羊などの家畜をオオカミなどから守るといった仕事の需要が、東アジアなど農耕を中心とした国々よりも多かったことと、王室が自分のペットとして小型犬を好みの形に改良したことが原因でしょう。

■スタンダードの意味

新しい犬種をつくるにはその犬の理想型を考え、その形を目指して計画的な交配を繰り返していきます。最初は違った犬種同士を掛け合わせるので、生まれた子どもは雑種となるわけですが、これにより生まれた犬たちの交配と淘汰（理想型から外れた犬を交配に使わないこと）を重ねて、血統を固めていくのです。

その理想型を文章に表したものを「スタンダード」と呼び、各犬種登録団体が管理をしています。頭や耳の形、骨格、体型など外観の規定はもちろんのこと、用途に適した性格までが細かく書かれています。

ブリーダーたちはそのスタンダードに少しでも近い犬を生み出そうと、品評会でトップを目指し、世界中の犬舎の情報に目を光らせて自分の犬の交配相手を探します。そのための手段として始まったのが、品評会つまりドッグショーです。

血統書の意義

■血統書とはなにか

●自然交配と選択交配

犬や猫は、もともとほかの動物と同じように、本能に基づいた交配（自然交配）を繰り返して自分たちの子孫を増やしてきました。

しかし、人間が野生の犬や猫を飼い慣らし、ある種の目的を与えたとき、それに適した形につくり替えようと、計画的な交配を始めました。理想の大きさ、体型、被毛の色や硬さ、性格の穏やかさ、訓練のしやすさなどを頭に描き、それに近いオスとメスを選んで交配（選択交配）をしました。そこから生まれた子孫をまた選び交配……と繰り返して血統を固めていき、現在の「純血種」と呼ばれる犬や猫が誕生しました。

●血統管理団体

選択交配は、人間が目的をもって犬や猫を飼育し始めた数千年前から行われてきたものです。しかし19世紀に入り、それぞれのタイプの特徴を明文化して、それに当てはまる犬や猫の血統情報を管理しようという発想が生まれました。

1873年、イギリスに犬の血統書を発行・管理する団体として「ザ・ケネル・クラブ（KC）」が、1906年には猫の血統を管理する「キャット・ファンシアーズ・アソシエーション（CFA）」がアメリカで創設されました。その後、犬の世界でも猫の世界でも、独自の解釈でスタンダード（犬種標準、猫種標準）を制定し、その犬種・猫種を管理する団体が続々と創設されました。

これらの団体は、純血種の犬や猫の戸籍ともいえる犬籍・猫籍の原簿を管理しています。ブリーダーからの出産の届出が提出されるとそれを審査し、受理・登録されると、血統書（血統証明書）を発行します（64ページのコラムも参照）。

グループ別　犬種の特徴

犬種とその分類について

　未公認の犬種を合わせると世界には700〜800の犬種が存在するといわれます。そのうちFCI（国際畜犬連盟：Federation Cynologique Internationale）に公認されている（犬種標準が確立されている）犬種は、2023年12月現在で356あります。

　FCIはベルギーに本拠地を置く犬籍登録団体（畜犬登録団体ともいう）の国際的な統括団体で、加盟国および地域は80に及びます。FCIに加盟している日本の血統管理団体であるJKC（ジャパンケネルクラブ：Japan Kennel Club）では、FCIの公認犬種のうち207犬種が登録されています（2023年12月現在）。

　犬種は作出目的や形態・用途によっていくつかのグループに分類されます。FCIでは以下の10グループに分類しています。

・1G（牧羊犬・牧畜犬）：家畜の群れを誘導・保護する犬

例：ウェルシュ・コーギー・ペンブローク、オーストラリアン・キャトル・ドッグ、ジャーマン・シェパード・ドッグ、コリー、シェットランド・シープドッグ、コモンドールなど

・2G（使役犬）：番犬・警護・作業をする犬

例：グレート・デーン、グレート・ピレニーズ、セント・バーナード、マスティフ、ドーベルマン、土佐、バーニーズ・マウンテン・ドッグ、ミニチュア・シュナウザー、ミニチュア・ピンシャーなど

・3G（テリア）：穴のなかに住むキツネなどの小型獣用の猟犬

例：ウエスト・ハイランド・ホワイト・テリア、ケアーン・テリア、ジャック・ラッセル・テリア、フォックス・テリア、日本テリア、ヨークシャー・テリアなど

・4G（ダックスフンド）：アナグマなどの猟犬

例：ダックスフンド

・5G（原始的な犬・スピッツ）：日本犬を含むスピッツ系の犬

例：アラスカン・マラミュート、シベリアン・ハスキー、キースホンド、サモエド、日本スピッツ、チャウ・チャウ、バセンジー、ポメラニアン、秋田、柴、四国、紀州、甲斐、北海道、ファラオ・ハウンドなど

・6G（嗅覚ハウンド）：大きな吠え声と嗅覚で獲物を追う犬

例：バセット・ハウンド、ビーグル、ブラッドハウンドなど

・7G（ポインター・セター）：獲物を探し出し、その位置を示す鳥猟犬

例：アイリッシュ・セター、イングリッシュ・セター、イングリッシュ・ポインター、ジャーマン・ショートヘアード・ポインター、ゴードン・セター、ワイマラナーなど

・8G（7G以外の鳥猟犬）：

例：アメリカン・コッカー・スパニエル、イングリッシュ・コッカー・スパニエル、イングリッシュ・スプリンガー・スパニエル、ゴールデン・レトリーバー、ラブラドール・レトリーバー、ポーチュギーズ・ウォーター・ドッグなど

・9G（愛玩犬）：伴侶や愛玩目的の犬

例：キャバリア・キング・チャールズ・スパニエル、シー・ズー、チワワ、狆、パグ、プードル、フレンチ・ブルドッグ、マルチーズなど

・10G（視覚ハウンド）：視覚と走力で獲物を追跡・捕獲する犬

例：アフガン・ハウンド、イタリアン・グレーハウンド、ウィペット、グレーハウンド、サルーキ、ボルゾイなど

　犬種グループは血統管理団体によって異なります。ここでは、AKC（アメリカンケネルクラブ：

American Kennel Club）による7つのグループと、日本犬について解説します。

■トイ・グループ

狩猟や牧畜などの肉体労働ではなく、人間にかわいがられるために改良された犬のグループです。貴族や王室のアイドル的存在として育てられ、高貴な人々に溺愛されましたが、時には他国との外交のために重要な贈り物としての役割も果たしました。またチベットや中国の宗教施設では、神の使いとして神聖化され、寺院の守り神的な存在に納まった犬もいました。

小さな体とかわいらしい仕草、美しい被毛が魅力ですが、自己防衛能力が強く、慣れない人にはよく吠えたり、咬んだりする傾向がある犬もいます。しかし力が弱くて扱いやすいので、基本的なしつけさえしておけば子どもや高齢者のよいパートナーになります。

●このグループの代表的犬種（カッコ内は原産地）

▶トイ・プードル（フランス）

- 体高　24（-1cmまでは許容）〜28cm以下（理想：25cm）
- 毛色　単色（ブラック、ホワイト、ブラウン、グレー、フォーン）
- 性格　忠誠心、学習能力および訓練性能に優れる

(PIXTA)

- グルーミング　ブラッシングとトリミング
- 手間　★★★
- 運動量　少なめ
- 歴史　犬種名の語源は、メスのアヒルを意味するフランス語「cane」に由来し、1743年頃には、メスの五色鳥を意味する「caniche（プードル）」と呼ばれていました。

バルベを祖として鳥猟に使用されていましたが、人なつこく陽気で忠実な性格から人気を博しました。プードルにはスタンダード・プードル、ミディアム・プードル、ミニチュア・プードル、トイ・プードルの4つのサイズがあり、さまざまな単色の毛色にブリーダーが改良を加えたことでバリエーションが増え、コンパニオン・ドッグとして多大な人気を誇っています。

▶チワワ（メキシコ）

ロング　　　　(PIXTA)

スムース　　　(iStock)

- 体重　1〜3kg（理想：1.5〜2.5kg）
- 毛色　マール以外のすべての色調および組み合わせがある
- 性格　機敏で注意深く、活発。とても勇敢
- グルーミング　ブラッシング
- 手間　スムース★、ロング★★
- 運動量　少なめ
- 歴史　世界で最小の純血種であると考えられており、犬種名は、メキシコ最大のチワワ州に由来しています。トルテカ文明時代の先住民により捕らえられ、家畜化されたと考えられています。トゥーラに生存していたテチチと呼ばれる小型犬の絵が、街の建造物の装飾として使用されていますが、これらの犬の像は、チワワにとても類似しています。

▶ポメラニアン（ドイツ）

- 体高　21cm（前後3cmまで）
- 体重　サイズにふさわしい体重
- 毛色　ホワイト、ブラック、ブラウン、オレンジ、グレーの色調、その他の毛色

(iStock)

性格 注意深く活発、忠誠心が強く、学習能力が高い

グルーミング ブラッシング　手間 ★★★

運動量 少なめ

歴史 もともと寒冷地に住んでいたスピッツの子孫です。それらのスピッツは、現在のポメラニアンよりもはるかに大きな体をしていました。最初に小型化されたのがバルト海南海岸のポメラニア地方で、犬種名の由来となっています。ポメラニアンは中央ヨーロッパの最も古い犬種といわれるジャーマン・スピッツに由来し、ドイツ語圏ではトイ・スピッツと呼ばれます。イギリスには1767年、シャーロット女王によって持ち込まれ、のちにヴィクトリア女王がポメラニアンの小型化を促進したと考えられています。

▶マルチーズ（中央地中海沿岸地域）

体高 ♂21〜25cm　♀20〜23cm

体重 3〜4kg

毛色 ピュア・ホワイト

性格 活発、穏やか

グルーミング ブラッシングとトリミング

手間 ★★★

運動量 少なめ

歴史 中央地中海沿岸の港にある倉庫や船倉にいるネズミを狩っていた小型犬が祖先とされています。この地域には、犬種の起源とよくいわれるマルタ島も含みますが、マルチーズは隠れ家・港を意味する言葉に由来する名称です。古い歴史をもち、紀元前4〜5世紀のギリシャの陶磁器などにマルチーズのような犬が描かれています。世界初の流行犬ともいわれ、古代ローマでも婦人に愛され、ルネッサンス時代にはサロンでくつろぐ婦人の傍らによりそうマルチーズの姿が描かれてきました。イギリスには14世紀はじめに持ち込まれ、貴族階級の婦人たちに「抱き犬」として好まれました。

▶ヨークシャー・テリア（イギリス）

体重 3.2kgまで

毛色 ダーク・スチール・ブルーで、頭部〜胸はゴールデン・タン

性格 用心深く利口、勇敢

グルーミング ブラッシングとトリミング

手間 ★★★

運動量 少なめ

歴史 その可憐な姿と美しい毛色から「動く宝石」とも呼ばれます。19世紀中頃に、イギリスのヨークシャー地方の工業地帯で、ネズミ捕りのために作出されました。マンチェスター・テリア、スカイ・テリア、マルチーズなどを使ったといわれています。最初はブロークン・ヘアード・スコッチ・テリアという名前でしたが、1870年代までにはヨークシャー・テリアという正式な名前を与えられました。19世紀のビクトリア朝時代にはイギリスの上流階級で愛玩犬として愛され、その人気はアメリカにも伝わりました。

▶シー・ズー（中国）

体高 27cm以下

体重 4.5〜8kg（理想は4.5〜7.5kg）

毛色 とくに制限はない

性格 陽気で活発だが、自立心もある

グルーミング ブラッシングとトリミング

手間 ★★★

運動量 少なめ

歴史 チベットがルーツの犬種で、中国の宮廷で飼育されたことにより発達しました。また、シー・ズーとラサ・アプソには、犬種間において顕著な違いがあることがわかっています。1912年に中国が共和国となることで、イギリスへ1931年に輸入されました。その後、1940年にイギリスのＫＣ

（ケネルクラブ：Kennel Club）登録、1949年からチャレンジ・サーティフィケイト（ＣＣ）の付与が認められています。鼻梁（びりょう）から上向きに生えている毛により、頭部が菊の花のように見える姿が、シー・ズーの最大の魅力です。

▶パグ（中国）

- 体重　6.3〜8.1kg
- 毛色　シルバー、アプリコット、フォーン、ブラック
- 性格　愛嬌（あいきょう）があり、安定した性格で活発
- グルーミング　ブラッシング
- 手間　★
- 運動量　少なめ
- 歴史　中国の古い愛玩犬で、ペキニーズなどと同じ祖先犬からつくられたといわれていますが、起源はよくわかっていません。オランダの東インド会社の商人がヨーロッパにもたらし、オランダで称賛されたのは1500年代までさかのぼることができます。ほかのヨーロッパ諸国でも人気となり、ビクトリア朝時代にイギリスに上陸すると、貴族の夫人たちに愛好されて人気犬種となりました。アメリカには19世紀に到着しています。

　「パグ」の名前の由来はラテン語の「にぎりこぶし」から来ているという説や、パグモンキー（サルの一種であるマーモセットのこと）に似ているからという説があります。

▶パピヨン（フランス、ベルギー）

- 体高　28cm以下
- 毛色　白地であればすべての色が認められる
- 性格　活発で優美
- グルーミング　ブラッシング
- 手間　★★
- 運動量　少なめ
- 歴史　スペインのスパニエルの一種が祖先犬です。その小ささから一寸法師のスパニエル（エパニエルナン）と呼ばれ、16世紀、ルイ14世王朝時代のフランスの上流社会でもてはやされました。イタリアのボローニャ地方で多く繁殖され、犬名のパピヨンとはフランス語で蝶を表し、耳の形が蝶の羽状に見えることから名付けられました。そこから、別名バタフライ・スパニエル（英名）とも呼ばれています。

▶ペキニーズ（中国）

- 体重　♂5kgまで　♀5.4kgまで
- 毛色　アルビノとレバー以外のあらゆる色とマーキング
- 性格　怖いもの知らずで自立心がある
- グルーミング　ブラッシング
- 手間　★★
- 運動量　少なめ
- 歴史　祖先犬は、チベットのラマ教の寺院で僧侶などが飼育していたラサ・アプソといわれ、教主ダライ・ラマにより、秦の始皇帝など歴代の皇帝にみつぎ物として贈られていたようです。ペキニーズの記録は8世紀の唐の時代までさかのぼります。ヨーロッパに伝えられたのは1860年、アヘン戦争の際、宮廷に残されていた西太后の愛犬のペキニーズを保護して持ち帰ったことによります。当初は貴族階級のみに飼われていましたが、1893年にドッグショーに出陳（しゅっちん）したことから人気犬種になりました。

▶イタリアン・グレーハウンド（イタリア）

- 体高　32〜38cm
- 体重　5kgまで
- 毛色　ブラック、グレー、イザベラの単色。ホワイトは胸と足のみ許容
- 性格　陽気、愛情豊か
- グルーミング　ブラッシング
- 手間　★

運動量 多め

歴史 古代エジプトでファラオの宮廷にいた小型グレーハウンドの末裔です。ギリシャのラコニアを経由して紀元前5世紀初期にイタリアにもたらされたことが、多くの花瓶や器に描かれた絵からわかっています。ルネッサンス時代の貴族の宮廷で最も発展したといわれ、多くのイタリアの巨匠たちの絵画にイタリアン・グレーハウンドを描きました。イギリスには19世紀前半に伝わり、1900年に最初の犬種団体IGC（Italian Greyhound Club）が設立されました。AKCには1886年に最初の登録が行われました。

▶ミニチュア・ピンシャー（ドイツ）

体高 25～30cmが理想
体重 4～6kg
毛色 単色（ディアー・レッド、レディッシュ・ブラウンからダーク・レッド・ブラウンまで）、ブラック＆タン
性格 活発、自信に満ちている

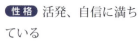

グルーミング ブラッシング　手間 ★
運動量 多め

歴史 ドーベルマンを小型化したような外観ですが、それより古い歴史をもちます。似ているのはドーベルマンと同じジャーマン・ピンシャーを祖先の一犬種にもつことによります。ミニチュア・ピンシャーはジャーマン・ピンシャーのほかに、ダックスフンド、イタリアン・グレーハウンドを交配していると考えられています。起源は1700年代で、農場でネズミ捕りや番犬として働いていました。1895年にはドイツでピンシャークラブが創設されています。アメリカでは1929年にクラブが設立されました。

▶キャバリア・キング・チャールズ・スパニエル（イギリス）

体高 5.4～8kg
毛色 ブレンハイム（ブラウンとホワイト）、トライカラー（ブラックとホワイト、タン・マーキング）、ルビー（鮮やかなレッド）、ブラック＆タン（ブラック、タン・マーキング）
性格 甘えん坊。やさしく穏やかで社交的

グルーミング ブラッシング　手間 ★★
運動量 中程度

歴史 17世紀、チャールズ1、2世に愛された小型のキング・チャールズ・スパニエルをもとに改良された犬種です。1828年に本来のタイプを復活させる運動が蜂起され、クラブが設立されました。そして、騎士を意味する「キャバリア」の名前の通り、勇敢でたくましいキング・チャールズ・スパニエルが復活しました。

キング・チャールズ・スパニエルが「カーペット・ドッグ」といわれたのに対し、キャバリアは戸外の犬舎でも飼えることが作出の目的の一つとされています。

■ハウンド・グループ

ウサギやキツネなどの小動物から、鹿やオオカミなどの大型動物を狩る目的で作出された犬のうち、テリア系の犬を除いたグループです。

ハウンド・グループのなかでも狩猟の方法によって、さらに2つの系統に分けることができます。一つは鋭い嗅覚を武器に獲物を探し出し、群れを組んで大きな吠え声を出しながら獲物を追い詰めるセント・ハウンド系、もう一つは、遠くまで見渡せる視覚で獲物を見つけ、優れた脚力で追いかけて獲物を追い詰めるサイト・ハウンド系です。

ビーグル、ダックスフンドなどのセント・ハウンドは団結力があり、複数での飼育にも適しています。ボルゾイ、アフガン・ハウンドなどサイト・ハウンドは自立心が強く、一見澄ましたような印

象を受けますが、飼い主には忠実で甘えん坊です。ハウンド・グループは全体的に、狩りをしていた名残りで注意力が高く、猫や小動物など動く物には吠えたり、飛びかかったりするなど、興奮状態に陥ることが多いといわれています。

●このグループの代表的犬種

▶ダックスフンド（ドイツ）

体高 スタンダード：♂37〜47cm、♀35〜45cm
ミニチュア：♂32〜37cm、♀30〜35cm
カニーンヘン：♂27〜32cm、♀25〜30cm

毛色 スムース・ヘア：単色（レッド）、2色（濃いブラックまたはブラウンにタン・マーキング）、ダップル（ブラックまたは濃いブラウンにレッド・ダップル）、ブリンドル（レッドの地色にダークな小斑）。
ワイアー・ヘア：単色（レッド）、マルチカラー（ワイルド・ボア、ブラウン・ワイルド・ボア、ブラック・アンド・タン、ブラウン・アンド・タン）、ダップル（単色・マルチカラーに準ずる）、ブリンドル（レッドの地色にダークなブリンドル・濃い縞模様）
ロング・ヘア：単色（レッド）、2色（濃いブラックまたはブラウン）、ダップル（濃いブラックまたはブラウンにレッド・ダップル）、ブリンドル（レッドの地色にダークなブリンドル・濃い縞模様）

性格 友好的。穏やかで辛抱強い

グルーミング ブラッシング **手間** スムース★ ロング★★ ワイヤー★★★

運動量 中程度

歴史 Bracken（狩猟）時代から、地下での狩猟に適した犬が多く繁殖されてきました。そうした短脚の犬から進化した犬種がダックスフンドです。また、地下に限らず用途の広い狩猟犬で、負傷した獲物の捜索から狩りまでを得意としています。

最古のクラブは1888年に創立されたDeutsche Teckelklubです。体高の違うテッケル、ミニチュア・テッケル、ラビット・テッケルと、異なる被毛のスムースヘアード、ワイアーヘアード、ロングヘアードごとに繁殖されてきたことで、9つのバラエティーが存在しています。

▶ビーグル（イギリス）

体高 33〜40cm

毛色 レバー以外のハウンドカラー（尾の先はホワイト）

性格 用心深く利口で穏やか

グルーミング ブラッシング

手間 ★

運動量 多め

歴史 ハウンドで最も小さい犬種です。紀元前からウサギ狩りに用いられ、大小二種のハウンドが、エリザベス1世女王（1533〜1603年）時代のイギリスにいたことから、小さいハウンドを意味するフランス語のビーグルと呼ばれました。野ウサギ狩りなどに有利な鋭敏な嗅覚は、ブラッドハウンドの血を加えたからだといわれています。

▶ウィペット（イギリス）

体高 ♂47〜51cm
♀44〜47cm

毛色 マール以外のあらゆる毛色・色調

性格 やさしく、愛情豊か

グルーミング ブラッシング

手間 ★

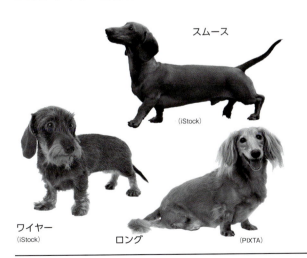

スムース
ワイヤー
ロング

(運動量) 多い

(歴史) ウィペットという名前には鞭犬(むちいぬ)という意味があり、走る姿が鞭打たれて走る馬のように見えることから名付けられています。「活発に動く」という意味の17世紀の言葉に由来するともいわれます。19世紀後半に、小型のグレーハウンドとマンチェスター・テリア、ベドリントン・テリア、ホワイト・テリアなどを交配してつくられました。最初は、おそらくウサギやネズミなどを咬み殺す力が強いことからスナップ（咬みつく）ドッグと呼ばれていました。イギリスの鉱山地帯でレース犬として使われていました。1888年にAKCが、1891年に英国KCが公認しています。

■スポーティング・グループ

銃を使ったスポーツ・ハンティングに使われた犬のグループ。ハンターに同行して、銃で仕留めた鳥や小動物の回収、獲物の発見と足留め、藪(やぶ)から獲物を追い立てるなどの仕事をこなします。セター、レトリバー、スパニエル、ポインターと名のつく犬のほとんどはこのグループに属しています。

自分から獲物に飛びかかることはないので、猟犬といっても攻撃性は高くありません。しかし主人の命令にはとことん従い、何時間でもじっと獲物を見張っていられる点は、このグループの訓練性能の高さを表しています。ハンティングがあまり一般的でなくなった現代では、優れた伴侶犬として家庭で飼われているほか、警察犬や盲導犬、災害救助犬などとしてさまざまな仕事をこなし、各分野で活躍しています。

●このグループの代表的犬種

▶ゴールデン・レトリーバー（イギリス）

(体高) ♂56〜61cm
　　　♀51〜56cm

(毛色) ゴールドまたはクリーム。わずかなホワイトは胸にだけ許容される

(性格) 従順で利口。やさしく友好的。天賦(てんぷ)の作業能力を有する

(グルーミング) ブラッシング　(手間) ★★

(運動量) 多め

(歴史) ゴールデン・レトリーバーの歴史はほとんど不明ですが、イギリスで発達した犬種です。一説には、1858年にイングランドのブライトンで興行していたロシア・サーカス団の曲芸犬や学者犬をトゥイードマウス卿(きょう)が買い入れ、自身のウェービー・コーテッド・レトリーバーと交配させて生まれた黄色の子犬が祖であるといわれています。

1913年からイエローまたはゴールデン・レトリーバーと呼ばれていましたが、1920年にゴールデン・レトリーバーの名称へ統一されました。

▶ラブラドール・レトリーバー（イギリス）

(体高) ♂56〜57cm
　　　♀54〜56cm

(毛色) ブラック、イエロー、レバー／チョコレート。

(性格) 気立てよく聡明(そうめい)。適応性があり献身的。人に喜ばれるのを好む

(グルーミング) ブラッシング　(手間) ★

(運動量) 多め

(歴史) ラブラドール・レトリーバーはニューファンドランド沿岸で発祥した犬種と考えられ、魚を回収する漁師の作業を手伝っていました。耐候性ある被毛やカワウソの尾にたとえられる尾が、この犬種の特徴です。単犬種クラブが1916年に設立され、イエロー・ラブラドール・クラブは1925年に設立されました。

フィールド・トライアルにより有名になった犬種で、盲導犬や介助犬、警察犬や災害救助犬、麻薬探知犬などあらゆる仕事を任されています。

▶**アメリカン・コッカー・スパニエル（アメリカ）**

体高 ♂約38.1cm、♀約35.6cm（前後1.25cmは許容）

毛色 ブラック・バラエティー（タン・ポイントを含む、ブラック以外の単色もある）、パーティカラー・バラエティー（2色以上の明確な区別ができる単色で、一色はホワイトを必ず含む）、タン・ポイント（基本色の10％以下で明確なもの）

性格 穏やかな気質で友好的

グルーミング ブラッシング　手間 ★★★★

運動量 多め

歴史 1620年のメイフラワー号により、アメリカへ最初の移民が入植しました。そのときに持ち込まれた2頭の犬の1頭がコッカー・スパニエルといわれ、猟用のスパニエルとは違うマールボロー系が、後のアメリカン・コッカー・スパニエルとされています。

　1945年にAKCがコッカー・スパニエルとは別犬種であると宣言したことや、ディズニー・プロダクションの映画「わんわん物語」で主人公のモデルに採用されたことから、世界中に知られるようになりました。日本では、昭和30年代から人気犬種となっています。

▶**イングリッシュ・コッカー・スパニエル（イギリス）**

体高 ♂約39～41cm　♀約38～39cm

体重：約13～14.5kg

毛色 ブラック、レッド、ゴールド、レバー（チョコレート）、ブラック・アンド・タン、レバー・アンド・タンの単色、パーティー・カラー、トライカラー、ローン

性格 明るく、穏やかだが活動的

グルーミング ブラッシングとトリミング

手間 ★★★

運動量 多め

歴史 起源はスペインにあると考えられています。シギ猟用のスパニエルであるコッキング・スパニエルからつくられました。フラッシング・スパニエル（ハンターが撃ちやすいよう鳥を飛び立たせる役割をもつ）としては、少なくとも6世紀にさかのぼれます。現代のコッカー・スパニエルとしての記録は1850年頃からあり、1892年に英国KCで公認されました。1936年にはアメリカでイングリッシュ・コッカー・スパニエルのクラブが設立し、1946年にAKCで公認されています。

■**テリア・グループ**

　イギリスを中心に、ネズミなどの害獣退治や、ウサギやキツネ、カワウソなどの小動物の狩猟に使われた犬のグループです。「テリア」とはラテン語で地面、地球を意味する「テラ」から由来した名称で、地面に掘られた巣穴にもぐっていって獲物を仕留めるこの犬の仕事を表現しています。

　この仕事の影響で、テリア・グループの犬には旺盛（おうせい）な探求心と、激しい気性（きしょう）が残っています。夢中になったら何事もとことんまでやり通す執念（しゅうねん）深さ、自分の主張は曲げない頑固（がんこ）さ、押しつけられることが嫌いで自分勝手に行動する奔放（ほんぽう）さなど、テリア・キャラクターと呼ばれるこの気質を好きか嫌いかでこの犬との相性が分かれます。犬にただ従順さだけを求めず、犬の考えを予想して楽しむ心の余裕がある人なら、一緒に暮らしてこんなに楽しい犬はいないといわれます。

●**このグループの代表的犬種**

▶**ミニチュア・シュナウザー（ドイツ）**

体高 30～35cm

体重 約4～8kg

毛色 ブラック、ソルト・アンド・ペッパー、ブラック・アンド・シルバー、ホワイト

性格 利口、怖いもの知らず、忍耐強い
グルーミング ブラッシングとトリミング　手間 ★★★
運動量 多め

歴史 19世紀末、ドイツのフランクフルト・アム・マインで小型のシュナウザーが繁殖されていたことが知られています。古くから厩舎(きゅうしゃ)の番犬やネズミ捕りとして南ドイツ地方で使われていたスタンダード・シュナウザーの小型のものに、アーフェンピンシャーや小型のプードルなどを交配することで、より小型のものを作出しました。アメリカでは1925年から飼育され、1933年にはクラブが設立、AKCには1926年に公認されています。FCIでもAKCでもテリアグループに分類されていますが、テリアの血統は入っていません。被毛や性質はテリアによく似ています。

▶ジャック・ラッセル・テリア（イギリス）

体高 25〜30cm
体重 体高5cmにつき1kg（25cmであれば約5kg）
毛色 ホワイトが優勢で、ブラックかタンのマーキング。被毛のタイプはスムース、ラフ、ブロークンがある
性格 活発で大胆不敵、友好的で冷静沈着
グルーミング ブラッシング
手間 スムース★　ラフ★★　ブロークン★★★
運動量 多い

歴史 1800年代、ジョン・ラッセル牧師の尽力(じんりょく)で作出されました。フォックスハウンドと一緒に獲物を追い、巣穴にもぐりこんで追い立てることのできる犬をつくるためフォックステリアの血統を改良し、体高の高いパーソン・ラッセル・テリアと体高が低いジャック・ラッセル・テリアの二つの犬種に発展しました。AKCでは2003年をジャック・ラッセル・テリアをパーソン・ラッセル・テリアとして公認、英国KCでは1990年にパーソン・ジャック・ラッセル・テリアとして公認したのち、1999年にパーソン・ラッセル・テリアとされました。JKCを含むFCIでは両方の犬種が公認されています。

▶ウエスト・ハイランド・ホワイト・テリア（イギリス）

体高 約28cm
毛色 ホワイト
性格 活動的で勇敢。自尊心が高く陽気で友好的
グルーミング ブラッシング、トリミング
手間 ★★★
運動量 多い

歴史 スコットランドのボルタロッチに住む領主、マルコルムス大佐が白いケアーン・テリアに興味を持ち、ほかの白い犬種を利用して繁殖したことが始まりとされています。この白いテリアがウエスト・ハイランド・ホワイト・テリア（ウエスティ）の出現に大きな影響を与えました。1917年、AKCが、ウエスティとケアーン・テリアの交配により生まれた子犬の登録を否認したことで、両犬種は完全に分離されるようになりました。

■ワーキング・グループ

財産や領地を守る、溺れた人や遭難した人を救助する、戦場で伝令や夜警、負傷者の救助にあたるといった仕事を任されていた犬のグループです。また闘犬や牛、猛獣との対決など娯楽目的で作出された犬も含まれます。力仕事が多かったので、体が大きく力強いマスティフ系の犬が交配にかかわっている場合が多いのも特徴です。

闘犬、番犬、軍用犬に使われた犬は闘争心が旺盛で凶暴な性格でしたが、そんな犬をペットにしたいと願った愛好家の努力により、穏やかでやさしい性格に180度転換されています。

●このグループの代表的犬種

▶シベリアン・ハスキー（アメリカ）

- 体高 ♂53.5〜60cm
  ♀50.5〜56cm
- 体重 ♂20.5〜28kg
  ♀15.5〜23kg
- 毛色 ブラックから純白までのすべての色
- 性格 友好的
- グルーミング ブラッシング
- 手間 ★★
- 運動量 多い

歴史 とても古い犬種と思われていますが、詳細は不明です。スピッツ族で、いわゆるそり引き用の犬の一種です。シベリア北東部を流れるコリマ川流域を中心に暮らしていたチュクチ族が飼っており、シベリアン・チュチースと呼ばれていました。冬はそりを、夏はボートを引く犬として使われたり、狩りの助手としても働きました。冒険家による北極点探検や南極大陸探検にも使われています。世界中に知られたのは1909年にアラスカで行われたそりレースで素晴らしい成績を収めたことがきっかけです。ハスキーという名前の由来は、遠吠えの声がしわがれることによります。

▶バーニーズ・マウンテン・ドッグ（スイス）

- 体高 ♂64〜70cm
  （理想66〜68cm）
  ♀58〜66cm
  （理想60〜63cm）
- 毛色 ジェット・ブラックに、リッチタンとクリーン・ホワイトのマーキングをもつトライカラー
- 性格 自信に満ちて怖いもの知らず
- グルーミング ブラッシング　手間 ★★

運動量 多い

歴史 2000年前、マスティフタイプの犬とスイスの土着犬との間で生まれたといわれる、古い起源をもつファーム・ドッグ（農場で飼われる犬）です。農場の番犬や荷車を引く牽引犬、牛追い犬として働いていました。スイスのベルン周辺ではデュールベッヘラーと呼ばれていて、1900年代にはすでにドッグショーにも出陳されています。1907年にブルクドルフ地方でスイス・デュールバッハ・クラブが設立されて犬種の固定化が進みました。1910年に、ベルンの名にちなみ、バーニーズ・マウンテン・ドッグと名称が変更されました。1937年にAKCに犬種登録されています。

■ハーディング・グループ

広い牧場を走り回り、家畜の警護と統率を受け持つ犬のグループです。時には人間がまったく見張らずに、犬に仕事を任せっきりにできるほど、優秀な犬です。市場へ牛や羊を送り届けるときも、群れをばらけさせずに安全に進むために、この犬の存在は欠かせませんでした。広い牧場のどこに家畜がいるのかを把握するため、優れた嗅覚と記憶力を備えており、その能力が特に高いジャーマン・シェパード・ドッグは警察犬としても大活躍しています。スタミナたっぷり、元気で明るく、誰にでもよくなつき育てやすい犬が多いのですが、牧羊犬は動くものに反応しやすく、牛追い犬は勇敢で気が強い面もあるといわれています。

●このグループの代表的犬種

▶ウェルシュ・コーギー・ペンブローク（イギリス）

- 体高 約25〜30cm
- 体重 ♂10〜12kg
  ♀9〜11kg
- 毛色 レッドかセーブル、フォーン、ブラック・アンド・タン
- 性格 働き者で外交的

グルーミング ブラッシング　手間 ★★

運動量 多め

歴史 フランスとベルギーの大西洋に面した地方のフランドル。そこに住んでいた織工がウェールズに移住して土着した犬種とも、スウェーデン・ヴァイキングがもたらした犬種ともいわれています。

1107年までさかのぼることができる古い犬種で、ヘンリー2世（1133～1189年）時代から英国王室に愛されています。尾や耳先に特徴があり、19世紀中ごろ以前は（ウェルシュ・コーギー・）カーディガンと盛んに交配されていたこともあり、相似点が多いのも特徴です。主にウェールズのペンブロークシャー地方で飼育されていました。

▶ボーダー・コリー（イギリス）

体高 ♂53cm
♀53cmより僅かに低い

毛色 さまざまな毛色が認められている

性格 鋭敏で注意深い。学習能力が高い

グルーミング ブラッシング　手間 ★★

運動量 多い

歴史 8世紀後半から11世紀のバイキングが、英国に持ち込んだトナカイ用の牧畜犬が祖先犬といわれています。土着の牧羊犬やラフ・コリーの祖先犬と交雑し、19世紀末頃に現在のタイプとなりました。

イギリス原産の牧羊犬のなかで最も作業能力が高いといわれるボーダー・コリーが国際畜犬連盟（FCI）に公認されたのは1987年と遅く、その理由としてスタイルや容貌といわれています。しかし、ワーキングやオビディエンス・トライアルなどのショーが展覧会などで実施され、その能力の高さからボーダー・コリーに注目が集まりました。

国境や県境という意味を持つボーダーには、辺境の牧羊犬という意味も込められています。

▶シェットランド・シープドッグ（イギリス）

体高 理想は♂37cm、♀35.5cm（2.5cmを超えて上下するものは極めて望ましくない）

毛色 セーブル、トライカラー、ブルーマール、ブラック＆ホワイト／ブラック＆タン

性格 機敏でやさしい、活動的

グルーミング ブラッシング　手間 ★★★

運動量 多い

歴史 イギリス最北端のシェットランド諸島が原産です。長い歴史をもち、初期にはもっと小型で、農場の見張りなどの仕事をしていました。交配の歴史ははっきりしませんが、のちにボーダー・コリーの祖先であるスコットランドの牧羊犬などの血統が取り入れられたともいわれ、かかわりのあった犬種としてはキング・チャールズ・スパニエル、ポメラニアン、スタンダード・コリー、サモエドなどの名前が挙がっています。1909年には英国KCが、1911年にはAKCが公認しています。シェルティという愛称でも知られています。

▶ジャーマン・シェパード・ドッグ（ドイツ）

体高 ♂60～65cm
♀55～60cm
（体長は体高より約10～17％長い）

体重 ♂30～40kg
♀22～32kg

毛色 ブラックの地色に、レディッシュ・ブラウン、ブラウン、イエロー、明るいグレーまでのマーキング。ブラックあるいはグレーの単色

性格 注意深い。タフさが備わっている

グルーミング ブラッシング　手間 ★★

運動量 多い

歴史 1899年9月20日のフランクフルトのマインで開催されたジャーマン・シェパード・ドッグ協会総会で、A・メイヤーとフォン・ステファニッツ中尉の提案を元に最初のスタンダードが作成されました。その後、何度かの修正を同協会が行い、1991年3月23・24日に理事会ならびに諮問委員会の決議を受けて文章化されました。

1899年以降、最も要求の多いユーティリティ・ワークに適した犬種を目的とし、中部や南部のハーディング・ドッグを中心として、繁殖と発展をしてきました。正確な体躯構成としっかりした気質、そして性格のよさが強調されています。

■ **ノンスポーティング・グループ**

ほかの6グループのどこにも属さない、個性的な犬を集めたグループです。「愛玩犬だがトイ・グループとするには大きすぎる」、「闘犬だったがワーキング・グループにするには小さすぎる」、「食用など特別な用途があった」という具合に、このグループに属する理由はさまざまで、外見も性格も歴史も異なっています。

しかし概して中型か小型の犬が多く、飼いやすい種類がそろっています。

● **このグループの代表的犬種**

▶ **フレンチ・ブルドッグ（フランス）**

（体高）♂27〜35cm
　　　♀24〜32cm（上下1cm以内の逸脱は許容）
（体重）♂9〜14kg
　　　♀8〜13kg
　　　（典型的な個体では500g重くても許容）
（毛色）フォーン、ブリンドル、それぞれの毛色にホワイトの斑があるもの
（性格）社交的、活発、遊び好き
（グルーミング）ブラッシング　（手間）★
（運動量）中程度

歴史 すべてのマスティフ・タイプの犬種と同様に、かつて軍用犬として使われていたモロシア犬種に由来すると考えられていて、イギリスのブルドッグの祖先、フランスのマスティフや小型タイプのマスティフ犬種とも関連があるとされています。1880年代、パリの下町で熱心なブリーダーによる異種交配によってつくられました。最初は市場の人夫などの庶民に飼われていましたが、特殊な外貌と特徴が上流社会の人々や芸術家に受け入れられて人気が広がりました。最初のブリードクラブはパリで1880年に設立され、1898年にはAKCが公認しました。

▶ **ビション・フリーゼ（フランス／ベルギー）**

（体高）25〜29cm（♂で1cmまで、♀で2cmまで高い体高は許容）
（体重）釣り合いが取れた約5kg
（毛色）純白
（性格）陽気、順応性が高い
（グルーミング）ブラッシングとトリミング
（手間）★★★
（運動量）少なめ

歴史 アフリカ北西沖のカナリア諸島にあるテネリフェ島の土着犬がルーツだと考えられています。ルネッサンス時代（14〜16世紀）にイタリアからフランスに持ち込まれ、宮廷貴族の婦人たちが抱き犬として愛しました。第1次世界大戦や第2次世界大戦後には血統があいまいになって消滅しかけましたが、フランスやベルギーのブリーダーによって、個体数を増やしました。1956年にアメリカに渡り、アメリカ人トリマーが考えた独特のカットで世界的にも人気となります。1971年にAKCに公認されました。

▶ボストン・テリア（アメリカ）

- 体重 ドッグショーでは6.8kg未満、6.8～9kg未満、9～11.35kgに分類される
- 毛色 ホワイト・マーキングのあるブリンドル、シール、ブラック
- 性格 友好的で快活
- グルーミング ブラッシング
- 手間 ★
- 運動量 中程度

（PIXTA）

- 歴史 1870年代にボストン市とその近辺の人々によってブルドッグとブル・テリアから作出されました。このときには約23kgと大型でボストン・ブルと呼ばれていましたが、のちに小型化されています。1891年にはクラブが設立され、1893年に最初のボストン・テリアがAKCに登録されました。1927年にイギリスとフランスに紹介され、世界的に知られるようになりました。アメリカを原産とする犬種では、チェサピーク・ベイ・レトリーバーとアメリカン・フォックスハウンドに次いで3番目に古い歴史をもちます。

▶ブルドッグ（イギリス）

- 体高 ♂♀ 約40cm
- 体重 ♂ 25kg　♀ 23kg
- 毛色 単色かスマット
- 性格 鋭敏で果敢。愛情に満ちた気質を持つ

（iStock）

- グルーミング ブラッシング
- 手間 ★★
- 運動量 多め
- 歴史 最も古い原産犬種の一つであり、イギリスの国犬としても知られています。英国の決意を擬人化したジョン・ブル国家像になぞられ、家族や友人に愛情深く、やさしい気質を隠しもつボクシング選手のような雰囲気が魅力の犬種です。

1630年代のブル・ベイティング（牛いじめ）をする闘犬タイプから、1835年頃には現在のずんぐりした体型へ変貌をとげ、1860年頃にかけて現在のやさしい性格へと昇華しました。

■日本犬

日本原産として公認されている犬のうち、北海道犬、秋田犬、紀州犬、甲斐犬、四国犬、柴犬は獣猟犬に属しています。これらの日本犬は古来からほとんど人為的な選択繁殖が加えられていませんでした。DNA分析でも、オオカミに最も近いのは柴犬だということがわかっています。そのようなことからも、独立心が強く、活発で勇敢であるが防衛本能も強いという性質が見えてきます。

土佐闘犬、日本スピッツ、狆、日本テリアは、洋犬の影響を受けた日本原産の犬です。狆は室町時代以降に入ってきた短吻犬や、南蛮貿易でもたらされた小型犬が基礎になり、当初から日本で唯一の愛玩犬種として改良、繁殖されたといわれています。土佐闘犬は、明治維新後、闘犬のために四国犬にマスティフやブルドッグ、ブル・テリア、グレート・デーンなどを交配してつくられた大型犬種です。日本テリアの由来も詳細は不明ですが、1700年代にオランダから長崎に渡来したスムース・フォックス・テリアを祖として小型の在来犬を交配し、のちに神戸で改良したと考えられています。主に神戸で「抱き犬」としてかわいがられ、昭和初期にタイプが固定されました。

▶柴（日本）

- 体高 ♂ 39.5cm　♀ 36.5cm（それぞれ上下各1.5cmまで）
- 毛色 赤、黒褐色、胡麻、黒胡麻、赤胡麻（すべて裏白であること）
- 性格 忠実で警戒心に富む
- グルーミング ブラッシング
- 手間 ★★
- 運動量 中程度
- 歴史 日本犬のなかでも最も古い歴史を持つとも

いわれる土着犬です。日本海に面した山岳地帯で小型鳥獣の猟犬として使われていました。明治時代になるとイギリスからイングリッシュ・セターなどの猟犬が輸入されて交配が流行し、純粋な柴は珍しいものとなっていきました。しかし
1928年、日本犬保存会が設立し、保存活動が行われます。1934年にはスタンダードが制定され、1936年には国の天然記念物に指定されました。1992年、AKCに公認されています。

毛色の「裏白」とは、頬や胸、尾や足先、脚の裏側が白っぽくなっていることをいいます。

▶日本スピッツ（日本）

- (体高) ♂30〜38cm、♀は♂よりやや小さい
- (毛色) 純白
- (性格) 明朗で利口
- (グルーミング) ブラッシング
- (手間) ★★
- (運動量) 少なめ
- (歴史) 由来には諸説ありますが、1920年頃にシベリア大陸を経由して、中国東北地方から日本に渡った大型の白いジャーマン・スピッツが日本スピッツの起源で、1925年から1936年頃までにカナダやアメリカ、オーストラリア、中国から輸入された白いスピッツとその子孫によって改良されたといわれています。第2次世界大戦後の1948年、JKCによって統一されたスタンダードが確立されました。高度成長期にかけて日本国内で家庭犬として爆発的に流行したものの「よく吠えるうるさい犬」というイメージがついて飼育頭数が減少しました。しかし現在ではそうした気質は改良され、登録頭数は増加傾向にあります。

▶秋田（日本）

- (体高) ♂67cm、♀61cm（それぞれ上下各3cmまで）
- (毛色) 赤、虎、白、胡麻（すべて裏白であること）
- (性格) 冷静沈着で忠実
- (グルーミング) ブラッシング (手間) ★★
- (運動量) 多い
- (歴史) 古くから秋田地方には、秋田マタギ犬と呼ばれる熊猟犬がいました。明治時代に入ると土佐やマスティフと交配され、大型化が進みましたが、本来のスピッツタイプとしての特徴が失われてしまいました。昭和に入ってからは日本犬の保存運動が起こり、改良が行われて、1931年に天然記念物として指定されます。ところが第二次世界大戦中、軍用犬であるジャーマン・シェパード・ドッグ以外の犬は毛皮用として供出命令が出たため、供出を免れるためにジャーマン・シェパード・ドッグとの交配が行われました。しかし戦後、日本犬愛好家が外国犬種の特徴を除去して、現在の姿に固定化しました。

猫の歴史と生態

猫の祖先

ネコ科の動物も、もとはイヌ科の動物と同じミアキスから派生しています。餌を求めて木を降り、森林を出たグループとは別に、これまで通り木のうえでの生活を望んだミアキスがいました。それがネコ科の動物へと変ったと考えられています。

現在飼われている猫（イエネコ）の起源も、犬同様まだはっきりとは解明されていませんが、今から5,000～6,000年前の古代エジプトに生きていた野生のリビアヤマネコだとする説が有力です。今でもアフガニスタン、アラビア半島、北アフリカなどに分布するリビアヤマネコは、ヨーロッパヤマネコより小型で、野生猫のなかでは比較的飼い馴らしやすいといわれていますが、イエネコに比べれば大変困難です。

猫の基礎知識／解剖生理／繁殖

■基礎知識

[特徴] 猫は単独で狩りをします。ネズミや鳥、小型爬虫類などの小さな獲物を待ち伏せ、静かに近づいて狙いを定めて襲います。爪が出し入れできる仕組みや、被毛の縞模様や斑模様といったカモフラージュ柄も、こうした狩りのスタイルに役立っています。

[好む場所] 高い場所や狭い場所を好むのは、外敵から身を守るのに適していたからで、その名残が飼育下でもみられます。

[活動時間] 猫の活動時間帯は薄明薄暮性で、明け方と夕暮れの薄暗い時間帯に活発です。寝ている時間が長いのも猫の特徴で、一日に16時間寝ているといわれます。

[なわばり意識] 猫のなわばりにはホームテリトリーとハンティングテリトリーがあります。ホームテリトリーは自分だけのなわばりで、飼い主や同居する猫などのほかには侵入することが許されません。ハンティングテリトリーは狩りをして食べ物を得るための広いなわばりで、ほかの猫と共有することもあります。情報交換をしているのではないかといわれている「猫の集会」は、ハンティングテリトリーで行われます。

[マーキング] よく行います。尿を撒き散らすにおいつけはスプレー（尿マーキング）とも呼ばれます。肉球には分泌腺があり、爪とぎをすることでその場所ににおいを残します。また、顎の下や額、口角の両脇、尾など全身のあちこちにも皮脂腺があり、こすりつけてにおいを残します。

[食性] 完全な肉食動物です。肉食動物の特徴として腸管は短く、体長の約4倍です（犬は約6倍）。

[食事傾向] 小さな獲物を一日に何度も狩り、食べることから、飼育下でも少しずつ何度にも分けて食べる傾向があります。

[コミュニケーション] 犬のように群れをつくる動物ではありませんが、ほかの個体との無用な争いを避けるためや、繁殖相手を探すためなどに、視覚、聴覚、嗅覚によるコミュニケーションをとっています。

[幼形成熟] 猫にも、家畜化したことによるネオテニー（幼形成熟）がみられます。飼い主に対して鳴く、体をこすりつける、喉を鳴らすといった行動がありますが、こうした行動は成猫同士ではあまり行われません。飼い主と猫との関係は、親子同士のようなものではないかと考えられています。

[家畜化による変化] 猫は、ネズミなどの小動物を捕獲するというもともと身についていた習性が人にとって役立ったことから家畜化されました。そのため、家畜化による変化は犬ほどには大きなものではありませんでした。

■解剖生理

[**筋肉**] 猫の筋肉は柔軟で、速筋が多いことから瞬発力やジャンプ力に優れます。なかでも後ろ足の筋肉が発達しています。遅筋の割合は少ないため、持久力は高くありません。

[**骨格**] 鎖骨は痕跡が残るだけのため、可動域が大きいほか、前足から着地した際の衝撃を分散することができます。

[**体格**] 猫種による違いはありますが、標準的な体長は50〜60cm、体重はオスが2.5〜7.0kg、メスが2.2〜4.0kgです。

[**指**] 前肢には5本、後肢には4本の指があります。爪は自由に出し入れすることができます。爪の下には靭帯と屈筋腱があり、その収縮によって使わないときは爪を引っこめ、使うときには出します。

[**爪**] 猫の爪は層になっており、爪とぎをすることで外側の古い層が脱皮するかのようにはがれ落ち、新しい爪が現れます。

[**肉球**] 肉球には弾力性があり、滑り止めやクッションの役割もあります。

[**被毛**] 猫種によって、オーバーコートとアンダーコートの2層になっているダブルコートと、どちらかだけのシングルコートの場合があります。トリプルコート（3層）の猫種として、シベリア原産のサイベリアンが知られています。

[**尾**] 猫の祖先は長い尾を持っていましたが、現在では猫種によって尾椎（尾の骨）の数には幅があります（4〜26個）。マンクスのように尾のない猫もいます。

[**汗腺**] 人では全身に存在し、さらさらの汗を出して体温調節も行う「エクリン腺」は、猫では肢の肉球と鼻先にしかありません。一方、人では脇や股など一部の場所にしかない「アポクリン腺」が猫では全身にあります。アポクリン腺は脂腺と直結し、フェロモンを発しています。

[**歯**] 永久歯は全部で30本あります。その内訳は、切歯12本（上顎6本、下顎6本）、犬歯4本（上顎2本、下顎2本）、前臼歯10本（上顎6本、下顎4本）、後臼歯4本（上顎2本、下顎2本）です。ハサミのように咬み合って、動物の肉を食いちぎる役割をもつ裂肉歯（上顎の第4前臼歯と下顎の第1後臼歯）があります。乳歯は生後3〜6週で生え揃い、7〜8カ月頃に永久歯へと生え変わります。

[**視力**] 人の10分の1ほどといわれ、色覚は赤が認識できず、青と緑は認識できるといわれます。動体視力には優れています。網膜の後ろにタペタムがあり、少しの光でも増幅させることができるため、人がものを見ることができる最低限の明かりの6分の1ほどのわずかな明るさでも、ものを見ることができます。明るいときには瞳孔が縦長になり、暗いと円形に大きくなり、光の量を調節しています。また、目は顔の前面についているため、側面についている草食動物と比べると視野は狭くなりますが、両眼視できる範囲は広く、獲物を捕獲するときに狙いやすくなっています。

[**聴覚**] とくに聴覚は優れており、6万5,000キロヘルツという高音域まで聞くことができます。これにより、獲物であるネズミ類の発する超音波を聞き取っています。耳介はよく動き、獲物の発する音を耳だけを動かして見つけられます。

[**嗅覚**] 優れています。嗅上皮（においを受け取る部分）の表面積は20〜40cm^{2}と人の10倍ほど、嗅細胞（においを受け取る細胞）の数は約6,000万〜6,500万個と人の2倍ほどあります。嗅覚は生まれてすぐに機能し、子猫は母猫の乳首を見つけることができます。猫は口内の上顎にあるヤコブソン器官で、フェロモンを嗅ぎ取ります。このときは口を少し開けてた独特の表情を見せます（フレーメン反応）。

[**触覚**] 触覚は猫にとって重要な感覚器官の一つです。ひげのほか、顔面周囲や手根の裏側にも触毛があります。暗い場所にいても、ひげの接触や空気の流れから情報を得ることができます。

[**寿命**] 平均寿命は15.79歳です（一般社団法人ペットフード協会調べ。2023年）。毎年、延びている傾向にあります。外出する猫よりも室内飼育の猫のほうが寿命は長い傾向にあります。20歳

を超える猫も珍しくなくなってきました。

■繁殖

- 子猫が性成熟（生殖能力をもつこと）を迎えるのは、猫種や環境によって異なりますが、早いと生後4カ月。遅いと12カ月ほどです。純血種は雑種よりも、室内飼育の猫は屋外で暮らす猫よりも、性成熟が遅くなる傾向にあります。
- 猫の発情は、本来、季節が関わり、北半球では一般的に1月下旬～9月が発情シーズンです。一日に14時間以上光を浴びると発情が可能になります。明るい時間が長い室内飼育では一年中発情が起きます。
- 繁殖適期は、体が十分に成長した、2～3回目の発情から交配を行うのが好ましいとされています。
- 猫の繁殖生理の特徴の一つが「交尾刺激排卵」というしくみで、交尾による刺激がきっかけとなり、交尾後約30～50時間でメスの卵巣内で排卵が起こります。卵管内で受精し、交尾からおよそ2週間後に着床します。妊娠率は90％以上の確率です。

[メスの発情周期]

- 交尾刺激排卵というしくみにより、猫の発情周期は犬と異なります。

発情前期（1日程度） 卵巣のなかで3～7個の卵胞が発育します。外見の変化はほとんどみられず、オスがそばにいても交尾を受け入れません。

発情期（春5～14日、夏3～6日） 卵胞は約5mmに成長します。オスを呼ぶような独特な高い声で鳴きます。陰部を気にするようになり、尾の付け根をさわると尻を高く上げる仕草を見せます。排尿の回数も増え、マーキングがみられることもあります。この時期に交尾、妊娠が可能となります。

交尾が行われた場合 交尾が行われると30～50時間後に排卵が起こり、交尾後3～4日で発情が止まります。しかしそれまでにほかのオスと交尾をすれば再び排卵が起こるため、猫は一度に複数のオスの子猫を出産することができます。

交尾したが妊娠しなかった場合 すでに説明したとおり、猫は交尾の刺激で排卵が起こるため、交尾後はかなりの高確率で妊娠します。交尾したけれど妊娠しなかった場合には、黄体ホルモンが働き、約40日間発情が抑えられます（偽妊娠）。しかし外見的には乳腺の発達など妊娠に似た所見はほとんどみられません。

発情間期（1週間～数カ月） 発情期に交尾が行われなかった場合には発情は収束に向かい、次の発情期まで卵巣の機能が停止します。発情間期の長さには個体差や季節による差があります。発情シーズンには1週間後には発情期に戻りますが、発情期間は数カ月間続くこともあります。

- 妊娠期間はおよそ63～69日です。交尾刺激排卵であることから、妊娠率はとても高くなります。一回の出産で生まれる子猫の数は平均3～5頭です。生まれたときの子猫の体重は約100gほどです。

[不妊・去勢手術]

- 犬の場合と同様に、動物愛護管理法で繁殖制限措置を行うよう努めることが定められているほか「家庭動物等の飼養及び保管に関する基準」では、猫を屋内飼養しない場合には、不妊・去勢手術などの繁殖制限措置を講じることが求められています。

[**不妊手術（メス）のメリット**] 望まない妊娠を防ぐことができる、女性ホルモンの影響を受ける病気の予防になる、発情時の異常な鳴き声がなくなるなどです。最初の発情前に不妊手術を行うことで、乳腺腫瘍の高い予防効果が得られることも報告されています。

[**不妊手術（メス）のデメリット**] 繁殖できなくなる、全身麻酔のリスク、ホルモンバランスの影響で肥満になりやすい、術中および術後の感染症などがあります。

[**去勢手術（オス）のメリット**] ほかの猫とのケンカが減り、感染症に感染するリスクが低下する、攻撃性が低下し、性格も穏やかになることがある、尿のマーキングが減るなどがあります。

[**去勢手術（オス）のデメリット**] 繁殖できなくな

る、全身麻酔の手術によるリスク、ホルモンバランスの影響で肥満になりやすい、術中および術後の感染症などがあります。

猫と人間との関わり

■神格化された動物

最初に猫を家畜化した人間は、エジプトのナイル川上流に住んでいた原住民です。彼らは農作物を食い荒らすネズミを退治するために猫を飼い始めたと考えられています。

その後、猫は人間から神聖な動物とされ、一段上の存在として大切に飼育されるようになりました。古代エジプトでは動物を神の化身として大切に飼育する習慣があり、そのなかには蛇やライオンなどの危険な動物も含まれていました。特にネコ科の動物は生殖を司る「バステト神」のシンボルとして崇められていましたが、大型の猛獣ではあまりにも危険なため、小型の猫＝イエネコが必要だったと想像されています。

王侯貴族の間では大切なペットとして育てられ、自分の猫が死んだ後はミイラにして手厚く葬っていたほどです。壁画や彫刻には、神格化された猫をモチーフにしたものがたくさんあります。

■ネズミ退治の密輸品

古代エジプトは、猫を国外へ持ち出すことを禁止していましたが、地中海交易を行っていたフェニキア商人たちは、地中海東部やアジア地方などの農業が盛んな地域に穀物倉庫のネズミ見張り役として猫を密輸していました。またローマ帝国が統治するようになると、兵士が遠征の際に食料を守る手段として猫を同行させることが多くなり、少しずつ猫が各地に分散していきました。

■神の化身から魔女の手先へ

人間から手厚く飼われていた猫ですが、それが一転、中世のヨーロッパでは受難の時代を迎えます。「魔女狩り」を行ったキリスト教が「猫は魔女の手先」と決めつけ、虐殺を行ったのです。その理由は、禁欲的なキリスト教の教えに相反する女神信仰に対して危機感を抱き、その象徴であった猫に矛先を向けたという説が有力です。

しかし、それは皮肉な結果をもたらします。天敵である猫が減ったことでネズミが大発生し、ネズミによって運ばれたペスト菌によって「ペスト（黒死病）」が大流行して、何千万人もの人々が命を落としたのです。

■猫は船に乗り世界へ

猫が世界中に広まったのは、15世紀の大航海時代です。船に住み着くネズミの退治用に猫を乗せて遠洋航海が盛んに行われたのです。それにより港町にもたくさんの猫が住み着き、ペットとしての猫の歴史が本格的にスタートしました。18世紀の産業革命以降は、資本家を中心に猫を飼う文化が定着して、計画的な繁殖も行われるようになりました。

シルクロード経由で中国へ渡った猫もいます。中国では穀物だけでなく、蚕のマユや仏教の経典をネズミの害から守るという重要な役割を与えられました。

日本へは、中国や朝鮮から仏教の伝来とともに猫が上陸したという説が有力です。やはりネズミの被害から経典を守ることが目的だったようです。平安時代には貴族たちの間で猫がかわいがられた記録が残っています。

グループ別　猫種の特徴

猫種とその分類について

世界各地で猫が飼われるようになっても、人が猫に求める最大の役割は、狩猟本能を利用した「ネズミ退治」と人の癒しとしての役割です。したがって犬のようにさまざまな仕事のために改良されることもありませんでした。

また品種による体の大きさも犬ほどの差はなく、種類は主に体の部位の違いや毛の長さ・色によって分けられています。

■コビータイプ

胴が短く、肩や腰幅も広く全体に丸みを帯び、がっしりしています。丸い頭部と短めの尾、足の先に丸みがあるのが特徴です。

● このグループの代表的猫種（カッコ内は原産国）

▶ペルシャ（アフガニスタン）

（PIXTA）

体型・身体の特徴
短く太い足がボディを支えています。太めの印象は厚い被毛によるものであり、見た目ほど体重は重くはありません。

頭部は丸く、耳の間には広いスペースがあります。鼻筋は短く、明確なストップ（両目の間にある鼻筋のくぼみ）があります。目は丸く大きいですが、出っ張ったり凹んだりしてはいけません。目の色はカッパー（銅色）です。頬は丸く、力強い顎を支えています。

グルーミング ブラッシング、定期的なシャンプー
手間 ★★★
毛質・毛色 被毛は長く、ボディの上に流れるように生えています。首の周りにはさらに長いフリルがあります。アンダーコートはウール状で厚く、体を守っています。脚と耳も長い毛で被われています。カラーはホワイト、ブラック、ブルーなどさまざまなバリエーションがあります。

歴史 ヨーロッパに辿り着いた最も古い猫の一つと考えられ、記録では1500年代に旅行家ピエトロ・ヴァラによりイタリア経由で持ち込まれたとされています。

イギリスやヨーロッパの主な国ではペルシャは単に「ロングヘア」と呼ばれ、それぞれのバラエティーが別種として扱われています。日本で人気のあるチンチラも、白い毛の先に色がついているペルシャの一種です。登録団体によってはこのカラーポイント種を「ヒマラヤン」として別種に扱われていますが、ペルシャのなかの一つのカラーとして扱われる場合もあります。

▶ペルシャ〈チンチラ〉

（iStock）

ペルシャのバリエーションの一種です。チンチラシルバー、チンチラゴールデンの2つのカラーがあり、目の色はグリーンかブルーグリーンです。

1880年代後半、さまざまな毛色をもつペルシャの作出が盛んに行われていたイギリスで、美しいシルバーの毛色をもつオスが誕生しました。1900年代初期にはアメリカで改良が進められました。ゴールデンの毛色は長い間正式に認められませんでしたが、1960年代に繁殖が進められて人気の毛色になりました。猫血統登録団体によっては独立した猫種とされています。

▶ペルシャ〈ヒマラヤン〉

ペルシャのバリエーションの一種です。ホワイトのベースカラーで、口、耳、足、尾にポイント・カラー（ブラック、シール、ブルー、ライラック、クリーム、チョコレートなど）が入ります。目の色はブルーです。

1924年、人気のペルシャとシャム（サイアミーズ）のよいところを集約した理想の猫をつくろうとペルシャとシャムを交配して開発が始まりました。1935年にハーバード大学医学部遺伝学科の協力とブリーダーの努力により、ヒマラヤンの原型となるシールポイントの長毛種が生まれ、1955年にイギリスでカラーポイントロングヘアとして登録されました。1957年にはCFA（キャット・ファンシアーズ・アソシエーション：Cat Fanciers' Association）がヒマラヤンとして公認しましたが、現在ではCFAおよびTICA（ザ・インターナショナル・キャット・アソシエーション：The International Cat Association）ではペルシャのバリエーションの一つとされています。

▶エキゾチック〈ショートヘア〉（アメリカ）

体型・身体の特徴 短く太い足が、少しふっくらしたボディを支えています。頭部は丸く、耳の間には広いスペースがあります。鼻筋は短く、明確なストップがあります。目は丸く大きいですが、出っ張ったり凹んだりしてはいけません。頬は丸く、力強い顎を支えています。

グルーミング ブラッシング （手間）★

毛質・毛色 ホワイト、ブラック、ブルー、レッド、クリーム、ブルー・クリームなどさまざまです。長さは短毛です。

歴史 ペルシャがキャットショーの上位を独占していた1950年代、少し歯がゆい思いをしていたアメリカン・ショートヘアのブリーダーは「ペルシャの雰囲気をアメリカン・ショートヘアに取り入れられないか？」と思いつきました。このときに交配され生まれた猫がエキゾチック（ショートヘア）のルーツとなったといわれています。

1960年代後半には、ペルシャの短毛ではなく、独立したブリードとして認められています。

■セミコビータイプ

四肢、胴、尾をコビーよりやや長めにしたタイプです。全体としてはコビーに近いのですが、足先はコビーほど大きくはありません。全体的に四角ばったタイプです。

●このグループの代表的猫種

▶アメリカンショートヘア（アメリカ）

体型・身体の特徴 短く太い首に丸い頭をしており、大きく丸い眼とほどよいサイズの耳がついています。ボディは華奢ではありませんが、太ってもいません。力強く筋肉質で、肩、胸がとくに発達しており、ほどよい長さの脚に支えられています。尾は付け根が太く、先端に向かってはわずかに巻いています。

グルーミング ブラッシング （手間）★

毛質・毛色 短い被毛はなめらかで光沢があります。毛量豊富ですが、季節や地域により違いがあり、暑い季節、または暑い地域に住んでいる猫は比較的毛量が少なくなっています。毛色はチョコレートとライラックの単色以外はさまざまな色・パターンが認められています。なかでもクラシックタビーと呼ばれている縞模様が一番知られており、シルバー、レッド、ブラウン、ブルー、チョコレート、シナモン、クリームなどのバラエティーがあります。

(歴史) 1600年代初頭にイギリス人のアメリカ大陸移住が始まった際、船の積み荷をネズミから守るために連れてこられた猫が、後にドイツ、フランス、オランダ、ノルウェーなどから集まった猫たちと混ざりあい、現在のアメリカン・ショートヘアの原形となりました。

当初は「通りの猫」として人々に愛されていましたが、やがてこの猫のショーキャットの可能性に気づいたブリーダーにより、たくましさはそのままに毛色の美しいアメリカンショートヘアを作出するに至りました。アメリカで純血種として最初に登録されたのは1904年のことです。

▶ブリティッシュショートヘア（イギリス）

(体型・身体の特徴) 頭部は丸みがあり頬は豊かで、顎が発達しています。耳は中程度の大きさで、付け根はやや広く、先端は丸くなっています。目は大きくて丸く、両目の間隔は広いです。コビータイプにとても近いセミコビータイプで、がっしりしたボディが特徴です。足の長さはボディに対して短めですが筋肉質で骨太です。尾はボディの3分の2ほどの長さがあり、付け根は太くて先端は丸みがあります。

(iStock)

(グルーミング) ブラッシング　(手間) ★

(毛質・毛色) 密度のある被毛に覆われ、手で抑えるようにすると強い弾力性を感じます。長いアンダーコートをもちます。ソリッド・カラー、パーティ・カラー、バイカラー、タビーカラー、スモークカラー、シェーデッドカラーの各クラスでさまざまなカラーが公認されています。なかでもブルーが好まれ、「ブリティッシュブルー」とも呼ばれます。

(歴史) 約2,000年前に古代ローマ人がイギリスに持ち込んだのが始まりともされる、古い歴史をもつ猫種です。1825年にイギリスで計画繁殖と血統管理が始まりました。1871年にキャットショーで紹介されて人気となり、1901年に公認されました。CFAで公認されたのは1980年のことです。

▶シンガプーラ（シンガポール）

(PIXTA)

(体型・身体の特徴) しなやかな体をもった、小型の猫です。顔は丸型、大きな耳がマズルへ向かって三角形を形成するようについています。目も大きく、アーモンド型です。目の色は被毛により異なります。

(毛質・毛色) 被毛は短く、光沢があります。それぞれの毛は皮膚に密着するようにびっしりと生えています。全体的にみると洗練されたセピアの色ですが1本1本の毛に色の濃淡があるティックドタビーの模様をしています。

(グルーミング) ブラッシング　(手間) ★

(歴史) 1970年代にシンガポールの一般的なストリートキャットをアメリカ人夫婦が自国に持ち帰り、固定化した猫です。小さな体、美しい被毛、野性味のある外観はすぐに世界中の愛猫家の気持ちをつかみ、1980年代に公認されるとあっという間に人気猫種となりました。

▶スコティッシュフォールド（イギリス）

(体型・身体の特徴) 頭部は丸く、しっかりとした顎と頬を持ちます。耳は小さく先端は丸く、前方に折れ曲がって

(iStock)

いるのが大きな特徴ですが、立ち耳も公認されています。目は大きく、丸く見開かれています。ボディは筋肉質でややずんぐりとして愛らしく、表情豊かです。四肢はボディに対してやや短めです。尾はボディに対して長めで先端に向かって細くなります。

(グルーミング) ブラッシング　(手間) 長毛★★　短毛★

毛質・毛色 短毛と長毛があります。短毛タイプは密度があってビロードのような柔らかさをもちます。ソリッド・カラー、パーティ・カラー、バイカラー、タビーカラー、スモークカラー、シェーデッドカラーの各クラスでさまざまなカラーが公認されています。

歴史 1961年にスコットランドの農場で、耳が折れ曲がった猫が発見されたのが、スコティッシュフォールドの第1号です。その猫の生んだ子とブリティッシュショートヘアを交配して生まれた耳が折れた子をもとに計画繁殖が行われて頭数も増加しましたが、イギリスでは同型接合性障害（折れ耳同士の交配や近親交配で現れる骨格障害）が疑われて猫種認定されませんでした。1970年、アメリカに渡り、アメリカンショートヘアと交配をすることで、より健康なスコティッシュフォールドが開発されて人気となります。1978年にCFAが公認しました。

折れ耳同士を交配すると子猫に健康問題が起きることが多いため、必ず立ち耳との交配をしなくてはなりません。

▶ミヌエット（アメリカ）

体型・身体の特徴 頭部は丸みがあります。ペルシャの血を引きますが、マズルはペルシャほど低くはありません。耳は中くらい

(PIXTA)

の大きさかやや小さめで、先端は丸みがあり、間隔は離れています。大きくて丸い目はこの猫種のチャームポイントの一つにもなっています。

マンチカンの短い四肢と、ペルシャのゴージャスな被毛というそれぞれの特徴をもつ猫種です。足は短く、よく発達し、運動能力は高く、筋肉質でがっちりしています。尾は体長に比べてやや長くなっています。気質もペルシャのやさしさとマンチカンの好奇心旺盛さを受け継いでいます。

グルーミング ブラッシング **手間** 長毛★★ 短毛★

毛質・毛色 短毛と長毛があり、短毛は他の短毛種よりもわずかに長い被毛を持ちます。長毛はふわふわで柔らかく、豊かで緻密な被毛を持ちます。すべてのカラーが認められています。

歴史 1996年、マンチカンをベースに、ペルシャ、ヒマラヤン、エキゾチックなどを交配してつくられた猫種です。TICAでは当初、ナポレオンという名称で登録されていましたが、ミヌエットに変更し、2016年に正式な猫種として登録されました。

マンチカンとペルシャそれぞれの健康上の問題点がミヌエットにもみられる懸念があることからCFAなどでは公認されていません。

■オリエンタルタイプ

コビーの対極に位置するのがオリエンタルです。くさび形の頭に細くしなやかな胴、長い四肢とムチのような尾を持っています。

●このグループの代表的猫種

▶シャム〈サイアミーズ〉（タイ）

体型・身体の特徴 細い首にくさび型の頭、底面が広い耳はお互い離れた位置についています。正面から見ると、耳の先から鼻の先を結ぶ線が三角形を描きます。目はアーモンド型です。ボディと四肢は長くスリムで、後肢は前肢より長くなっています。尾も長く、まっすぐに伸びています。
(iStock)

グルーミング ブラッシング **手間** ★

毛質・毛色 短く光沢があり、皮膚に密着するように生えています。顔、四肢、尾のポイント・カラーが特徴で、カラーはCFAではシール、ブルー、チョコレート、ライラックの4種類しか公認されていません。イギリスと一部のアメリカの団体ではそれに加えてタビーポイント、レッドポイント、トルティエタビーポイント、シールトルティエポイント、クリームポイントなどさまざまな色が認められています。

歴史 タイで手厚く保護されていた猫で、貴族や僧侶という高貴な身分の人にのみ飼育が許可されていました。イギリスに渡った100年前のシャムは現在のものほどスリムでなく、顔もふっくらしていたようです。

1871年にイギリスで開催された初めてのキャットショーの記録には、「黒い脚にフォーンカラーの奇妙で無気味な猫」「パグ犬の頭を持った猫」という感想が寄せられている一方、エレガントで素晴らしいとの記述も見受けられ、当時の人々の驚嘆ぶりがうかがえます。このショー以降には大人気となり、1880年代後半にはアメリカへも輸出されるようになりました。

▶オリエンタル〈ショートヘア〉（イギリス／アメリカ）

体型・身体の特徴 底面が広い耳はお互い離れた位置に付いています。正面から見ると、耳の先から鼻の先を結ぶ線が三角形を描きます。目はアーモンド型です。

ボディと四肢は長くスリムで後肢は前肢より長くなっています。尾も長く、まっすぐに伸びています。

グルーミング ブラッシング **手間** ★

毛質・毛色 シングルコートで、ピタリと体に張りついています。毛色はホワイト、エボニー、ブルー、チェストナット、ラベンダー、シナモン、レッド、クリームなど非常に豊富で、イギリスではこれらに加えてキャメルも認められています。

歴史 耳や足先、尾にだけ毛色がついているポイントカラーのシャムを基に、全体にカラフルな毛色のある猫を作出しようと1950年代のイギリスで始められた交配により、チョコレート色の猫が誕生しました。1960年代には、ラベンダーや縞模様が生まれ、この猫種は世界中に注目されました。1970年代には白や黒の単色、スポット模様など、数多くの毛色が作出され人気猫になっています。

はじめは短毛種だけでしたが、1990年代にオリエンタルの長毛種が公認されたことで、名称も「オリエンタルショートヘア」から「オリエンタル」に変更されています。

■フォーリンタイプ

体型はすらりとスマートです。しかしスマートタイプといってもオリエンタルほど極端に細くはありません。

● このグループの代表的猫種

▶ロシアンブルー（ロシア）

体型・身体の特徴 ボディはスリム。すらりと長い脚に支えられています。目はアーモンド型で、お互い離れた位置につ

いています。目の色はグリーンでなければならず、より鮮明であればあるほどよいとされます。耳は正面から見たときに、垂直に立っています。

グルーミング ブラッシング **手間** ★

毛質・毛色 短毛でそれぞれが密集して生えています。上毛の毛先はシルバーで、これが被毛全体に光沢を感じさせます。毛色はアメリカではライトブルー、イギリスではミディアムブルーが好まれます。完全な単色で色ムラがあってはいけませんが、子猫のときにはかすかに斑があることもあります。

歴史 ロシア帝国の貴族が可愛がっていたブルーの毛色の猫がルーツと考えられ、おそらく200〜300百年前に作出されたと考えられます。イギリスには1880年代に輸入されました。

アメリカへは1880年代初頭にイギリスから輸入されてきました。その後はスウェーデンからも多く輸入され、イギリスからの血統と混ざって「アメリカンロシアンブルー」ともいうべき独自の血統が増えていきました。

▶ジャパニーズボブテイル（日本）

体型・身体の特徴 ボディは筋肉質で、長い脚に支えられています。アメリカンショートヘアなどほかの猫種との交配が行われたために体格の特徴にはバラツキがあるのですが、一貫しているのは短い尾です。CFAでは、伸ばしても3インチ（約7.5cm）以内という規定があります。

(iStock)

頭は鼻と耳の先端を結ぶ線により三角形を形成しています。おでこから鼻にかけてわずかに丸みを帯びているために、シャムとは違った印象を受けます。目は大きく真ん丸です。

グルーミング ブラッシング **手間** ★

毛質・毛色 被毛も個体差がありますが、基本的には短毛で短いアンダーコートも生えています。現在では長毛も認められるようになってきています。

カラーは非常に豊富ですが、なかでも三毛がもっともポピュラーです。

歴史 尾の短いタイプの猫はアジアのさまざまな地域でみることができます。ジャパニーズボブテイルと呼ばれるようになったのは、繁殖・固定化を行ったアメリカに持ち込まれたのが、日本生まれの猫だったためです。最初に繁殖目的でアメリカへ輸出されたのは1908年のことですが、この猫に関する評判はそれ以前にアメリカへ届いていました。

▶アビシニアン（エチオピア）

体型・身体の特徴 山猫やピューマが飼い猫になったようなワイルドな外見をしています。頭部は中型でくさび型ですが、丸みも帯びています。耳は大きく、広い底面から先端に向かってゆるや

(PIXTA)

かにカーブを描いています。目は大きくアーモンド型です。体型は長くしなやかで筋肉質。後肢が前肢より長くなっています。尾は長くまっすぐに伸びています。

グルーミング ブラッシング **手間** ★

毛質・毛色 アメリカではルディ、レッド、ブルーの3種類が公認されています。イギリスではそれに加えて、チョコレート、ライラック、フォーン、シルバーも認められています。さらにクリーム、カメオなどもあり、徐々に認知されつつあります。

被毛は短毛。まれに生まれた長毛は繁殖・固定化が行われ、ソマリとして別品種になりました。毛質はスムース＆シルキーです。一本の毛が2〜3色に塗り分けられているティックドタビーが特徴です。

歴史 エチオピアでの戦争に参戦した将校が現地からイギリスに持ち帰ったのが最初とされており、Zuluという名前のアビシニアンが1868年にイギリスの港へ到着したとあります。アビシニアンとはエチオピアの昔の国名（アビシニア）から由来しています。

かなり古い猫種で、おそらく野生から飼い猫として馴らされた最初の猫の部類に入ると思われます。一部では古代エジプトにおいては聖なる猫として扱われていたともいわれています。いずれにせよ過酷な大地で長年生き抜いてきた事実からは、現地の人々の手厚い加護を受けていたことが推測されます。

▶ソマリ（イギリス）

体型・身体の特徴 頭部はやや丸みがあり、耳は大きく、先端はやや尖り、内側にはタフト（房になった被毛）が水平に生えています。目は大きなアーモンド型で、目の周囲を明るい褐色の被毛が囲み、濃い色のア

(iStock)

イラインがあります。

筋肉質なボディに豊かな長毛をまとい、力強い野性美と気品にあふれています。明るく温厚な性格も大きな特徴です。足は細く引き締まり、尾の根元は太く、長めで、豊かな被毛に覆われているものがよいとされます。

グルーミング ブラッシング　手間 ★★

毛質・毛色　長毛ですが、被毛の長さは中程度で、柔らかで絹のような毛並みです。独特のティッキングにより、猫の動きによって毛色がわずかに変化して見えます。パターンはティックドタビーのみで、ルディ、シナモン、ブルー、フォーンが公認色です。

歴史　1950年代、アビシニアンから生まれる長毛の猫を計画繁殖して誕生しました。アビシニアンの基準では長毛は失格のため、ショーに登場することはありませんでしたが、1963年にカナダのショーに持ち込まれて知られるようになり、1972年にCFAが公認しました。

名称の由来はアビシニアンの原産国であるエチオピアの隣国、ソマリアが由来とされています。

■セミフォーリンタイプ

がっしりしたコビーとスリムなオリエンタルのちょうど中間のタイプです。頭部は丸みのあるくさび形、ボディはやや短くずっしりとしています。

●このグループの代表的猫種

▶マンチカン（アメリカ）

体型・身体の特徴　頭部はやや丸みのある幅の広いくさび型で頬骨が高いです。耳は中くらいの大きさで、付け根は広く、先端は丸みがあります。目はよく見開いたクルミ型で、やや吊り上がり、両目の間隔はやや開いています。ボディは筋肉が発達し、頑丈な骨格

（PIXTA）

です。極端に短い足が大きな特徴で、前肢は上部と下部の長さが等しく、後肢は大腿部と下肢の長さがほぼ同じです。尾の長さはボディよりやや短いか同じくらいで、先に向かって細くなります。社交的で活動的です。低い姿勢で駆け回る姿から「猫のスポーツカー」と呼ばれることがあります。

グルーミング ブラッシング　手間 短毛★　長毛★★

毛質・毛色　被毛は細かく密に生えます。シルキーなセミロングの長毛タイプと、光沢がありビロード状の感触のある短毛タイプがあります。すべての色とパターンが公認されています。

歴史　土着の猫から突然変異で現れた短い足の猫で、1983年に発見されて血統の固定が始まりました。足は短いながら、調査の結果、健康面や機動性や生存能力の妨げにはなっていないこともわかっています。1992年にTICAが公認しています。

▶アメリカンカール（アメリカ）

体型・身体の特徴　体型は中型で、細身で筋肉質です。尾は中くらいの長さです。頭部は丸みのあるくさび形で、大きなクルミ形の目が愛らしい表情をつくり出しています。特徴的なカールした耳は、生後4〜10日くらいから徐々に反り始めます。付け根から3分の1までは軟骨があり、上のほうが90〜180度の角度で頭の中央に向かって外向きにカールしています。

グルーミング ブラッシング　手間 短毛★　長毛★★

毛質・毛色　毛色はブラック、ホワイト、シルバータビー、ブラウンタビー、ブルーなどさまざまです。被毛の長さも長毛と短毛があります。表面には光沢があり、シルクのようななめらかな手ざわりです。

歴史　最初に発見されたのは1981年のことで、まだ新しい猫種といえます。

南カリフォルニアで発見された1頭の野良猫の耳の先端が反り返っており、この猫から生まれた4頭の子猫たちのうちの2頭にもこの特徴が遺伝

していました。つまり親猫のどちらかが「耳がカールする」遺伝子を持っていれば、その子どもにも50％の確率で遺伝するということがわかりました。この耳はすぐに注目され、それから4、5年後にはアメリカの複数の団体によって公認されるに至っています。

▶スフィンクス（カナダ）

(iStock)

体型・身体の特徴 頭部はやや縦長で、丸みのあるくさび型です。頬骨と鼻が突き出し、頬のくぼみが目立ちます。耳は大きくて付け根は幅広くなっています。目は、中央は大きく開き、外側は尖ったレモン型をし、目尻はやや吊り上がります。

体型は細めですが特殊なビア樽型をし、腹部は豊かに膨らみ、肩や腰は華奢です。しわがあるのがよいとされます。四肢も細く長く、後肢は前肢よりやや長めです。尾は細くてしなやかで、先端に向かって細くなっています。

グルーミング 皮脂の拭き取り　**手間** ★

毛質・毛色 ヘアレスキャットと呼ばれ、無毛ですが、わずかな産毛は生えています。ポイント（耳、口吻部、尾、足）には短くて柔らかい被毛が密生しています。手ざわりはスエードのようです。皮膚を保護するために皮脂が分泌されます。すべてのパターンと色が認められます。

歴史 無毛の猫が突然変異で生まれることはまれにありました。確認できるなかで最古の記録は1960年代、カナダのトロントで無毛の猫が生まれ、そのうちの2頭がデボンレックスと交配して子孫を残し、スフィンクスが誕生しました。1980年にTICAで公認され、1988年にキャットショーでベスト・イン・ショーを獲得してたちまち有名になりました

■ロング＆サブスタンシャルタイプ

ほかのどのタイプにも当てはまらない猫種が分類されています。胴が長く、がっしりとした大型タイプが多いのが特徴です。

● このグループの代表的猫種

▶メインクーン（アメリカ）

(PIXTA)

体型・身体の特徴 頭部はやや縦長のくさび型で、頬骨は高く顎は角型で力強くなっています。付け根が広く、大きな耳で、先端は尖っており、タフト、リンクスチップ（耳先に伸びた被毛）は豊かなことが望ましいとされています。目は大きくて卵型で、わずかに吊り上がり、両目の間隔は開いています。

体は大型でバランスがよく、長方形の外観です。太い骨格で筋肉がつき、四肢もがっしりしています。尾には豊かな被毛が長く垂れ下がります。

温厚で人への信頼感も高いことから、ジェントルジャイアンツ（やさしい巨人）とも呼ばれています。

グルーミング ブラッシング　定期的なシャンプー
手間 ★★

毛質・毛色 被毛は密度が濃くて厚く、シルキーでなめらかです。被毛の長さは不揃いで、肩の毛は短く、後方にいくほど長い被毛です。多くのパターンと色（ブラック、ホワイト、レッド、ブルー、クリームなど）が認められます。

歴史 1600年代に、ヨーロッパからアメリカに渡った移民船にネズミ捕りなどのために載せられていた北欧原産の長毛猫が祖先です。寒暖の差が激しいなかでたくましく生き延びた猫から生まれ

たのがメインクーンです。1895年にアメリカのキャットショーでベストキャットとなり、人気を集めました。その後ペルシャなどの外来種の人気に押された時期が長くありましたが、1950年代から人気が再燃し、1976年にCFAが血統登録を開始、1985年に公認されました。

メインクーンは「メイン州のアライグマ」という意味をもちます。その風貌からアライグマとの交雑だという伝説もありました。

▶ノルウェージャンフォレストキャット（ノルウェー）

体型・身体の特徴 頭部は逆三角形で、頭頂部は平坦です。両耳の外側の付け根の長さと下顎までの長さが同じです。引き締まった顎を持ちます。耳は大きめで、付け根は広く、先端は丸みがあります。タフトは豊富で、リンクスチップはあるものが望ましいとされます。目は大きなアーモンド型で、やや吊り上がります。

大型で骨太なボディを持ち、筋肉質で胸板や胴回りは厚みがあります。足は中程度の長さでがっしりし、指の間には多くのタフトがあります。尾の付け根は太く、体長ほどの長さがあり、豊かな被毛に覆われます。

成熟は遅く、十分に成長するまでには5年ほどかかるといわれます。

グルーミング ブラッシング　定期的なシャンプー

手間 ★★★

毛質・毛色 オーバーコートは長くて硬め、アンダーコートは柔らかく密度があり、しっとりとなめらかです。首の周囲の被毛は長くなっています。多くのパターンと色（ブラック、ホワイト、シナモン、レッド、ブルー、フォーン、クリーム）があります。

歴史 「ノルウェーの森の猫」という意味の名を持ち、北欧の厳しい気候を生き、その血統をつないできた典型的な自然固定種です。その由来として有力とされる説によると、8～10世紀頃にバイキングによってトルコの長毛種が北欧に持ち込まれたといわれます。

1930年代にオスロのキャットショーで紹介され、血統の保存と管理が始まりました。1979年にアメリカに渡り、計画的な繁殖と品種改良が行われ、1993年にCFAが公認しています。

▶ラグドール（アメリカ）

体型・身体の特徴 頭部は中くらいの大きさで幅が広く、変形のくさび型です。耳は中型で、目は卵型で大きく、やや吊り上がり、両目の間隔は適度に開いています。

大型で筋肉質なボディをもち、ほかの猫種に比べると群を抜いて骨量が多く、重みがあります。胸と肩幅は広く、ボディの形は長方形が理想とされます。四肢は中程度の長さで骨太です。後肢のほうが長いです。尾は付け根がやや広く、長めでふさふさの毛に覆われています。

グルーミング ブラッシング　定期的なシャンプー

手間 ★★★

毛質・毛色 セミロングヘアで美しい被毛がなめらかにボディに沿うように密に生えています。首の周辺部などは特に長い被毛をもちます。ポイント・カラー、ミテッドカラー、バイカラーの各クラスでブラック、チョコレート、レッド、ブルー、ライラック、クリームが公認されています。目の色はブルーのみです。

歴史 1960年代にカリフォルニアのブリーダーがシールポイントの長毛種をつくろうと開発を始め、ペルシャのホワイトとバーマンを交配し、そこにバーミーズ（セーブル）を交配してつくられました。その後、ヒマラヤン、アメリカンショートヘアなどを交配して、完成しました。世界に紹介されたのは1993年のことです。2000年にCFAが

バイカラーのみを公認したのち、2008年にカラーポイントとミデットのパターンを公認しました。

ラグドールは「ぬいぐるみ」を意味します。身を任せて抱かれることから名付けられました。

▶サイベリアン（ロシア）

体型・身体の特徴 頭部はやや大きめで、丸みのある変形のくさび型です、輪郭はやや丸みがあります。耳は中程度の大きさで、付け根は幅広く、先端は丸みを持ちます。目は丸くて大きめで、目尻はやや吊り上がります。

健康的な力強さがあります。腹部は樽のようなシルエットで全体的に曲線的な印象があります。

四肢は中くらいの長さでがっしりとし、後肢は前肢よりわずかに長くなっています。足裏には豊かな房毛を持つものが望ましいとされます。尾は付け根が太く、中程度の長さで、ふさふさの毛に覆われています。成長が遅いという特徴があり、成猫になるまでに5年かかるとされます。

グルーミング ブラッシング　定期的なシャンプー

手間 ★★★

毛質・毛色 被毛の長さはセミロングです。密度が高くて厚いトリプルコートで、柔らかな絹のような手ざわりです。すべてのパターンと色が公認されています。

歴史 シベリアで生まれ育った土着の猫です。伝承では、1,000年ほど前から知られ、ネズミ捕り用に飼われていたといいます。1980年代にロシアで血統管理が行われて、1990年にアメリカに輸入されました。CFAでは2000年に猫種として認定しました。

▶ベンガル（アメリカ）

体型・身体の特徴
頭部はボディサイズに比較するとやや小型で、野生的な特徴がみられます。耳は中程度の大きさで、付け根は広く、先端は丸みがあります。目は円形に近い卵型かアーモンド型で、両目の間隔は広いです。

筋肉質でがっしりと力強く、たくましいですが、気品も備えます。足は後肢のほうが長く、筋肉質でしなやかです。尾は付け根が太く、先端には丸みがあります。

グルーミング ブラッシング　**手間** ★

毛質・毛色 被毛は厚く密着し、光沢と独特のシルキーな感触を持ちます。パターンはスポッテッドとマーブルがあり、毛色はブラウン、シルバー、ブルーです。

歴史 1960年代に、野生のヤマネコ（ベンガルヤマネコ）とイエネコの交配が始まり、その後10年ほどの中断を経て1970年代に、カリフォルニア大学の研究者たちがベンガルヤマネコとイエネコの繁殖に成功、その子猫たちとエジプシャンマウや斑点のあるインドの野良猫などと交配し、改良していき、現在のベンガルが誕生しました。1983年にはTICAが公認し、2018年にCFAも公認しています。

▶ラガマフィン（アメリカ）

体型・身体の特徴 頭部は丸みがある変形くさび型で、豊かな頬と力強い下顎を持ちます。耳は中程度の大きさで先端には丸みがあり、ほどよいタフトとリンクスチップがあります。目はクルミ型で大きく、表情豊かです。

ボディは筋肉質でたくましく、見た目以上の重量があります。足は中程度の長さで、骨太です。尾はボディに対して長めで、ふさふさの毛が豪華に覆っています。

成猫になるまでには3～4年ほどかかります。

グルーミング　ブラッシング　手間　★★

毛質・毛色　ミディアムロングで絹のような手ざわりで比較的もつれにくい毛質です。多くのパターンとすべての色が公認されています。

歴史　1980年代にラグドールのブリーダーが、ペルシャやヒマラヤンなどの長毛種と交配して作出しています。2003年にCFAが新たな猫種として公認しています。ラグドールと似ているため、公認していない団体もあります。

血統書発行の流れ　コラム

　純血種の子犬・子猫が生まれたら、通常、母犬・母猫の所有者が所属している血統管理団体血統書の申請を行います。登録申請書と交配証明書などの書類と申請にともなう料金を提出し、交付を受けます。

　血統書を得ていない犬や猫は、たとえ純血種同士の交配により生まれた子どもであっても、正式には純種と認められません。

●純血種に記載されている情報

- 犬名／猫名
- 犬種／猫種名
- 登録番号
- DNA登録番号
- ID番号（マイクロチップまたはタトゥーによる個体識別番号）
- 股関節評価、肘関節評価
- 性別
- 毛色（瞳の色）
- 繁殖者
- 所有者
- 登録日／生年月日
- 出産頭数・登録頭数
- 父・母／祖父・祖母／曾祖父・曾祖母の系図
（それ以上の先祖情報が書かれている血統書もある）
- 出産頭数
- 登録頭数
- チャンピオン賞歴　など

　これに加えて、後にこの犬や猫がショーや競技会で活躍した場合や、特別な資格を得た場合に、その情報が追記されます。

●血統書が所有者に届くまでの流れ

【交配】オスの所有者がメスの所有者へ交配証明書を発行
↓
【出産】メスの所有者（繁殖者）が生まれた子犬・子猫たちの登録を一括して申請（一胎子登録）
↓
【審査】申請書類に不正や不備がないか（近親交配、早期繁殖など）
↓
【発行】血統管理団体が所有者へ血統書を発行
↓
繁殖者から所有者へ血統書を送付

＊審査に時間がかかるため、子犬・子猫の引き渡し後に、後日、血統書が届くことが多い。

＊販売したペットショップに血統書が届き、飼い主にお渡しするケースもある。

小動物の基礎知識

ハムスター

■歴史

人間が初めてゴールデンハムスターと出会った最初の記録が、アレクサンダー・ラッセルが執筆した『THE NATURAL HISTORY OF ALEPPO』に出てきます。しかしこの本ではゴールデンハムスターを新しい発見とは主張しておらず、ロンドン動物学協会の評議員であるジョージ・ロバート・ウォーターハウスが学会に標本を提出する1839年まで単独の種として認められていませんでした。その後1930年にヘブライ大学の寄生虫学教授のソウル・アドラーとその同僚で動物学者のアハロニが、シリアで11頭の子どもを連れたメスのハムスターを保護し、それを繁殖、1年で150頭に増やしました。

ハムスターが一般に売り出されたのは1937年のことです。その翌年にはアメリカの研究所へ輸出され、その後一般の人の手にも渡るようになりました。

■基礎知識

- 完全な夜行性で活発に活動するのは午後8時〜午後11時頃です。昼間は主に寝ています。野生でも昼間は寝ており、夜になると餌を求めて10〜20kmの距離を移動しているといわれています。
- メスのほうがオスよりも気が荒くケンカも強くなっています。
- 急に背中から襲われると仰向けになって防御態勢をとり、強い臭気を放ちます。
- 草食に近い雑食性。時々食糞行動がみられます。
- 気温が5℃以下になると冬眠したようになります。これを疑似冬眠といいます。疑似冬眠は非常に体力を消耗するため、寿命を縮めたり、死んでしまったりすることもあります。

■解剖生理

- 尾が短く、ずんぐりした体型で地上地中生活に向いています。
- 左右2つの頬袋があります。この頬袋は口腔粘膜の一部が陥没したもので、ゴールデンハムスターは約4×5cm、ジャンガリアンハムスターはその半分ほどの大きさです。
- 臭腺があります。ゴールデンハムスターでは腰背部に、ジャンガリアンハムスターは腹部の中心にあります。いずれもオスの方が顕著で、なわばりを示すマーキングに使います。
- 精巣は大きく、腹腔中に移動します。生後3〜4カ月で精巣が顕著になります。
- 歯は16本あります。切歯(前歯)は生涯伸び続けます。

■繁殖

- メスの発情周期は4日間です。約12時間の発情がみられます。
- 繁殖は人為的にはオス・メスそれぞれ1匹ずつもしくは2、3頭のメスと1頭のオスという組み合わせで行います。7日間メスをオスのケージに入れることで、交配を促します。

▶ジャンガリアンハムスター

分布 カザフスタン東部からシベリア南西部
頭胴長 6〜12cm、尾長:0.7〜1.0cm
体重 30〜50g
性格 非常に扱いやすく、人にも慣れます。
寿命 2年〜2年半
多頭飼育 不向き
グルーミング 特に必要なし

(iStock)

▶ゴールデンハムスター〈シリアンハムスター〉

- 分布 シリア、レバノン、イスラエル
- 頭胴長 16～18.5 cm、尾長：2.1～2.85 cm
- 体重 80～210 g（平均120 g）
- 性格 どちらかというと短毛種より長毛種のほうがおっとりとしています。全体的にメスのほうが気が強くなっています。
- 寿命 2～3年
- 多頭飼育 不向き
- グルーミング 特に必要なし

(iStock)

▶ロボロフスキーハムスター

- 分布 ロシア、カザフスタン、モンゴル南西部から中国・黒竜江省
- 頭胴長 4～10 cm、尾長：0.7～1 cm
- 体重 30～40g
- 性格 人には慣れにくく臆病です。素早い動きをするので、手乗りにするというよりも観賞用です。
- 寿命 2～3年
- 多頭飼育 可
- グルーミング 特に必要なし

(PIXTA)

▶チャイニーズハムスター

- 分布 中国北西部、内モンゴル自治区
- 頭胴長 9～12 cm、尾長：2.8～3.1 cm
- 体重 30～40 g
- 性格 少々臆病です。なつくと人の手にぴったりくっつきます。人間に対する認識力が優れているので、咬みつくことはあまりありません。
- 寿命 2～3年
- 多頭飼育 可　グルーミング 特に必要なし

(Adobe Stock)

●小動物の多頭飼育について

多頭飼育が可能な場合も、オス同士はケンカになることがあり、オスとメスのペアだと無計画な繁殖のリスクがあります。メス同士でも相性がよくない場合もあるので注意が必要です。ケージを分けて飼育するなど、きちんと管理しましょう。

フェレット

(PIXTA)

■歴史

現在ペットとして飼われているフェレットは、ヨーロッパケナガイタチまたはステップケナガイタチを家畜化したものであるという説があります。約3,000～5,000年前のエジプトにおいて、ウサギ、ネズミ獲りなどの目的のために家畜化され今日に至っています。

ヨーロッパには10～12世紀にかけて十字軍が普及させたと伝えられています。当時困窮層には食料確保のための狩猟手段として、裕福な女性には趣味として飼われていました。この頃から家庭内でペットとして飼われており、鎖やハーネスをつないだと思われる「くい」が部屋のなかにみられました。その後1857年に毛皮商品がスペインからアメリカに輸出されました。1970年代からは全世界でネズミ退治、実験動物、そしてペットとして広まっています。

■基礎知識

- 本来は夜行性なので日中はおとなしく、多くの時間を寝て過ごします。1日のうち70～75％は寝ています。
- 非常に遊び好きで、背中を丸めてピョンピョンはねる動作で遊びに誘います。
- トイレのしつけが可能です。砂をかけることはしないので、砂は浅く敷いておくだけで十分です。
- 盗み癖や咬み癖があり、特にゴム製品やプラスチック製品をかじり、飲み込むと腸閉塞を起こします。
- 狭いところに入り込むことを好み、袋、トンネル、箱などを用意すると巣として使います。
- 狩猟本能が強いので、小動物や爬虫類とは接触

させてはいけません。
- 毛づくろいをあまり行わないので、定期的なブラッシングが必要です。
- 避妊手術をしていないメスが発情した際に交尾ができないとエストロゲン過剰症（かじょうしょう）となる場合があります。
- 去勢・避妊手術の時期が早すぎると副腎疾患の原因となる場合があります。
- ペットショップで売られているフェレットは臭腺（しゅうせん）除去手術／去勢・避妊手術を受けていることが一般的です。

■ 解剖生理
- 消化管が短いため食物を摂取（せっしゅ）してから排泄するまでは、約2.5～3時間と短くなっています。
- 肛門腺が発達しており、興奮すると分泌液を出します。体臭は1対の肛門腺、肛門付近の皮脂腺によるものです。
- 被毛は細かな下毛と長い粗毛で覆われています。換毛は年に2回で、春と秋に抜け替わります。尾の毛が完全にはげてしまうのはホルモンバランスの崩れなどが原因となっている場合もあります。
- 汗腺が未発達のため、主な体熱発散は呼吸によります。したがって暑さに弱く、32℃以上になると熱中症になりやすくなります。
- 爪を引っ込めることはできません。

■ 繁殖
- 性成熟は照明時間、光照度などによって支配され、生後初めての春かあるいは8～12カ月齢時に迎えます。
- オスはメスの繁殖期である3月～8月までに先んじて、12月～7月までに繁殖期間を迎えます。
- 発情したメスをオスのケージに入れます。もしケンカが起こるようならばメスを一旦（いったん）出し、しばらくしてからもう一度入れてみます。適期は発情徴候である外陰部（がいいんぶ）の腫れがみられてから14日後です。メスは交尾の刺激によって排卵が起こります。発情期は120日続き、この間に2回の出産が可能です。
- 交配時にはオスはメスの首に咬みつき引きずり回します。メスがぐったりし受け身になったところで陰茎を挿入します。交尾は数分から30分続きます。
- 交尾30日後には妊娠の有無が外見的に明瞭（めいりょう）になります。メスは食欲が増しよく睡眠をとるようになります。時々陰部から透明の粘液が見られます。妊娠期間は約42日間です。
- 出産は5～10分間隔で見られますが、数時間にわたることもあります。

分布 家畜化されているため現在は世界中に分布
頭胴長 約30～40 cm、尾長：15～20 cm
体重 0.8～1.2 kg（避妊・去勢済み）
性格 非常に遊び好きで無邪気です。
寿命 5～8年
多頭飼育 可
グルーミング ブラッシングなど

ウサギ

■ 歴史

現在の飼いウサギは、アナウサギを家畜化したものです。初めて飼われたのは2,000年ほど前と考えられ、主に食用とされていました。地中海付近で飼育されていましたが、繁殖力が強かったために全世界に広まっていきました。中世の初めから修道院でも飼育されるようになり、宿泊する人の食料となりました。

日本には16世紀頃オランダから渡ってきましたが、明治以降は毛皮は衣料、肉は食料として利用されました。安価で簡単に繁殖することができるウサギは、国から飼育が奨励されたこともありました。第二次大戦後は家畜として飼われることは減り、ペットとしての需要が拡大しました。

現在はさまざまな品種が作出され、その数は150種以上あるといわれています。それぞれサイズや性質などが固定化されています。

■基礎知識

- 薄明薄暮性で明け方と日暮れ頃にもっとも活発に活動します。しかしペットのウサギは、ある程度人間の生活時間に順応することができます。
- 目を開けたまま眠ることができます。これは外敵の多いウサギが、危険をすぐに察知できるように身構えていると推測されます。ただしよく観察していると、眠っているときにはうつろな目をしていたり、瞬膜が伸縮していることもあります。
- 外敵に対して聴覚が発達しており、逃走するための脚力も持っています。
- 「ミニウサギ」と呼ばれるウサギは、特定の品種を指しているわけではありません。成長したときの大きさもさまざまで、必ずしも「小さな」ウサギではありません。

■解剖生理

- 筋力のわりに骨が弱いので、骨折しやすくなっています。
- 指の数は前肢は5本、後肢は4本です。犬猫のような肉球はなく、毛が密に生えていてクッションの役わりをしています。
- 長い耳は聴力を高める集音の役目や体温の放熱器官としての役目を担っています。
- 顎と肛門部、鼠径部に臭腺があります。においを出すことで自分のなわばりを主張しているものと考えられています。
- 切歯（前歯）は1年間で10～12 cm伸びます。上顎の切歯は4本で、大きな切歯の裏側に小切歯が並んで生えています。
- 臼歯（奥歯）は上下左右で22本あります。この臼歯も一生にわたり伸び続けます。不適切な食事では歯が伸び、咬み合わせが悪くなります。
- 糞は大きく分けて2種類あります。つまり硬便と軟らかい盲腸便です。ウサギは繊維を盲腸に溜めて腸内細菌に発酵させ、多量のタンパク質とビタミン類を含んだものに変えます。それを再び食べて栄養にします。これを食糞と呼びます。

■繁殖

- ウサギは交尾刺激により排卵が行われます。発情期が長いことも特徴で、1、2日間の休止期と4～17日間の許容期が繰り返されます。
- メスの性成熟は日照時間に影響を受けます。個体差があるものの、4カ月～1年です。一方、オスの性成熟は日本白色種では生後120日頃です。生殖が可能になるのは約6カ月です。
- 生殖可能なメスをオスのケージに同居させると、オスはメスを追いかけ回し、メスが許容するとオスが乗りかかり前肢でメスを抱えます。口でメスの後背部をくわえて交尾運動を何度か行った後、陰茎を挿入して射精します。奇声を発しながらメスもろとも横転し、交尾が完了します。
- 排卵は交尾後9～12時間後に認められます。妊娠期間は30～32日であり、多くの場合分娩は明け方に見られます。
- ケージを分けてオスとメスを多頭飼育する場合、繁殖を望まないときはケージ外で交尾しないよう注意が必要です。

▶ネザーランドドワーフ

- **原産** オランダ
- **特徴** 顔は詰まっていて、頭は丸く、耳が短いです。
- **体長** 約26 cm
- **体重** 1.0～1.5 kg
- **性格** 活発で警戒心が強いタイプもいます。
- **寿命** 7～10年
- **多頭飼育** 可
- **グルーミング** 爪切り、ブラッシングなど

▶ヒマラヤン

- **原産** イギリス
- **特徴** 体は白く、鼻先、耳、足先にカラー（黒、青、茶、藤色）がついています。
- **体長** 20～30 cm
- **体重** 1.5～2.0 kg
- **性格** 好奇心旺盛でよくなつきます。

(iStock)

- 寿命 7〜10年
- 多頭飼育 可
- グルーミング 爪切り、ブラッシングなど

▶ホーランドロップ
- 原産 オランダ
- 特徴 長く垂れた耳と口吻が短い顔が特徴です。
- 体長 30〜35 cm
- 体重 1.5〜2.0 kg
- 性格 人なつこくて愛嬌があります。
- 寿命 7〜10年
- 多頭飼育 可
- グルーミング 爪切り、ブラッシングなど

(iStock)

▶ダッチ
- 原産 オランダ、ベルギー
- 特徴 白黒のツートンカラーの毛色などがあり、パンダウサギとも呼ばれます。
- 体長 約30 cm
- 体重 1.5〜2.5 kg
- 性格 おだやかで甘えん坊です。
- 寿命 7〜8年
- 多頭飼育 可
- グルーミング 爪切り、ブラッシングなど

(iStock)

▶レッキス
- 原産 フランス
- 特徴 オーバーコートとアンダーコートが同じ長さなので毛が密で、ビロードのような手ざわりです。
- 体長 30〜40 cm
- 体重 3.5〜4.5 kg
- 性格 穏やかで感情表現が豊かです。
- 寿命 7〜8年
- 多頭飼育 可
- グルーミング 爪切り、ブラッシングなど

(iStock)

▶ジャパニーズホワイト
- 原産 日本
- 特徴 白い被毛と赤い目が特徴です。
- 体長 40〜50 cm
- 体重 3.0〜6.0 kg
- 性格 おだやかで人によくなつきます。
- 寿命 7〜8年
- 多頭飼育 可
- グルーミング 爪切り、ブラッシングなど

(iStock)

モルモット

■歴史

現在、ペットとして飼育されているモルモットの祖先は南アメリカにすむテンジクネズミの仲間だと考えられています。ペルーでは16世紀のインカ帝国の時代に、食用の家畜として飼育されていました。15世紀頃、スペインの航海士によってスペインやポルトガルに持ち込まれ、17世紀以降にヨーロッパ全土に広がり、ペットとしてだけでなく、実験動物としても用いられました。

(iStock)
（イングリッシュ）

日本には江戸時代末期にオランダ人によって持ち込まれたとされています。ちなみに「モルモット」と呼ぶのは日本だけで、イギリスでは「ギニアピッグ」、アメリカでは「ケイビー」、オランダでは「マーモット」と呼ばれています。

■基礎知識

- 元々は夜行性で、夕方から夜にかけて活発になり、昼間はおとなしく寝ています。
- 本来、群れで暮らす生き物なので、鳴き声でコミュニケーションを取ります。つぶやくような声や澄んだ高い声など、さまざまな声でよく鳴

きます。
- 完全な草食性で、食糞行動も見られます。
- 品種改良が進み、短毛や長毛など、さまざまな品種があります。イングリッシュやアビシニアン、クレステッドなどの短毛種、シェルティ、ペルビアン、テッセルなどの長毛種、全身無毛のスキニーギニアピッグなどが知られています。
- 長毛種はブラッシングなどの手入れが必要です。

■解剖生理

- 外見上は尾がないように見えますが、4〜7個の尾椎（びつい）があります。
- 体型はずんぐりとしていて頭が大きく、足は短くなっています。
- 指の数は、前肢4本、後肢3本です。
- 臭腺（しゅうせん）があり、縄張りを示すマーキングに用います。
- 歯の色は白く、上下合わせて4本の切歯（前歯）と、16本の臼歯（奥歯）があり、合計20本です。切歯と臼歯はともに一生伸び続けます。

■繁殖

- メスの性成熟は生後約4〜6週、オスは生後約5〜10週です。
- メスの発情周期は平均16日。発情は24〜48時間続き、オスを受け入れるのはこのうち6〜11時間程度です。
- 発情中のメスは動きが活発になり、グルルルとのどを鳴らすように鳴きます。
- 妊娠期間は59〜72日で、平均2〜4頭の子を生みます。
- 生後7〜8カ月までに初産を経験しておかないと、1歳以上の出産時に難産になる傾向があります。

分布 世界中に分布
頭胴長 20〜40 cm
体重 0.5〜1.5 kg
性格 警戒心は強いですが、おとなしく、人にも慣れます。

寿命 5〜8年くらい　**多頭飼育** 可
グルーミング 爪切り、ブラッシングなど

デグー

(PIXTA)

■歴史

デグーは南アメリカ大陸のチリの山岳地帯の草地や乾燥地帯に生息する、げっ歯目テンジクネズミ亜目デグー科の動物です。1900年代半ばに研究目的で南アメリカから欧米に持ち込まれ、その後、ペットとしても親しまれてきました。

日本でのペットとしての歴史はまだ浅いものの、近年、人気が高まっています。

■基礎知識

- 基本的に昼行性で、昼間に活発に活動します。
- 自然界では巣穴をつくって暮らすので、狭い場所に入り込むことを好みます。
- 自然界では家族単位で群れをつくって暮らします（1〜2頭のオスと、2〜5頭のメス）。そのため、多頭飼育にも向いています。
- アグーチ、ブルーなどの毛色や、単色のノーマル、パッチ模様のパイドなどのカラーバリエーションがあります。

■解剖生理

- 視覚と聴覚が優れています。
- 手先が器用で、前肢でものをつかむこともできます。指の数は前肢も後肢も5本で、鋭く長い爪があります。前肢の親指は退化しています。
- 完全な草食性です。野生下では葉や根、種子や樹皮などを食べています。
- 食糞行動が見られます。
- キュキュキュ、ピピピなど、小鳥のようなかわいい鳴き声で鳴きます。「アンデスの歌うネズミ」とも呼ばれ、20種類程度あるといわれる鳴き声でコミュニケーションを取ります。
- 被毛は短くてやわらかい手ざわりです。

- 尾は長く、先端に房毛があります。
- 歯の色は黄色みがかったオレンジ色で、上下合わせて4本の切歯（前歯）と、16本の臼歯（奥歯）で、合計20本あります。切歯と臼歯はともに一生伸び続けます。

■繁殖

- メスの性成熟は生後約7週、オスは生後約12週です。
- メスの発情周期は平均21日です。
- 妊娠期間は約90日間で、一度に1〜6頭の子を生みます。
- 分娩後すぐに再び発情する「分娩後発情」が見られます。
- 野生下では冬から春にかけて発情する季節繁殖ですが、飼育下では周年繁殖が可能です。

分布 野生種はアンデスの山岳地帯
頭胴長 12.5〜19.5 cm、尾長：10.5〜16.5 cm
体重 170〜300 g
性格 コミュニケーション能力が高く、遊び好きで人にも慣れます。
寿命 5〜9年
多頭飼育 可
グルーミング 爪切り

チンチラ

(iStock)

■歴史

チンチラの祖先は南アメリカのアンデス山脈の標高2,000〜5,000 mに生息する、げっ歯目テンジクネズミ亜目チンチラ科の動物です。チリやペルーの部族は、古代からチンチラを狩り、毛皮や食用として利用していました。

1500年代頃からヨーロッパに毛皮が送られ、欧米でチンチラの毛皮が大流行したことで、1800年代に乱獲され、一時は絶滅の危機に瀕しました。1910年にはチリ、ペルー、ボリビア、アルゼンチンがチンチラを守るための国際条約を締結し、チンチラの捕獲と商業目的による輸出を禁止しました。

1923年に輸出許可が下りて12匹のチンチラがアメリカに持ち込まれ、人工下飼育が始まりました。その目的は主に毛皮を取るためでしたが、いつしかペットとしても飼育されるようになりました。

■基礎知識

- 夜行性で、夜中から早朝に活発に活動します。
- 自然界では群れをつくって暮らしています。群れの大きさはさまざまで、数頭の家族単位から、数100頭の大きな群れの場合もあります。
- 自然界では巣穴や岩場の陰などで暮らすので、狭い場所に入り込むことを好みます。
- たくさんのカラーバリエーションがあります。

■解剖生理

- 長さ3cm程度の被毛が密に生え、毛質はやわらかくて光沢もあります。
- 完全な草食性で、食糞行動も見られます。
- 比較的耳が大きく、聴覚も発達しています。嗅覚も敏感です。
- 前肢の指は4本で、偽指と呼ばれる突起があり、器用にものをつかむことができます。後肢は3本の長い指と、1本の小さな指が横に付いています。後肢が大きく、ジャンプするのに適しています。
- 長くて毛がふさふさした尾で、バランスを取ったり、尾を振って感情を表したりします。
- 歯の色は黄色みがかったオレンジ色で、上下合わせて4本の切歯（前歯）と、16本の臼歯（奥歯）、合計20本あります。切歯と臼歯はともに一生伸び続けます。
- 本来はあまり鳴きませんが、コミュニケーションを取るときに、キューキュー、プープーといった声で鳴きます。警戒しているときはグゥグゥとうなるような声を出します。

■繁殖

- メスの性成熟は生後4〜8カ月、オスは生後6〜8カ月。

- メスの発情周期は1カ月～1カ月半。
- 妊娠期間は平均111日で、1～5頭(平均2頭)の子を生みます。
- 分娩後すぐに再び発情する「分娩後発情」が見られます。

分布 野生種はアンデスの山岳地帯
頭胴長 25～35 cm、尾長：10～25 cm
体重 450～900 g
性格 活発で好奇心旺盛、人にもよく慣れます。
寿命 平均10～15年。20年以上生きることもあります。
多頭飼育 可
グルーミング ブラッシングなど

ヨツユビハリネズミ

■歴史

(iStock)

名前に「ネズミ」と付いていますが、ハリネズミはネズミの仲間(げっ歯目)ではなく、ハリネズミ目で、近い仲間はモグラです。

現在、世界で約14種類のハリネズミが知られていますが、日本でペットとして飼育されているのはヨツユビハリネズミです。ヨツユビハリネズミはアフリカのサバンナ地帯の低い木の茂みや草原などに生息しています。

欧米などでペットとして人気を集めました。タイなどの東南アジアで繁殖が進み、日本に輸入されており、日本国内でもブリーダーや専門店が増えつつあります。

■基礎知識

- 驚いたときや警戒したときなどに自分の身を守るために体を丸めて針を立てますが、普段針は横に寝ています。
- 夜行性で、昼間は寝ていて夜に活発に活動します。
- 自然界では群れをつくらず単独で暮らしています。
- 食性は、野生下では昆虫やミミズなどの軟体動物を捕食しています。
- カラーバリエーションが豊富で、アメリカの国際ハリネズミ協会では92ものカラーが認められています。

■解剖生理

- 嗅覚が特に優れています。食べ物を探すときには鼻を上下に動かします。
- 歯の数は、切歯は上6本、下4本、犬歯4本、臼歯22本で、合計36本です。上顎の切歯が大きく前に突き出ていて、昆虫を捕まえるときなどに便利です。げっ歯目ではないので、歯が伸び続けることはありません。
- 頭からお尻まで、約5,000本の針が体を覆っていますが、顔、四肢、腹部にはありません。針はケラチンという硬いタンパク質でできています。体の周りを輪筋という大きな筋肉が取り囲んでいるため、警戒したときなどに瞬時に丸くなることができます。
- 指の数は前肢が5本、後肢が4本です。しっかりとした爪があり、飼育下では伸び続けるので定期的な爪切りが必要です。

■繁殖

- メスの性成熟は生後2～3カ月、オスは生後6～8カ月。
- 性成熟以降は、1年中繁殖が可能となります。
- 妊娠期間は34～37日で、1～7頭の子を生みます。

分布 野生種は西アフリカ、中央アフリカ、東アフリカの草原など
頭胴長 18～22 cm、尾長：2～3 cm
体重 400～700 g
性格 警戒心が強いですが、基本的に性格は穏やかで、人にも慣れます。
寿命 6～10年
多頭飼育 不向き
グルーミング 爪切りなど

フクロモンガ

■歴史

フクロモモンガは、コアラやカンガルーなど腹部に子育てのための袋を持つ有袋類の仲間です。

(iStock)

ニューギニア、オーストラリア、インドネシアなど熱帯・亜熱帯の森林に生息しています。外見はげっ歯目のモモンガに似ていますが、習性や解剖学的な特徴は大きく異なります。

ペットのフクロモモンガの歴史はまだ浅く、日本には1980年代に輸入されて飼育され始めました。現在、流通しているものは、飼育下で繁殖された個体です。

■基礎知識

- 自然界では樹上で暮らし、木から木へと滑空して移動します。
- 夜行性で、昼間は巣穴で休んでいて夜に活発に活動します。
- 自然界では1頭のオスと複数のメス、その子どもで構成される群れをつくって暮らしています。
- 社会性があり、においや鳴き声などで仲間とコミュニケーションを取ります。
- さまざまな種類のカラーバリエーションがあります。

■解剖生理

- 食性は雑食性で、野生下では季節の植物の葉や花、樹液などのほか、昆虫など動物性のものも食べます。
- 丸くて大きな目が特徴で、暗闇のなかでもわずかな光があればものを見ることができます。
- 毛の生えていない大きな耳介も特徴。聴覚は優れていて、あちこちに動かしながら音の情報を集めます。嗅覚も発達しています。
- 歯の数は、切歯は上6本、下4本、犬歯は上2本、臼歯は上下14本ずつで、歯の数は全部で40本です。下顎には長い切歯があります。
- 指の数は前肢が5本、後肢が5本です。木に登りやすいように前肢の爪はすべて鉤爪、後肢は親指だけ平爪で、ほかは鉤爪です。
- 前肢の小指の付け根から後肢の親指、尾の付け根から後肢の小指にかけて、よく伸びる皮膜があります。
- メスには子育てをするための育児嚢があります。
- 尿道、肛門、生殖器の出口がすべて1つになった総排泄口をもっています。オスは陰茎の先端が二股に分かれています。
- オスは総排泄口からやや上の下腹部に陰嚢があり、メスは腹部に育児嚢があります。
- 額と胸、総排泄口に臭腺を持ち、なわばりの主張として臭腺からの分泌物や、排泄物によるにおい付けを行います。

■繁殖

- メスの性成熟は生後8〜12カ月、オスは生後12〜14カ月です。発情周期は約29日で、発情期間は2日間です。
- 野生下では季節性繁殖で、冬に発情、春に出産、子育てが行われますが、飼育下では1年中繁殖が可能です。
- 妊娠期間は約16日間で、平均1〜2頭の子を産みます。
- 誕生時の子の大きさは、体長約5mm、体重約0.2gでとても未熟な状態で誕生し、生まれてすぐに育児嚢に移動し、そのなかで約2カ月間過ごします。離乳時期は生後120〜130日とされます。

分布 オーストラリア、ニューギニア、インドネシアなどの熱帯・亜熱帯の森林
頭胴長 12〜32cm、尾長：15〜21cm
体重 80〜160g（平均110g）
性格 警戒心が強いですが好奇心旺盛で、人にも少しずつ慣らすことができます。
寿命 10〜14年
多頭飼育 可
グルーミング 特になし

Part 4 犬と猫の遺伝

健康や性格、遺伝的に問題のあるオス・メスの繁殖を行った場合、その子どもだけでなく子孫にまで欠点が受け継がれることがあります。健康な犬や猫をお客様へ提供することは、ペット産業発展の基礎となるのです。

犬と猫の遺伝様式

■遺伝学の基礎知識

●遺伝子と染色体

体型や被毛、健康、気質などの特徴が親から子へ、子から孫へと伝わる現象を遺伝といいます。純血種の犬や猫をスタンダードに近づけるために、また理想の新しい血統をつくるためには、遺伝の知識をもとに計画的な交配を進めることが大切です。

・相同染色体：

遺伝を決定づけるのは、先祖の体や性質の特徴（形質）が記録されている遺伝子です。その遺伝子が含まれた細胞内の染色体は、犬の場合78本、猫の場合38本あるのですが、父親からの遺伝子が入ったものと母親からの遺伝子が入ったものの2本が1対となっており、犬は39、猫は19の対の形＝相同染色体により構成されています。

・性染色体：

相同染色体のうちの1対は、オス・メスの性別を決定する染色体＝性染色体です。性染色体にはXとYがあり、X染色体を2本持つXX型はメスとなり、XとYを1本ずつ持つXY型はオスとなります。

・常染色体：

相同染色体のうち、残りの犬・38対、猫・18対の染色体は常染色体と呼ばれます。ここには毛色や体型を含む特徴を決める遺伝子が含まれています。

●遺伝率

生まれてくる子どもの特徴の多くは、遺伝により決定されますが、むしろ生活環境や食事内容、運動量などの要素により影響を受けることが多くあります。

ある形質がどのくらい遺伝に影響されたかを数字にしたのが遺伝率です。例えば、子犬が物をくわえて持ってくる本能「持来本能」の遺伝率は約20％といわれています。つまり親から受け継いだ先天的な要素が20％、残りの80％は生活環境などの後天的要素により確立される能力だということを示しています。

一般的に20％未満では遺伝率が低いとされ、20〜40％が通常、40％を上回れば、その形質を決める遺伝率が高いとされます。遺伝率70％を超える形質は、ほとんど存在しないといわれています。

遺伝率は、統計に基づいてはじき出された数字ですので、もちろんすべての犬や猫に等しく当てはまるものではありません。しかし犬種全体、猫種全体といった大きな視野で繁殖を考えた場合、形質の決定に遺伝が与える割合は、遺伝率にとても近い数字になります。この遺伝率を考慮に入れて、繁殖相手を選定したり、後世に悪い影響を残しかねない遺伝子を持った個体を繁殖には使わないという判断を行うのです。

●表現型と遺伝子型

動物の遺伝の様子を表すとき、表現型と遺伝子型という2通りの方法で考えることが基本です。

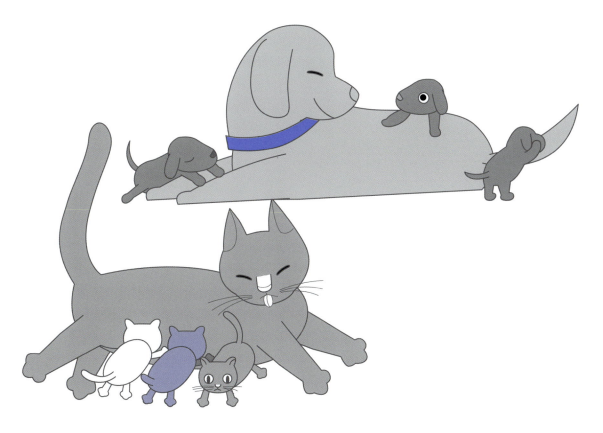

・表現型：
　母親からの遺伝子と父親からの遺伝子が交配により合わさり、そこに環境などの要素が加わって生まれた子どもの形質を表す方法です。
　例えば、短毛の母犬と長毛の父犬を掛け合わせて生まれた子犬が短毛だったとします。この場合、この子犬の表現型は「短毛」になります。

・遺伝子型：
　遺伝子の構成を表現する方法です。先の例の場合、子犬は結果として外見は短毛で生まれましたが、遺伝子のなかには父親から受け継いだ長毛の情報が含まれているはずです。短毛の遺伝子情報を表す記号をSS（遺伝子は2つで1対なのでSが2つ並びます）、長毛の遺伝子を表す記号をssとするとき、その子どもの遺伝子は両親の遺伝子情報を合わせたSsという記号で表現することができます。この方法が遺伝子型です。

■顕性遺伝と潜性遺伝

　遺伝の仕方には、大きく分けて顕性（優性）遺伝と潜性（劣性）遺伝があります。顕性遺伝子はアルファベットの大文字で、潜性遺伝子は小文字で示されます。そして、顕性遺伝子は一つでもあればその形質が表われ、潜性遺伝子は2つないとその形質は表われません。
　つまり、77ページの図でいうと、Bは一つあれば黒になり（BB、Bb）、bは2つあると茶色になります（bb）。Sは一つあれば短毛になり（SS、Ss）、sは2つあると長毛になります（ss）。
　見た目は短毛でも、その遺伝子が「Ss」同士の親が交配した場合には、両親から遺伝子を一つずつ受け継ぐので、短毛（SS、Ss）だけでなく長毛（ss）も生まれる可能性があります。
　毛色や毛の長さに関わる遺伝だけでなく、病気の遺伝子についても同じしくみで遺伝します。両親が健康に見えても、病気を発症する潜性遺伝子を持っていて、子どもの世代で発症することもあるのです。

■交配の種類

　プロのブリーダーによる交配は、次の3種類の目的により行われます。
A. 新しい犬種や猫種を作出する。

B. Aによって生まれた新しい犬猫の特徴的な遺伝子を固定化する。
C. Bにより固定化された品種を維持し、また改良してよりよい品種に育てていく。

現在行われている交配は、ほとんどがCの目的を実現するためのものです。つまりチワワはチワワ同士、ジャーマン・シェパード・ドッグはジャーマン・シェパード・ドッグ同士で交配する、純粋交配法と呼ばれる方法です。

また、純粋交配法のなかでも、さらに3つの目的を持って交配が行われます。
①いま存在する犬や猫が持っていない、新しい特徴を次代で獲得する。
②いま存在する犬や猫が持っている、好ましくない特徴を次代で削除する。
③いま存在する犬や猫が持っている、好ましい特徴を次代へ継続させる。

これらのうち、どの目標に向かって交配を行うかにより、交配相手の選択方法が変わってきます。

● 近親交配法（インブリード）

血のつながりの近いオス・メス同士、つまり親と子、兄弟姉妹、従兄弟姉妹、叔姪、祖孫などの関係（3世代未満）にある犬や猫を意図的に交配させる方法です。

この交配により、その系統が持っている優れた特徴の遺伝子を強くする（ホモ化する：SSやssのように同じ遺伝子が対になること。Ssのように異なる遺伝子が対になることはヘテロという）ことが容易になります。つまりCの目的で交配する場合に多く用いられます。

しかしよい要素の遺伝子が強化されると同様に、その系統の好ましくない遺伝子も強化されてしまう可能性があります。また遺伝のなかには、ホモ化されることで奇形になってしまったり、生まれる前に死んでしまったりするものもあります。この方法は相当なレベルの血統知識と、望んだ結果が得られなかった場合の責任意識を持ったプロフェッショナルによってのみ行われるべきものです。

● 系統交配法（ラインブリード）

近親交配法ほどの近いつながりではないにしても、数世代前にはつながりのある同じ系統のオス・メスを交配させる方法です。

近親交配法ほどの優れた遺伝子の固定化は望むことはできませんが、反対に不良の遺伝子が固定化されたり、奇形や死産などの危険は少なくなったります。

● 異系交配法（アウトブリード）

系統が異なるオス・メス同士を交配させる方法です。純血種の場合、作出当初の系統までたどれば、たいてい1組の両親の交配にたどり着くのですが、異系交配と呼ぶには一般的に5世代以内に系統のつながりがないことが条件です。

ほかの系統が持つよい特徴を導入したい場合や、今の系統の欠点をほかの系統の遺伝子を導入することで改善したい場合に多く用いられます。またお互いに優秀な系統同士の交配では、新しいタイプの子犬や子猫の誕生につながることもあります。しかし反面、生まれてくる子犬・子猫のレベルが、個体ごとに不安定になります。

● 異種交配法

異なる種類の犬・猫を交配させて、新しい犬種・猫種を作出するための交配方法。現在は主に猫で行われている方法で、新しい毛質や毛色の猫を計画的に生み出すときに行われます。

犬と猫の遺伝性疾患

遺伝する病気

親から子、子から孫への遺伝は身体的な特徴や性質のみならず、病気も受け継がれてしまう場合があります。どの犬種／猫種にも特有の遺伝性疾患があるため、繁殖する際にはその種について調べるようにしましょう。両親がたとえ健康に見えてもその病気の遺伝子を持ち合わせていることもあります。このように繁殖には過去のデータに基

繁殖による表現型と遺伝子型の変化

毛　　　色：黒―BB　茶色―bb
被毛の長さ：短毛―SS　長毛―ss

親

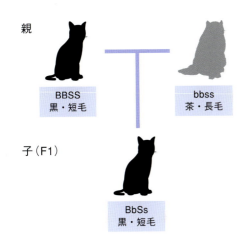

BBSS
黒・短毛

bbss
茶・長毛

子（F1）

BbSs
黒・短毛

孫（F2）

	BS	Bs	bS	bs
BS	BBSS 黒・短毛	BBSs 黒・短毛	BbSS 黒・短毛	BbSs 黒・短毛
Bs	BBsS 黒・短毛	BBss 黒・長毛	BbsS 黒・短毛	Bbss 黒・長毛
bS	bBSS 黒・短毛	bBSs 黒・短毛	bbSS 茶・短毛	bbSs 茶・短毛
bs	bBsS 黒・短毛	bBss 黒・長毛	bbsS 茶・短毛	bbss 茶・長毛

黒・短毛―9　　黒・長毛―3　　茶・短毛―3　　茶・長毛―1

づいたプロの見識が必要になります。

●主な犬の遺伝性疾患

①股関節形成不全

★発生の多い犬種：ゴールデン・レトリーバー、ラブラドール・レトリーバー、ジャーマン・シェパード・ドッグ、セント・バーナード、バーニーズ・マウンテンドッグ、スプリンガー・スパニエル

★多くの品種で一般的に発生する。股関節のさまざまな変形により関節の不安定を生じ、変性性関節疾患を進行させる。遺伝要因のほか、栄養や運動などの環境要因も重要な役割を果たしている。

②膝蓋骨脱臼

★発生の多い犬種：トイ・プードル、ポメラニアン、ヨークシャー・テリア

★膝蓋（膝の皿）が乗る両側の溝や頸骨前縁の異常から起こる。

③虚血性大腿骨頭壊死（レッグ・カルベ・ペルテス病）

★発生の多い犬種：パグ、トイ・プードル、ヨークシャー・テリア、ウエスト・ハイランド・ホワイト・テリア

★大腿骨頭の無菌性壊死を生じる。

犬の遺伝率

生殖	繁殖力	15％未満
	胎子数	20％未満
体型	体長	20〜40％
	体重	20〜40％
	体高	40〜60％
行動	神経質・臆病	50％
	持来本能	20％
異常	股関節形成不全	25〜55％
	肘の異形成	40〜60％

④頭蓋下顎骨症

★発生の多い犬種：ウエスト・ハイランド・ホワイト・テリア、ケアーン・テリア、スコティッシュ・テリア

★臨床徴候では下顎の腫脹、よだれ、開口時の疼痛がある。X線検査では不規則な骨の増殖が見られる。

⑤先天性難聴

★発生の多い犬種（カッコ内は毛色）：イングリッシュ・セター（ローン）、グレート・デーン（ハールクイン）、イングリッシュ・コッカー・スパニエル（ローン）、ラフ・コリー（マール）、シェット

ランド・シープドッグ（マール）、ダックスフンド（ダップル、パイボールド）、ダルメシアン、ブル・テリア、ボーダー・コリー（マール）

★ローン遺伝子、マール遺伝子、パイボールド遺伝子などの被毛に関する遺伝子が主に関与する。

⑥先天性心疾患

すべての犬種で報告されている

⑦拡張性心筋症

★発生の多い犬種：アフガン・ハウンド、グレート・デーン、アメリカン・コッカー・スパニエル、イングリッシュ・コッカー・スパニエル、ドーベルマン、ニューファンドランド、ボクサー

★心室の拡大、心臓壁の非薄化、心拍出量の減少などがみられ心臓拡張を伴う。大多数は遺伝性または家族性であると考えられているが、すべての症例が遺伝由来であるかは確かではない。症例によってはウイルスや免疫介在性の原因が関与している。

⑧僧帽弁閉鎖不全症

★発生の多い犬種：キャバリア・キング・チャールズ・スパニエル、シー・ズー、チワワ、トイ・プードル、ペキニーズ、マルチーズ、ヨークシャー・テリア

★犬の心臓病の原因では最も一般的で、遺伝性と考えられるが、そのほか、ストレス、高血圧、低酸素症、感染、および内分泌異常でも起こる。

⑨若年性白内障

★発生の多い犬種：アフガン・ハウンド、イタリアン・グレーハウンド、ウエスト・ハイランド・ホワイト・テリア、ウェルシュ・コーギー・ペンブローク、オーストラリアン・シェパード、キャバリア・キング・チャールズ・スパニエル、ゴールデン・レトリーバー、ラブラドール・レトリーバー、イングリッシュ・コッカー・スパニエル、アメリカン・コッカー・スパニエル、ラフ・コリー、サモエド、シェットランド・シープドッグ、シベリアン・ハスキー、ダックスフンド、バーニーズ・マウンテン・ドッグ、パピヨン、ビーグル、ビション・フリーゼ、スタンダード・プードル、フレンチ・ブルドッグ、ボーダー・コリー

★水晶体が片側あるいは両側性に混濁する。遺伝性のほか、眼炎、代謝性疾患、瞳孔膜遺残や硝子体動脈遺残など別の先天的異常から続発性に起こることもある。

⑩進行性網膜萎縮

★発生の多い犬種：アラスカン・マラミュート、イタリアン・グレーハウンド、エアデール・テリア、グレート・デーン、ゴールデン・レトリーバー、ラブラドール・レトリーバー、イングリッシュ・コッカー・スパニエル、アメリカン・コッカー・スパニエル、ラフ・コリー、サモエド、シェットランド・シープドッグ、シベリアン・ハスキー、ミニチュア・シュナウザー、スプリンガー・スパニエル、ミニチュア・ダックスフンド、バーニーズ・マウンテンドッグ、ビーグル、トイ・プードル、ペキニーズ、ボーダー・コリー、ポメラニアン、マルチーズ、ミニチュア・ピンシャー、ヨークシャー・テリア

★網膜細胞の変性で、ほとんどの品種では常染色体潜性遺伝が疑われている。品種により異なる型で異なる年齢で発症するが、すべての症例は両側性であり、失明に進行する。100犬種以上で確認されている。治療方法はない。

⑪コリー眼異常

★発生の多い犬種：ラフ・コリー、シェットランド・シープドッグ、ボーダー・コリー、オーストラリアン・シェパード

★眼の発育異常を特徴とする先天性疾患。

⑫特発性てんかん

★発生の多い犬種：ゴールデン・レトリーバー、ラブラドール・レトリーバー、アメリカン・コッカー・スパニエル、イングリッシュ・コッカー・スパニエル、シベリアン・ハスキー

★脳の機能障害による再発性発作。いくつかの犬種における高い発生率は遺伝的素因を示唆する。

⑬フォンヴィレブランド病
★発生の多い犬種：ウェルシュ・コーギー・ペンブローク、エアデール・テリア、シェットランド・シープドッグ、ジャーマン・シェパード・ドッグ、スコティッシュ・テリア、ドーベルマン、プードル
★犬に最も多い止血に対する遺伝性障害。血小板機能に不可欠なフォンヴィレブランド因子（凝固第Ⅷ因子）の欠損で引き起こされる。

⑭本態性脂漏症
★発生の多い犬種：アイリッシュ・セター、ウエスト・ハイランド・ホワイト・テリア、アメリカン・コッカー・スパニエル、スプリンガー・スパニエル、ダックスフンド、ドーベルマン、バセット・ハウンド、ラブラドール・レトリーバー
★皮膚の角化の遺伝的障害であり、落屑（ふけ）や脂ぎって臭気を発する皮膚などが症状。細菌や真菌の二次感染を起こしやすい。

⑮家族性皮膚筋炎
★発生の多い犬種：ラフ・コリー、シェットランド・シープドッグ
★顔、耳先、および指の周囲の皮膚病変を引き起こす遺伝性疾患。

⑯エーラス・ダンロス症候群
★発生の多い犬種：アイリッシュ・セター、ウェルシュ・コーギー・ペンブローク、ジャーマン・シェパード・ドッグ、スプリンガー・スパニエル、セント・バーナード、ダックスフンド、ビーグル、ボクサー
★皮膚無力症としても知られる。脆弱で過剰に伸張し、容易に裂ける皮膚が特徴。

⑰ライソゾーム病
★発生の多い犬種：イングリッシュ・セター、ケアーン・テリア、アメリカン・コッカー・スパニエル、サルーキ、スプリンガー・スパニエル、ダックスフンド、ダルメシアン、チワワ、ビーグル、プードル、ボーダー・コリー
★神経組織のライソゾーム内の酵素欠乏により正常な代謝が傷害される。通常、1歳未満で発症し、運動失調、振せん、発作、痴呆のような症状、失明が見られる。

⑱家族性腎症
★発生の多い犬種：イングリッシュ・コッカー・スパニエル、サモエド、シー・ズー、ミニチュア・シュナウザー、ドーベルマン、バーニーズ・マウンテン・ドッグ、スタンダード・プードル
★症状は犬種によりさまざまであるが、多くの場合、腎臓疾患を引き起こし、発育が阻害される。

●主な猫の遺伝性疾患
①肥大性心筋症
★発生の多い猫種：アメリカンショートヘア、メインクーン、シャム、アビシニアン、バーミーズ、ブリティッシュショートヘア、ペルシャ、ラグドール
★心臓壁が厚くなり肥大した心室が血液を送ることが困難になることにより、うっ血性心不全の原因になる。

②スコティッシュフォールドに関連した骨軟骨異形成症
スコティッシュフォールドは耳軟骨の異常により耳が変形している。この変形の同型接合体（ホモ）は全身性の軟骨欠損を生じる可能性があり、短く肥厚した四肢骨、尾、脊椎、およびひどい痛みを伴なう進行性の関節症の原因になる。

③エーラス・ダンロス症候群
★発生の多い猫種：ヒマラヤン

④ライソゾーム病
★発生の多い猫種：コラット、シャム、ペルシャ

⑤先天性難聴
★発生の多い猫種：シャム、バーミーズ

[参考文献]
犬と猫の品種好発性疾患【第2版】（インターズー、現エデュワードプレス）、犬種と疾病（文永堂）

Part 5 ペットの栄養学

ペットショップの売り上げの大きなウエイトを占めるペットフード。さまざまな動物用に多種多様なフードが発売されていますが、それぞれに特徴があります。お客様のペットにあった商品を勧めるにあたって、ペットが健康な生活を送るために必要な栄養についても知っておく必要があります。

犬と猫の栄養学

犬と猫に必要な栄養

■犬と猫の食生活

●食性の共通点

犬も猫も、本来は肉食の動物です。ほかの動物を狩りによって獲得し、それを食物として摂取していました。

獲った獲物の肉や内臓を、鋭く尖った犬歯や切歯を使って引き裂き食べます。肉食動物の臼歯は肉を裂いたり、骨を砕くために、ハサミのような嚙み合わせになっています。食べ物をすりつぶすことは得意ではなく、飲み込むようにして食べるため、体の大きさに対して大きな胃が、胃酸と収縮運動により食物を溶かします。

主なエネルギー源は動物性のタンパク質（アミノ酸）と脂肪（脂肪酸）です。反面、植物性の炭水化物や繊維質の消化は苦手としています。これは

1. 唾液のなかに炭水化物の消化酵素（アミラーゼ）を持っていない。
2. 草食動物に比べて消化管が短いために、繊維質を時間をかけて消化することができない。
3. 繊維質を消化するための微生物が住む盲腸が小さいこと

などが理由です。

動物性のアミノ酸や脂肪酸から、体と脳のエネルギー源となるブドウ糖を合成するしくみ（糖新生）が発達しており、炭水化物や繊維質を消化してエネルギーとする必要がないために、これらの機能をそぎ落としたと考えられています。

とはいえ、肉だけでは完璧な栄養バランスをとることができません。野生の犬や猫は獲物である草食動物や雑食動物を捕食する際、内臓に残っている植物や穀物の半消化物をいっしょに食べ、植

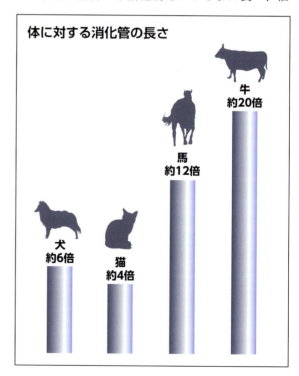

体に対する消化管の長さ

- 犬 約6倍
- 猫 約4倍
- 馬 約12倍
- 牛 約20倍

物の栄養を消化しやすい形で取り入れているのです。

● 食性の相違点

同じ肉食動物でありながら、イヌ科の動物とネコ科の動物とでは食生活において異なる点がいくつかあります。

そのなかでも顕著な相違点として、犬のほうが猫よりも雑食性に傾き、肉以外のものも食物として利用できるので、それを消化するための消化管が、完全肉食動物である猫よりも長くなっていることが挙げられます。

狩りをする際、犬は群れで行動し、自分より大型の動物を捕食していました。これに対して猫は、自分より小さな獲物を単独で捕食していました。犬の狩りは難しく、毎日成功する保証はありません。したがって犬は、食べられるときに食いだめをしたり、その一部を土に埋めて隠したりするというような性質を身に付けたのです。

一方、猫は比較的簡単に獲物を得ることができるので、食べたいときに少量ずつ、新鮮な肉を食べる食性となりました。

犬が食べ物に対してどん欲であることや、猫が新鮮なフードを選り好みして食べることなど、現在の犬や猫に通じる特徴は、この狩りの方法の違いに由来していると考えられます。

■ 嗜好性

食べ物の好みの度合いを表す言葉に「嗜好性」というものがあります。例えば、とても喜んで食べるフードを「嗜好性が高い」フードといい、反対にあまり好みではないフードを「嗜好性が低い」フードといいます。

嗜好性を決める主な要素は、味、におい、食感、温度です。

● 味

【犬】
概して甘い味を好みます。

【猫】
個体差が激しいものですが、塩味や酸味を好む猫が比較的多いといわれています。甘味は感じる

ことができません。

犬猫ともに苦いものは嫌います。これは自然界に存在する毒の成分に苦いものが多いため、これを誤って食べてしまわないように身につけた防衛手段の一つと考えられています。

● におい
【犬】
　犬と猫の嗅覚は人間よりもはるかに優れているため、においは嗜好性に大きく影響します。犬猫ともに脂肪（油脂）のにおいを好みますが、犬は動物性・植物性両方を好みます。
【猫】
　植物性油脂のにおいには興味がありません。また、鮮度によるにおいの違いには敏感で、少しでも鮮度が落ちたものは食べようとしません。これは猫が「食べたいときに新鮮な獲物を捕獲する」狩りを行ってきたためと考えられます。

● 食感
【犬】
　動物の肉など高脂肪食の食感を好みます。
【猫】
　猫も野菜より肉の食感を好みます。また水分量の高いものの方が、乾燥した食べ物よりも好んで食べます。
　ただし犬猫とも、食感の好みについては離乳前後に与えられていたものによってかなり個体差が出ます。ドライフードを軟らかくして食べさせていると、硬いドライフードをあまり好まなくなることがあるのはこのためです。

● 温度
【犬】
　温度は嗜好性にあまり影響を及ぼしません。温めることで嗜好性が高まるのは、それによりにおいが強くなるためです。
【猫】
　食物の温度に敏感で、実験によると36〜40℃前後の少し温かいものを好むことがわかっています。野生では獲ったばかりの新鮮な動物しか食べないことから、その獲物の体温に近い温度であることが理由だと考えられます。

■動物の5大栄養素

　動物が生きるために欠かすことができない栄養素は一般的に、糖質、脂質、タンパク質、ミネラル、ビタミンの5つです。糖質、脂質、タンパク質はエネルギー源として、タンパク質とミネラルは体を構成する成分として、ミネラルとビタミンは身体機能調節成分として活用されます。

● 糖質（炭水化物）
　植物によって合成される栄養素で、脂質、タンパク質とともに体内でエネルギー源として活用されます。糖質には果実やハチミツなどに含まれる単糖類（ブドウ糖、果糖）、乳製品などに含まれる二糖類（乳糖、ショ糖）、穀類や野菜に含まれる多糖類（デンプン、グリコーゲン）の種類があります。
　糖質は、犬や猫にとっては必ずしも定期的に摂取しなければならないものではありません。脂質やタンパク質が十分であれば、それによりエネルギー源は足りますし、実はその利用もあまり得意ではありません。肉食動物なので、植物を消化して得られる糖質よりも、脂質やタンパク質を利用する方が簡単なのでしょう。
　むしろ糖質の過剰な摂取は、高血糖や肥満など、健康に悪影響を及ぼします。また二糖類を分解するための酵素はもともと少なく、かつ犬と猫の場合、年齢と共に減少してしまうので、犬と猫に牛乳を与えると消化不良を起こすことがあります。

● 脂質
　糖質、タンパク質の2倍のエネルギー量を持つ良質なエネルギー源です。またすべての細胞膜の構成成分でもあり、ホルモンやビタミンの原料にもなる大切な役割があります。

① 脂肪酸
　すべての細胞膜の形成に欠かすことができない

必須脂肪酸を多く含んでいます。この必須脂肪酸のうち、アラキドン酸とEPA（エイコサペンタエン酸）から生体機能を調節する作用のあるエイコサノイドが合成されます。

必須脂肪酸は体内で形成することはできないので、必ず食品から摂取します。また必須脂肪酸には、オメガ6（野菜オイル、家禽類・豚の脂肪に多く含まれる）とオメガ3（しそ油、えごま油、魚油に多く含まれる）などの種類があります。必須脂肪酸が不足する、あるいはオメガ6とオメガ3のバランスが崩れる（オメガ6対オメガ3のバランスが5：1〜10：1が理想的）と、皮膚障害、成長障害、繁殖障害、神経／視覚障害などさまざまな問題が起こります。

②中性脂肪

中性脂肪は体内で最も多い脂質で、コレステロールと同じように血液中にもありますが、皮下につくと皮下脂肪となり、内臓につくと内臓脂肪となります。

中性脂肪は体温を一定に保ったり、体を動かすエネルギー源となるなど、重要な役目を担っていますが、増えすぎると善玉コレステロールが減り、血が固まりやすくなって血栓ができ、動脈硬化から心臓病・脳梗塞・糖尿病・脂肪肝などの原因になります。

③リン脂質

細胞膜の構成成分として重要な栄養素です。そのほかの働きとして、中性脂肪やコレステロールの輸送に関わっています。鶏の卵や大豆油に多く含まれています。

④糖脂質

糖を含む脂質。細胞膜などの主要な成分です。

⑤コレステロール

細胞膜、副腎皮質ホルモン、神経伝達の原材料になります。鶏の卵や魚介類に多く含まれています。

コレステロールはすべての細胞をつくるための材料となります。細胞内にストックされ、必要な分は消費されます。残ったものは、血管の壁に付着します。

●タンパク質

タンパク質はアミノ酸の集合体で、その組み合わせによって筋肉、皮膚、血液、骨、被毛などを構成して体の組織をつくります。体重の約5分の1を占め、1gあたり4kcalのエネルギーを持っています。

タンパク質は常に分解と合成を繰り返し、体をつくり直しています。それだけではなく、血液成分、代謝反応に不可欠な酵素、ホルモン、免疫のための抗体、遺伝子などもタンパク質でできています。

糖質や脂質と違い、タンパク質はほかの栄養素で補うことはできません。良質なタンパク質が長期にわたり不足すれば、生命を脅かすトラブルになります。

①必須アミノ酸

タンパク質は22種類のアミノ酸から構成されています。そのうち体内で合成されず、食事からとる必要があるものを「必須アミノ酸」と呼んでいます。

動物によって体の構造は異なるので、当然体内で合成できるアミノ酸と合成できない必須アミノ酸も動物によって異なります。犬は12種類のアミノ酸を体内で合成することができるので、残る10種（アルギニン、スレオニン、バリン、メチオニン、イソロイシン、ロイシン、フェニルアラニン、ヒスチジン、トリプトファン、リジン）が必須アミノ酸となり、それらを食べ物から摂取します。

一方、猫の場合、これにアミノ酸の誘導体であるタウリンを加えた11種類が必須アミノ酸となります。キャットフードにはこのタウリンが含まれていることがドッグフードと大きく異なる点です。

②動物性タンパク質と植物性タンパク質

タンパク質には動物性と植物性があります。このうち、犬や猫の必須アミノ酸をバランスよく含

んでいるのは動物性タンパク質です。

しかし、動物性タンパク質には、コレステロールや飽和脂肪酸など、摂りすぎると肥満の原因となる物質も含まれています。一方、植物性タンパク質は、必須アミノ酸を欠くことがありますが、低脂肪でコレステロールを含まないという利点があります。「良質なペットフード」は両方の特性をうまく利用しています。

●ミネラル

ミネラルは、体のさまざまな生理機能の調整を行う栄養素です。各ミネラルが正常に機能するには、それぞれのミネラルの必要量を摂取することはもちろん、ほかのミネラルやビタミンの摂取量と適切なバランスを保つ必要があります。特定のミネラルを過剰に摂取したり、反対に不足した場合、体に有害となってしまうのです。

①カルシウム

適切な骨と歯の形成、心臓機能、正常な血液の凝固、神経伝達などに必要です。

②リン

カルシウムの代謝に必要です。カルシウムとリンのうち、どちらかが不足すると、両方の栄養価が下がってしまいます。リン1に対して、カルシウム1〜2の割合で摂取しなければなりません。リンがカルシウムに対して過剰になった場合、骨の異常を引き起こします。

③カリウム

体液の流れや、神経の伝達、新陳代謝に必要です。ただし、過剰摂取すると心臓や肝臓に有害となります。また、不足すると、食欲不振、成長の遅れ、衰弱などを引き起こし、被毛も乱れます。

④ナトリウム

体内に一定の水分を保持します。不足すると、疲労、水分摂取の低下、成長の遅れ、皮膚の乾燥、抜け毛などが起こります。

しかし、過剰に摂取した場合には、高血圧や心臓疾患、腎臓疾患などの原因となります。

⑤硫黄

軟骨や腱を構成します。欠乏すれば皮膚障害、湿疹、皮膚炎などが起こります。

⑥マグネシウム

ナトリウムとリンの運搬に使われます。また、コレステロールを減少させたり、鉛など重金属を解毒したりする働きもあります。不足すると筋肉のけいれんや行動障害、てんかんなどが起こる危険があります。

⑦鉄と銅

鉄は、酸素を体のあらゆる部分に運ぶヘモグロビンの生成に不可欠です。不足すると貧血や疲労、低血圧となりますが、過剰に摂取すると、リンの吸収を妨げてしまいます。

銅は、鉄が適正に利用されるのを助ける働きをします。不足すると骨の異常を引き起こす可能性もあります。

⑧亜鉛

骨、筋肉、被毛の正常な発達に必要となります。不足すると衰弱や成長の遅れなどがみられます。摂りすぎると、銅の不足を引き起こし、ひいては鉄の不足、貧血を起こします。

⑨マンガン

酵素の働きを活性化し、正常な骨の発育を助けます。栄養素の代謝にも必要です。不足すると発育不良や神経系の障害、生殖異常になります。

⑩ヨウ素

甲状腺ホルモンの原料となります。あらゆる身体機能を調節します。不足すると、体重が増加したり疲労など、甲状腺機能の異常による症状が出ます。

●ビタミン

摂取した食物から栄養素を放出させ、体にエネルギーを供給する働きをします。

ビタミンは水溶性ビタミンと脂溶性ビタミンの2種類に大別できます。水溶性ビタミンは水に溶けるので、体内で体液に取り込まれ、濃度が一定以上になると尿として排出されます。脂溶性ビタミンは脂肪に溶け、脂質とともに代謝されます。肝臓や脂肪組織に貯蔵され、尿中には排泄されず、蓄積しすぎると中毒症状を起こします。

①水溶性ビタミン

ビタミンB群：

脂質や糖質、タンパク質がエネルギーに変換されるときに不可欠なビタミンです。神経系の適切な機能に重要で、疲労しているときにはエネルギーを補給し神経系をリラックスさせます。

ビタミンC：

健康な骨、歯、歯肉の構成には欠かすことができないビタミンです。免疫反応を強化するので、感染症予防にも重要です。犬と猫では体内で合成できますが、ストレスなどにさらされると血中レベルが減少するので、フードへの添加が必要です。

②脂溶性ビタミン

ビタミンA：

目・骨・神経の機能、皮膚・被毛・歯・呼吸器障害への抵抗力にとって重要です。組織の修正、感染症から保護する働きがあるので、病中病後には特に必要になります。犬は植物性（ニンジン、緑黄色野菜など）と動物性の食品両方から摂取が可能ですが、猫は動物性食品（レバー、卵など）からのみ摂取することができます。

ビタミンD：

カルシウムとリンの適切な吸収に必要です。甲状腺の作用を調節するためにも使われます。不足すれば骨の形成不全などの危険があります。

ビタミンE：

不飽和脂肪酸や脂溶性ビタミンの酸化を防止します。これにより老化を遅延し免疫を強化します。また汚染物質やガンから体を保護する働きもあります。

ビタミンK：

出血時に血液を凝固させるタンパク質を活性化させる補助酵素として働きます。また骨を丈夫に保つ働きもあり、カルシウムの骨への沈着を促します。カルシウムが骨から流出するのを抑える働きもあり、複合的に骨を丈夫にするために働きます。不足すると、骨に十分にカルシウムが取り込めなくなり、細くもろい骨になってしまいます。

■水

水はいうまでもなく生命維持に最も重要な栄養素です。水分は、血液、リンパ液、細胞内、細胞間に存在し、細胞内の水分は成犬の体重の約60〜70％を占め、血液中の水分は、体重の約7％を占めています。

動物は水分を外部からの水そのものの摂取と、食事中に含まれる水分の摂取から得ることができます。また、体内で栄養素が代謝（酸化）され、エネルギーに変わるときに産生される水も摂取することができます。

水の働きとしては次のようなものがあります。

・血液の流れをよくする。
・腸の働きをよくする。
・新陳代謝を活発にする。
・老廃物を排除する。
・解毒作用を促進する。

ペットフードの基礎知識

■ペットフードとは

ペットフードを取り扱う企業の団体「ペットフード公正取引協議会」が定めた「ペットフード公正競争規約」には、ペットフードは次のように定義されています。

> **ペットフードの定義**
>
> ペットフードとは、穀類、いも類、でん粉類、糖類、種実類、豆類、野菜類、果実類、きのこ類、藻類、魚介類、肉類、卵類、乳類、油脂類、ビタミン類、ミネラル類、アミノ酸類、その他の添加物等を原材料とし、混合機、蒸煮機、成型機、乾燥機、加熱殺菌機、冷凍機等を使用して製造したもの、または天日干し等簡易な方法により製造したもので、一般消費者向けに容器に入れられた、または包装されたもので、犬・猫の飲食に供するものをいう。

つまり、ペットに食べさせるものすべての総称ではなく、ペットに安定した栄養成分を提供するために、食材を加工して製造されたものということです。

飲料水、加工をしていない肉や魚、栄養補給目的ではないおやつなどはペットフードとは呼ばれません。

■ペットフードの種類

ペットフードは、さまざまな観点から分類することができます。

●水分含有量別の分類（表①）

フード中に水分がどれだけ含まれているかによって、形状、包装、品質保持方法、給与量、用途が大幅に変わります。しかし最近では、複数の種類を混ぜて封入してあるものなども販売されているため、分類が難しくなっています。

●目的別の分類（表②）

消費者がペットに与える目的別に分類されています。「ペットフードの表示に関する公正競争規約」で分類内容が決められています。

●価格帯別の分類（表③）

公の規定があるわけではありませんが、ペット業界では販売価格によりその呼び方を変える習慣が根づいています。

表① 水分含有量別の分類

種類	説明
ドライフード	水分含有量は10％程度以下。原料を粉砕・配合し、加熱・加圧押出機により発泡・成型した後に乾燥と冷却をして製品化します。
セミモイストフード	水分含有量は25～35％程度。原料を粉砕・配合した後、乾燥させずに成型・冷却して製品化します。成形する際に発泡していないことが特徴です。
ソフトドライフード	水分含有量は25～35％程度。セミモイストとほぼ同様の工程でつくられますが、成形する際に発泡しているところが異なります。
ウェットフード	水分含有量は75％程度。ドッグフードは畜肉を、キャットフードは魚肉や畜肉を主原料とし、そこにほかの原料を混合して容器に詰めた後、殺菌して製品化します。容器は缶のほか、アルミトレー、レトルトパウチなどが使われます。

表② 目的別の分類

総合栄養食	ペットフード公正取引協議会が定める給与試験をクリアし、そのペットフードと水だけでペットの栄養がまかなえると認定されたもの。ペットの主食とすることができるペットフードです。
間食	おやつやスナック、ご褒美として、主食ではなく時を選ばずに一定量を与えることができるものです。
療法食	栄養成分の量や比率が調節され、特定の疾病または健康状態にあるペットの栄養学的サポートを目的に、獣医師の指導のもとで食事管理に使用されるフードです。
その他の目的食	特定の栄養を調整する、カロリーを補給する、嗜好性を高めるなど、ある目的のためにほかのペットフードや食材とともに与えるものです。

表④ 形状別の分類

粉　状	代用乳、栄養補強フードなど。
顆粒状	離乳食、成長期用フードなど。
被膜状（フレーク）	離乳食など。
発泡状	ドライフードの多くは、この発泡状フード。形状は丸型から骨型など種々の形状があります。
クランブル状	一度発泡成型したものを破砕したもので、成長期用フードなどに使われます。
ビスケット状	間食、スナックなど。
棒状等	ジャーキーのスナックなど（棒状のほかにスライス状などもあります）。
液　状	代用乳、嗜好増進飲料など。

表③ 価格帯別の分類

エコノミータイプ	比較的低価格のペットフード。ペットショップのほか、スーパーマーケット、ホームセンター、コンビニエンスストア、ドラッグストアなどにも流通しており、手軽に入手することができます。
プレミアムタイプ	エコノミータイプよりも割高ですが、原材料や製法などにこだわりをもって製造されています。
スーパープレミアムフード	プレミアムタイプよりもさらに高額のフード。内容や利点を説明してから販売することを前提にしているフードが多く、それに対応できる専門店やプロのルートからのみ販売するフードが多いのが特徴です。

表⑤ 容器形態別の分類

箱	紙箱が多く、プラスチックフィルム袋のなかに内容物が入っています。ドライフードに多い容器です。
袋	紙とプラスチックフィルムの袋や複合袋があります。
金属缶	ウェットタイプに多い容器です。缶の材質は、アルミニウム、スチールの2種類があり、胴がスチール、蓋がアルミニウムの複合缶もあります。粉ミルクの代用乳や離乳食入りもあります。
トレー缶	アルミニウム材質のトレー缶。ウェットタイプのみ。
レトルトフィルム袋	ウェットタイプに多い容器です。

●形状別の分類（表④）

　ペットフードにはさまざまな形があります。嗜好性、食べやすさ、見た目の楽しさなどの変化をつけるために、上記のような形に生成しています。

●容器形態別の分類（表⑤）

　中身のフードを最も新鮮で使いやすい状態で消費者に届けるために、それぞれのタイプに合わせてパッケージを変化させています。

■総合栄養食とライフステージ

総合栄養食（前頁の表②参照）は、対象となる犬猫のライフステージ別に栄養基準が定められています。

一つのブランドで、この基準を満たした成長段階別のペットフードをそれぞれ揃えることが、現在のペットフード市場では定着しています。

> 哺乳期
> 妊娠期／授乳期
> 幼犬期・幼猫期／成長期またはグロース
> 成犬期・成猫期／維持期またはメンテナンス
> 全成長段階またはオールステージ

●ドッグフード

①幼犬用フード（妊娠期）

幼犬は毎日猛スピードで成長し、体重が増えるにしたがって、必要エネルギーも増加していきます。そのため幼犬用フードは成犬用と比べて、タンパク質や脂質の内容量を高めてあります。また骨の発育を考え、カルシウムの分量を増やしているのも特徴です。

大型犬の幼犬は、特に最初の1年間に急速に成長します。関節のトラブルを防ぐためには、成長速度をコントロールする必要があります。そのためタンパク質と脂質を抑える処方をした、大型犬の幼犬用フードも見られるようになりました。

幼犬用フードは、子犬と同じように高エネルギーが必要な妊娠・授乳中の母犬の食事としても向いています。

②成犬用フード

成犬用フードでは、各成長段階別フードの基準になる栄養成分の設定がされています。

全犬種に対応したスタンダードなタイプのほかに、犬種別など、それぞれの犬に合った栄養成分・形状のペットフードも発売されています。

小型犬用：
主に食が細い小型犬をターゲットにした小粒タイプで、通常のものよりペレットを小さくして食べやすくし、嗜好性を高めています。

大型犬用：
タンパク質と脂質の分量を減らし、骨格や関節に負担のかかる肥満を防ぐ工夫がされています。また、関節や軟骨の働きを向上させる成分として知られるコンドロイチンやグルコサミンなどを配合しているものも多く見られます。

アレルギー対策：
牛肉や豚肉、トウモロコシ、小麦といった、通常のペットフードのタンパク質と炭水化物源として使われている原材料に対して皮膚病などのアレルギー反応を起こす犬をターゲットにしたペットフードです。低アレルギー食材として、ラム（羊肉）、馬肉、魚肉、米などを主原料としています。

肥満対策：
すでに肥満の傾向がある犬や、運動量の少ない犬のために、エネルギー源のタンパク質と脂質の分量を大幅に下げたペットフードです。骨や関節に負担をかけるカルシウムの過剰摂取を避けるため、これらミネラルの配合も低めに抑えています。

活動犬用：
猟犬、競技犬など活動量の多い犬、やせ気味の犬、病後の体力が落ちた犬などのために、タンパク質と脂質の分量を高めて高カロリーにしたペットフードです。脂肪を多めに配合しているので、体内でそれが酸化することを防ぐビタミンEも多く含まれています。

③高齢犬用フード

活動量が低下した高齢犬の生活に配慮して、タンパク質と脂質の分量を抑えてあります。また老化の速度を遅らせるために、ミネラル分を体内に吸収しやすいような形に変化（キレート化）させて配合してあることも特徴です。

また関節や軟骨の劣化をカバーする成分であるコンドロイチンやグルコサミンを配合するものも多くみられます。

歯茎が弱っている高齢犬でも噛みやすい形に加工してあるものもあります。

●キャットフード

①幼猫用フード（妊娠期）

毎日成長する子猫には、栄養価の高い食事を与えなければなりません。タンパク質は肉食性の猫には最も重要なエネルギー源となっており（体重1kgの必要量は、人間の5倍ともいわれます）、特に幼猫用フードではその分量を多めに設定しています。

また歯や骨の形成に必要なカルシウムとリンも豊富に配合されています。

②成猫用フード

猫用フードの特徴は、アミノ酸の誘導体であるタウリンを配合していることです。タウリンは血中コレステロールを下げる役割を果たす大切な栄養素で、不足すると視力障害や心臓疾患になりかねません。猫はタウリンを体内で生成できないため、食べ物によって補給しなければならないのです。

また犬と比較して肉食性の強い猫は、食事の70％以上を動物性の食材から摂らないといけないとされており、タンパク質とともに多量に取り込まれる脂質の酸化を防ぐためのビタミンEをドッグフード以上に配合しています。

さらに、次のような猫特有の食生活に対応したキャットフードも成猫用フードの一種として販売されています。

FLUTD（feline lower urinary tract disease・下部尿路症候群）対応：

猫に多い泌尿器系の病気（猫下部尿路疾患）の発症の可能性を抑える配慮がされたキャットフードです。尿道に結石や結晶ができる原因となるマグネシウムを適度に制限し、過剰摂取や摂取不足を防いで、尿のpHを弱酸性に保ちます。

ヘアボール対策：

猫は一日の多くの時間をかけて自分の体を舐めて毛づくろいをする習性があります。そのために飲み込んでしまった毛が胃にたまるので、それを嘔吐して排出しようとします。このタイプのキャットフードは、植物油を配合して抜け毛を最小限に抑えることで毛玉の生成を軽減し、嘔吐ではなく便により排出するために消化を助ける繊維質を強化しています。

高嗜好性：

犬よりも食べ物にこだわりが強い猫の食欲を促進する工夫がされているキャットフードです。魚の風味が添付されていたり、軟らかい歯ごたえに成型されているフードが多く見られます。

避妊去勢猫用：

猫の避妊去勢手術の術後はホルモンバランスが変化したり、運動量が減ったりします。また、室内飼育の猫はもともと活動量があまり多くないため、食事も十分に配慮しなければ、肥満になりがちです。避妊去勢手術をした猫の肥満を防止するために、高タンパク、低カロリー、低脂肪に設計されたキャットフードです。

グレインフリー：

グレインとは穀物のことです。キャットフードには小麦、トウモロコシ、オーツ麦、大麦、米などの穀物が使用されていますが、肉食の猫はこれらの炭水化物（糖質）の消化があまり得意でないことから、穀類を使用せず動物性タンパク質をメインとしたフードです（ドッグフードもあります）。

③高齢猫用フード

高齢猫用フードの特徴は、低カロリー、関節・軟骨の栄養補給（コンドロイチンとグルコサミンの配合）と、高齢犬用フードとほぼ同じです。

顕著なのはビタミンEの分量が、ほかの成長段階よりも倍以上配合されている点です。免疫力の維持により加齢に伴って高まる感染症のリスクを、低下させる意図があります。

■総合栄養食以外のペットフード

●療法食

特定の病気に対して、その症状を抑えたり、改善したりすることを目的に成分を特別に処方したペットフードです。

獣医師は治療と並行してペットに摂取させるために、飼い主に説明したうえで販売します。動物病院でのみ販売されており、獣医師による治療と並行して与えます。そのため、ペットショップで取り扱うことはほとんどありません。

腎疾患、消化器疾患、心疾患、尿石症、糖尿病、アレルギー、関節炎など、さまざまな種類があり、それぞれの病気や健康状態に応じて栄養成分などが調整されています。

●間食

間食とは、おやつやごほうびとして、限られた量を与えることを意図したペットフードです。栄養面だけをみれば、総合栄養食と水だけで十分に補うことができるため、犬や猫に必ずしも間食は必要ありません。けれども、しつけをするためのごほうびや、愛犬・愛猫を喜ばせるためなど、コミュニケーション手段として、今やおやつを与えることが、楽しい生活習慣の一つとなっています。

間食には、ジャーキー、ガム、骨、クッキー、チーズ、ペースト、煮干しなど、さまざまなタイプがあります。単純におやつとして与えるものや、デンタルケア、毛玉ケア、水分補給、投薬補助などの目的を持つものもあります。

主な療法食

食事療法が適応となる特定の疾病又は健康状態		犬対象	猫対象	重要な栄養特性
慢性腎機能低下		○	○	A. リンとタンパク質を制限、高品質なタンパク質を使用 B. 窒素含有成分の吸収を低減〔少なくともAまたはBのいずれかを満たすこと〕
下部尿路疾患 尿石症	ストルバイト結石（溶解時）	○		尿を酸性化する特性、マグネシウムとタンパク質を制限、高品質なタンパク質を使用
			○	尿を酸性化する特性、マグネシウムを制限
	ストルバイト結石（再発防止時）	○	○	尿を酸性化する特性、マグネシウムを中程度に制限
	尿酸塩結石	○	○	プリン体とタンパク質を制限、高品質なタンパク質を使用
	シュウ酸塩結石	○	○	カルシウムとビタミンDを制限、尿をアルカリ化する特性
	シスチン結石	○	○	タンパク質を制限、含硫アミノ酸を中程度に制限、尿をアルカリ化する特性
食物アレルギー又は 食物不耐症		○	○	A. アレルギー又は食物不耐症の原因として認識されにくい厳選した原材料を使用（加水分解タンパク質、新奇タンパク質、精製したアミノ酸類、等）B. アレルギー又は食物不耐症の原因となる特定の原材料の不使用および製造管理による混入防止〔少なくともAまたはBのいずれかを満たすこと〕
消化器疾患	急性腸吸収障害	○	○	電解質を増強、高消化性の原材料を使用
	繊維反応性	○	○	食物繊維を増強
	消化不良	○	○	高消化性の原材料を使用、脂肪を制限
慢性心機能低下		○	○	ナトリウムを制限
糖尿病		○	○	急速にグルコースを遊離する炭水化物を制限
慢性肝機能低下		○		高品質なタンパク質を使用、タンパク質を中程度に制限、必須脂肪酸を増強、高消化性の炭水化物を増強、銅を制限
			○	高品質なタンパク質を使用、タンパク質を中程度に制限、必須脂肪酸を増強、銅を制限
高脂血症		○	○	脂肪を制限、必須脂肪酸を増強
甲状腺機能亢進症			○	ヨウ素を制限
肥満		○	○	低エネルギー密度
栄養回復		○	○	高エネルギー密度、高濃度の必須栄養成分を含有、高消化性の原材料を使用
皮膚疾患		○		必須脂肪酸を増強
関節疾患		○		オメガ3脂肪酸とEPAを増強、適量のビタミンEを含有
			○	オメガ3脂肪酸、DHA、メチオニン、マンガンを増強、適量のビタミンEを含有
口腔疾患		○	○	噛むことで歯の表面に付着した歯垢を擦りとる食物繊維の層状構造を有する粒特性、カルシウムを制限

（獣医療法食評価センター 2016年7月改訂）

表示は、「間食」のほか、「おやつ」「スナック」などの表現も認められています。人と同様に、間食をしすぎれば肥満になったり、栄養バランスがくずれたりします。そのため、「間食」にも、適切な栄養量を維持するための与え方（給与回数や給与限度量）などが明記されています。

間食の給与限度量は、原則として1日当たりのエネルギー必要量の20％以内にとどめることが推奨されています。

● その他の目的食

「総合栄養食」「療法食」「間食」以外のフードで、「副食・おかずタイプ」と「栄養補助食」に分けられています。

・副食／おかずタイプ

嗜好性を高める目的で与えるペットフードで、「一般食」とも呼ばれます。「一般食（おかずタイプ）」、「一般食（総合栄養食といっしょに与えてください）」などと表示されます。そのほか、「副食」「ふりかけ等」などの表示もあります。

ドライ、ソフトドライ、セミモイスト、ウェットなどのタイプがあり、キャットフードのいわゆる「猫缶」や、レトルトパウチのウェットフードの多くは一般食です（なかには総合栄養食のものもあります）。

・栄養補助食品

特定の栄養の調整やカロリーの補給などを目的としたペットフードで、動物用のサプリメントもここに含まれます。「栄養補完食」「カロリー補給食」「動物用栄養補助食」（動物用サプリメント）などと表示されます。

● サプリメント

・栄養補助食品としての位置づけ

医薬品が病気を治療するための手段であるのに対し、日常の食生活で不足しがちな栄養分を補い、自然治癒力や免疫力を高めて病気を予防するための手段となるのがサプリメントなどの栄養補助食品です。

欧米では以前から医師や獣医師がサプリメント

よく使われる栄養補助食品

ビタミンC	筋肉や皮膚、骨などの形成に必要なコラーゲンを維持します。また、細菌感染に対する抵抗力の強化、ほかのビタミンの保護、赤血球の形成の補助など、健康維持に関するさまざまな働きをします。
抗酸化物（ビタミンA、C、E、セレニウム）	がんや動脈硬化の原因となると考えられている活性酸素を抑制し、細胞を保護します。
コンドロイチン、グルコサミン	初乳に多く含まれるタンパク質で善玉バクテリアのバランスを保ち、抗酸化作用、抗炎症、免疫調節作用などの効果があります。
アガリクス	β-グルカンが豊富に含まれ免疫細胞を活性化させ、抗がん作用があるといわれています。
納豆菌	納豆にはビタミンB_2、E、各種ミネラルの栄養素に加え、善玉菌の増殖を助けて整腸作用を促す作用があります。

の効果を認めていて、広く一般に普及しています。日本でも最近ではたくさんの種類が販売され、手軽に入手できるようになったおかげで、多くの人が自分はもちろんペットの健康維持のために利用するようになりました。

サプリメントの形状は、錠剤やカプセル、顆粒や液体などが多く一見薬のように見えますが、「医薬品」ではなく、ペット用のサプリメントは前述の通り「栄養補助食品」に分類されます。

・主なペット用サプリメント

ペット用のサプリメントには、免疫力の維持・向上に役立つもの、抗酸化作用が期待できるもの、肥満の管理に役立つもの、ストレスケアに役立つもの、関節の健康に役立つもの、皮膚や被毛の健康に役立つもの、歯や口腔内の健康に役立つもの、高齢期の脳の健康を保つのに役立つものなどがあります。

栄養補助食品ですから、獣医師の処方なしに動物病院以外でも販売できますが、反面、与えることによる効果や効能は表記することはできません。

■ペットフードの表示

●ペットフードの表示に関する公正競争規約

ペットフードのパッケージ上の文章や写真、イラストなどの情報は、企業間の公正な競争を確保し、消費者を保護することを目的に、ルールに基づいて表記することが求められています。

そのルールが「ペットフードの表示に関する公正競争規約」であり、「ペットフード公正取引協議会」によって管理運営されています。この規約には業界の正常な商習慣が明文化されており、公正取引委員会にも認定されています。

AAFCO (Association of American Feed Control Officials)：

「ペットフードの表示に関する公正競争規約」を裏づけるための評価基準は、AAFCO（米国飼料検査官協会）の栄養基準に準じてつくられています。AAFCOとはアメリカのペットフード業界から独立した公的機関で、ペットフードの栄養基準やその給与試験方法を細かく定める仕事をしています。同協会の栄養基準や給与試験の規定はアメリカ国内のみならず、世界中のペットフード業界によって活用され、世界基準として一般的に認識されています。

ペットフードの表示に関する公正競争規約では、パッケージに次の内容を表示するように定めています。

① 名称
② 目的
③ 内容量
④ 給与方法
⑤ 賞味期限
⑥ 成分
⑦ 原材料名
⑧ 原産国
⑨ 事業者の氏名または名称及び住所

●ペットフード安全法による表示

犬と猫のペットフードのパッケージの表示は、「愛がん動物用飼料の安全性の確保に関する法律（ペットフード安全法）」によっても規定が定められています。

この法律は名称の通り、ペットフードの安全を確保するためにつくられたものです。2007年の春に、有害物質のメラミンが混入した原材料を用いたペットフードがアメリカで販売され、たくさんの犬や猫に大きな健康被害をもたらす事件が発生しました。このことでペットフードの安全性に大きな関心が集まりました。

日本でもそれまで、ペットフード公正取引協議会による基準や規約が設けられていましたが、ペットフードに関する法律はありませんでした。そこで、環境省と農林水産省による法整備が行われ、2008年6月に法律が成立、2009年6月1日から施行されました。

・**対象となるペットフード**

ここでいうペットフードとは犬用と猫用に限定されていて、そのほかの小動物などのペットフードは含まれていません。総合栄養食、間食（おやつやスナックなど）、一般食（おかずタイプ）や副食、療法食、栄養補助食品やサプリメントなどが対象となります。

この法律では以下の表示が義務づけられています。

① 名称
② 賞味期限
③ 原材料名
④ 原産国名
⑤ 事業者の氏名または名称及び住所

●総合栄養食の基準

パッケージに「総合栄養食」と表記することは、犬猫に毎日主食として与えた場合に、水とこのペットフードのみで健康を維持できる、栄養バランスの優れた製品のみに認められています。

総合栄養食の表記資格を得るためには、次の2つの条件のいずれかをクリアすることが条件にな

パッケージの表示の見方

●名称
商品名、犬用または猫用

●内容量
g、Kg、ml、lなど単位で記載。間食の場合は、個数や本数など

●賞味期限
決められた方法で保存した場合に、すべての品質の保持が十分に可能だと認められる期限

●原材料名
原則として添加物を含むすべての原材料を使用した重量の割合の多い順に記載

●原産国
最終的な加工が行われた国。日本で生産されたものは「国産」という表記が可能

〇〇ドッグフード（ビーフ）
■目的：維持期用総合栄養食
■内容量：3kg
■与え方
成犬体重1kgあたり1日〇gを目安として、1日給与量を2回以上に分けて与えてください。
■賞味期限　袋裏面に年月で印字
■成分
　粗タンパク質……18％以上
　粗脂肪　　　　　5％以上
　粗繊維　　　　　5％以上
　粗灰分　　　　　8％以下
　水分　　　　　　12％以下
■原材料
穀類（トウモロコシ、小麦）肉類（ビーフ、チキン）、動物性油脂、野菜（ニンジン、ホウレンソウ）、ビタミン類（A、B1、B6）、ミネラル（P、Ca）、酸化防止剤（ミックストコフェロール）
■原産国：日本
■製造業者：ABCペットフードカンパニー
　〒000-0000　東京都〇〇区〇〇町1-2-3

この商品は、ペットフード公正取引協議会の定める分析試験の結果、維持期用総合栄養食の基準を満たしていることが証明されています。

●目的
「総合栄養食」「間食」「療法食」「その他の目的食」がわかるように表記。「総合栄養食」の場合は、犬または猫の成長段階も表示

●給与方法
フードの目的に合わせて1日に与える量や回数を表記

●成分
粗タンパク質／粗脂肪／粗繊維／粗灰分／水分の重量比を％で表記

●事業者の氏名または名称及び住所
「製造者」「販売者」「輸入者」などの名称や住所を記載

基礎編 Part 5　ペットの栄養学

ります。
1. 成分分析試験の結果が栄養基準を満たしていること
2. 実際に犬猫にそのペットフードを一定期間／一定頭数に与えるテストを行い、その後の身体検査や血液検査などの結果が評価基準を満たしていること

●原料の表示の基準

　ある原材料を、ペットフードの内容量の5％以上使用している場合でなければ、そのペットフードの商品名、絵、写真、説明文などに、その原材料を使用している旨の表示をしてはいけません。
　もしも強調したい原材料が内容量の5％に達していない場合には、「〇〇風味」「〇〇入り」「〇〇味」「〇〇フレーバー」などの形で表記することは認められています。

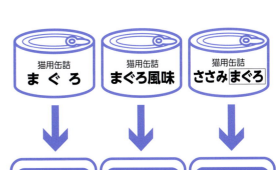

猫用缶詰 まぐろ	猫用缶詰 まぐろ風味	猫用缶詰 ささみまぐろ
まぐろ5％以上	まぐろ5％未満	ササミ5％以上／まぐろ5％未満
内容量の5％以上まぐろが含まれているので、商品名として表示可能。	ほかに「まぐろ入り」「まぐろ味」「まぐろフレーバー」などと表示できる。	5％以上含まれる原料とは区別できるように表記する（例えば文字の色、大きさなど）。

● **不当表示の禁止**

ペットフードのパッケージや宣伝などには、消費者に誤解を与えかねない表現を記載することは、景品表示法（Part2参照）と公正競争規約によって禁止されています。

1. 総合栄養食の代わりに「完全栄養食」「総合完全栄養食」など「完全」という科学的に証明しがたい表現を使ってはいけません。
2. 人間用の食品と間違われそうな商品名をつけてはいけません。
3. 加工品であるペットフードに「生」「フレッシュ」「新鮮」などの表示をしてはいけません。
4. 「無添加」の表現を使う場合には、何が添加されていないのかを明確にしなければなりません。また一部の添加物が不使用であることを取り上げて、あたかもすべての添加物が使われていないかのような表現をしてはいけません。
5. 「健康な〇〇」、「ヘルシー」という表現を使う場合は、なぜほかよりも健康なのかという客観的な事実を併記しなければなりません。
6. 「ナンバーワン」「特選」「特級」「最高」という表現を使う場合には、その客観的な根拠を表示しなければなりません。
7. 「安全」「安心」などの表現を使う場合には、なぜ安全・安心なのか、その科学的な根拠を表示しなければなりません。
8. 「〇〇に効果がある」「〇〇を予防する」など、ペットフードにあたかも薬のような効果・効能があることを連想させるような表現をしてはいけません。
9. 他社の競合商品に対して、科学的な根拠もなく「危ない」「病気になりやすい」などの消費者に誤解を与える表現をしてはいけません。
10. 賞や推奨を受けた事実がないのに「〇〇賞受賞」「××推奨」などという誤解を与える表現をしてはいけません。

ドッグフードの総合栄養食の栄養基準【2016 AAFCO】

ドッグフードの想定カロリー	4,000kcal ME/kg

成長段階			幼犬期／成長期 またはグロース 妊娠期／授乳期	成犬期／維持期 または メンテナンス	
栄養素		単位 (乾物当り)	最小値	最小値	最大値
	タンパク質	%	22.5	18	
	アルギニン	%	1	0.51	
	ヒスチジン	%	0.44	0.19	
	イソロイシン	%	0.71	0.38	
	ロイシン	%	1.29	0.68	
	リジン	%	0.9	0.63	
	メチオニン	%	0.35	0.33	
	メチオニン+シスチン	%	0.7	0.65	
	フェニルアラニン	%	0.83	0.45	
	フェニルアラニン+チロシン	%	1.3	0.74	
	トレオニン	%	1.04	0.48	
	トリプトファン	%	0.2	0.16	
	バリン	%	0.68	0.49	
	脂質	%	8.5	5.5	
	リノール酸	%	1.3	1.1	
	αリノレン酸	%	0.08	ND	
	EPA+DHA	%	0.05	ND	
	(リノール酸+アラキドン酸):(αリノレン酸+ EPA+DHA)	%			30:1
ミネラル	カルシウム	%	1.2	0.5	2.5(1.8)
ミネラル	リン	%	1	0.4	1.6
ミネラル	カルシウム:リン		1:1	1:1	2:1
ミネラル	カリウム	%	0.6	0.6	
ミネラル	ナトリウム	%	0.3	0.08	
ミネラル	塩素	%	0.45	0.12	
ミネラル	マグネシウム	%	0.06	0.06	
ミネラル	鉄	mg/kg	88	40	
ミネラル	銅	mg/kg	12.4	7.3	
ミネラル	マンガン	mg/kg	7.2	5	
ミネラル	亜鉛	mg/kg	100	80	
ミネラル	ヨウ素	mg/kg	1	1	11
ミネラル	セレン	mg/kg	0.35	0.35	2
ビタミン類・その他	ビタミンA	IU/kg	5000	5000	250000
ビタミン類・その他	ビタミンD	IU/kg	500	500	3000
ビタミン類・その他	ビタミンE	IU/kg	50	50	
ビタミン類・その他	チアミン(ビタミンB1)	mg/kg	2.25	2.25	
ビタミン類・その他	リボフラビン(ビタミンB2)	mg/kg	5.2	5.2	
ビタミン類・その他	パントテン酸	mg/kg	12	12	
ビタミン類・その他	ナイアシン	mg/kg	13.6	13.6	
ビタミン類・その他	ピリドキシン(ビタミンB6)	mg/kg	1.5	1.5	
ビタミン類・その他	葉酸	mg/kg	0.216	0.216	
ビタミン類・その他	ビタミンB12	mg/kg	0.028	0.028	
ビタミン類・その他	コリン	mg/kg	1360	1360	

キャットフードの総合栄養食の栄養基準【2016 AAFCO】

キャットフードの想定カロリー	4,000kcal ME/kg

成長段階			幼猫期／成長期 又はグロース 妊娠期／授乳期	成猫期／維持期 又は メンテナンス	
栄養素		単位 (乾物当り)	最小値	最小値	最大値
	タンパク質	%	30	26	
	アルギニン	%	1.24	1.04	
	ヒスチジン	%	0.33	0.31	
	イソロイシン	%	0.56	0.52	
	ロイシン	%	1.28	1.24	
	リジン	%	1.2	0.83	
	メチオニン	%	0.62	0.2	1.5
	メチオニン+シスチン	%	1.1	0.4	
	フェニルアラニン	%	0.52	0.42	
	フェニルアラニン+チロシン	%	1.92	1.53	
	トレオニン	%	0.73	0.73	
	トリプトファン	%	0.25	0.16	1.7
	バリン	%	0.64	0.62	
	脂質	%	9	9	
	リノール酸	%	0.6	0.6	
	αリノレン酸	%	0.02	ND	
	アラキドン酸	%	0.02	0.02	
	EPA+DHA	%	0.012	ND	
ミネラル	カルシウム	%	1	0.6	
ミネラル	リン	%	0.8	0.5	
ミネラル	カリウム	%	0.6	0.6	
ミネラル	ナトリウム	%	0.2	0.2	
ミネラル	塩素	%	0.3	0.3	
ミネラル	マグネシウム	%	0.08	0.04	
ミネラル	鉄	mg/kg	80	80	
ミネラル	銅(エクストルーダ成型)	mg/kg	15	5	
ミネラル	銅(缶詰)	mg/kg	8.4	ND	
ミネラル	マンガン	mg/kg	7.6	7.6	
ミネラル	亜鉛	mg/kg	75	75	
ミネラル	ヨウ素	mg/kg	1.8	0.6	9
ミネラル	セレン	mg/kg	0.3	0.3	
ビタミン類・その他	ビタミンA	IU/kg	6668	3332	333300
ビタミン類・その他	ビタミンD	IU/kg	280	280	30080
ビタミン類・その他	ビタミンE	IU/kg	40	40	
ビタミン類・その他	ビタミンk	mg/kg	0.1	0.1	
ビタミン類・その他	チアミン(ビタミンB1)	mg/kg	5.6	5.6	
ビタミン類・その他	リボフラビン(ビタミンB2)	mg/kg	4	4	
ビタミン類・その他	パントテン酸	mg/kg	5.75	5.75	
ビタミン類・その他	ナイアシン	mg/kg	60	60	
ビタミン類・その他	ピリドキシン(ビタミンB6)	mg/kg	4	4	
ビタミン類・その他	葉酸	mg/kg	0.8	0.8	
ビタミン類・その他	ビオチン	mg/kg	0.07	0.07	
ビタミン類・その他	ビタミンB12	mg/kg	0.02	0.02	
ビタミン類・その他	コリン	mg/kg	2400	2400	
ビタミン類・その他	タウリン(エクストルーダ成型)	%	0.1	0.1	
ビタミン類・その他	タウリン(缶詰)	%	0.2	0.2	

小動物の栄養学

小動物の栄養管理

ペットショップで取り扱う犬猫以外の小動物は、食性を見ても、草食、雑食、肉食など動物種によってさまざまです。

日々の食事は健康な体を維持するために重要で、適切な食事が与えられなければ栄養のかたよりから病気にかかり、短命に終わることもあります。

販売者であるペットショップには、正しい知識を持ってお客様に適確な情報を提供する責任があります。まだ栄養学的によくわかっていない動物もいますが、近年、栄養に関する研究が進み、動物種ごとに専用フードも開発されています。

ハムスターの食事と栄養

■食事内容

●食性

草食に近い雑食性で、野生下では植物の葉や茎、根、実や種子などのほか、昆虫なども食べています。

●基本の食事

・ペレット

ハムスター用のペレットを主食として与えます。ハムスター用ペレットの栄養素は、粗タンパク質15％程度、粗脂肪5％程度、粗繊維5〜8％、可消化エネルギー（摂取されるエネルギーのうち、消化吸収されるエネルギー）4.2キロカロリー/gが目安です。成長期や妊娠中にはさらに高タンパクのものを与えます。

ハードタイプやソフトタイプ、大粒や小粒などいくつかのタイプがあります。

・野菜類

副食として穀類（ヒエ、アワ、キビなど）、野菜や果物、タンパク源としてゆで卵や低塩チーズ、小動物のミルクなどを与えます。ヒマワリの種などは、おやつとして少量を与えてもよいでしょう。

ペレットに種子や乾燥野菜などが入ったミックスフードも市販されていますが、ペレット以外のものを選り好んで食べることが多く、栄養管理が難しくなります。

・水分

元々ハムスターは乾燥地帯に生息していたため、少量の水でも生きていける体の構造をしていますが、水が不要というわけではありません。給水ボトルなどで飲み水を常に用意し、積極的に水を飲まない場合は、野菜などから水分を摂取できるようにします。

■食事が関与する病気

●栄養性脱毛

タンパク質が不足すると、脱毛を引き起こします。

●ウェットテイル

不適切な食事内容は下痢の原因になり、水様性の便によって尻部や尾の周辺が常にぬれているウェットテイルの状態になることもあります。

ウサギの食事と栄養

■食事内容

●食性

完全草食性で、繊維質が豊富な草などの植物を食べています。植物の繊維質は盲腸にある腸内細菌叢によって分解され、盲腸便がつくられます。

この盲腸便にはビタミンB群やタンパク質などが含まれており、ウサギはこれを食べることで体内に再吸収し、栄養を取り込んでいます。

●基本の食事

ウサギの消化機能は繊維質の多い植物から栄養を得られるシステムになっているため、牧草を主食として与えます。ウサギに適した栄養バランスで配合されたウサギ用のペレットもありますが、ペレットだけでは歯があまりすり減らずに伸びすぎてしまうため、牧草をしっかりと食べさせ、ペレットは栄養補給として補助的に与えます。

・牧草

市販されている牧草には、主にイネ科とマメ科の2種類があります。イネ科のチモシーは繊維質が多く、伸び続ける歯をすり減らすのに適しています。マメ科のアルファルファはタンパク質とカルシウムを多く含み、成長期や授乳期に与えます。

・ペレット

ウサギ用ペレットはアルファルファやチモシーなどを原材料にしています。種類も豊富で、ライフステージ別、品種別、肥満対策など目的に合わせて選ぶことができます。

尿路結石を予防するために、ウサギ用ペレットのカルシウム濃度は0.6〜1.0％のものが推奨されています。

・野菜類

小松菜、キャベツ、大根の葉、カブの葉、ニンジン、ブロッコリー、サラダ菜など緑黄色野菜を少量与えます。生の野菜には水分が多く含まれるため、軟便や下痢などが見られる場合は控えます。

・水分

水を飲まないと尿路結石などの原因になるので、給水ボトルなどでいつでも飲めるようにします。ウサギの1日の飲水量は、体重1kgあたり50〜100mlが目安だといわれています。

■食事が関与する病気

●不正咬合

食事によって十分に歯が摩耗されないと、切歯や臼歯が伸びすぎて咬み合わせがずれる不正咬合が起こります。ものがうまく食べられなくなったり、歯が口の粘膜を傷つけて痛みが生じるようになり、よだれ、食欲不振、体重減少などの症状が現れます。

●胃腸うっ滞

ウサギに多く見られる病気で、繊維質不足の食事やストレス、異物などによって消化管の動きが悪くなります。食欲不振、糞が小さくなったり量が減ったりする、消化管にガスがたまるなどの症状が見られます。

●尿石症

カルシウムの摂取量が多いと、体内に結石ができやすくなり、腎臓結石、尿管結石、膀胱結石、尿道結石などの原因となります。

モルモットの食事と栄養

■食事内容

●食性

完全草食性で、繊維質が豊富な草などの植物を食べています。ウサギと同様に盲腸便も食べて栄養を補給します。

●基本の食事

モルモットは体内でビタミンCをつくることができないため、食べ物から補う必要があります。主食は繊維質が多い牧草を中心として、モルモット用ペレットで栄養を補います。

・牧草

イネ科のチモシーなどをメインに、成長期や授乳期にはマメ科のアルファルファを与えます。ビタミンCは生の牧草には含まれていますが、干し草にはあまり含まれません。

・ペレット

　牧草と合わせてモルモット用ペレットも主食として与えます。ペレットの成分は粗繊維質9～18％、粗タンパク質18～20％が目安とされ、ビタミンCも含まれます。モルモットが1日に必要とするビタミンCの量は、5～20 mg/kgが目安です。

・野菜・果実類

　ビタミンCは野菜類からも摂取できます。キャベツ、パセリ、ブロッコリー、トマト、キュウリ、パセリ、大根やカブの葉、キウイフルーツやオレンジなどの果物にはビタミンCが豊富に含まれます。

・水分

　給水ボトルなどをセットし、新鮮な水がいつでも飲めるようにします。モルモットの1日の飲水量は100ml/kg以上で100～500 mlだといわれています。

■食事が関与する病気

●ビタミンC欠乏症

　ビタミンCが不足すると、ビタミンC欠乏症が起こり、食欲不振、体重減少、毛並みの悪化、骨の変形、歯の変形や脱落、傷が治りにくいなど、さまざまな症状が現れます。

　そのほか、不正咬合や胃腸うっ滞などもみられます。

フェレットの食事と栄養

■食事内容

●食性

　ほぼ完全な肉食です。フェレットの原種となったケナガイタチは小型のげっ歯類や鳥類などを捕食します。

●基本の食事

　主にタンパク質と脂肪から栄養を得ているため、動物性タンパク質が豊富で、消化性に優れた食事が理想的です。成長期にはリノール酸やアラキドン酸などの不飽和脂肪酸が欠かせません。

　以前はキャットフードなどが代用されていましたが、フェレットには脂肪分が不足したり、ミネラルが多すぎたりといった問題がありました。ドッグフードは炭水化物が多く、低タンパク質なので、フェレットには適しません。現在ではフェレット用ペレットが市販されているので、それを主食として与えます。

・ペレット

　フェレット用ペレットの主な原材料は、チキンミールやポークミールなどの肉類、小麦粉、牛脂、豚脂、脱脂大豆、精製魚油などで、豊富な動物性タンパク質と脂肪、少量の炭水化物と各種栄養素が含まれます。成分は、粗タンパク質32～38％、粗脂肪20～30％、粗繊維質2％以下が理想とされています。

　フェレットが1日に必要とするカロリーは200～300キロカロリー/kgです。フェレットに必要な栄養は良質なフェレット専用ペレットだけを与えていれば、ほぼ補うことができます。一般的な成長期・成齢期用のほかに、シニア用もあります。

・水分

　ペレットはドライフードなので、新鮮な水がいつでも飲めるようにしておきましょう。フェレットの1日の飲水量の目安は75～100 ml/kgです。

■食事が関与する病気

●歯肉炎・歯周病

　犬猫同様に、ペレットを主食としていると、歯垢や歯石がつきやすくなり、歯肉炎や歯周病も起こりやすくなります。

●下痢

　フェレットは盲腸がないため、繊維質や植物性タンパク質を大量に摂取すると消化不良を起こし、軟便や下痢になることがあります。

　また、アレルギーによって下痢をすることもあります。近年では、低アレルギーペレットもあります。

●尿石症

　ミネラル分の多い食事で栄養バランスがくずれたり、飲水量が減少したりすると、尿路結石ができやすくなります。

そのほかの小動物の食事と栄養

■チンチラの食事と栄養

●食性

　完全草食性で、野生種は降雨量が少ないアンデスの山岳地帯に生息し、草の葉や茎、樹皮、サボテンの果肉やコケなどの植物を食べています。盲腸便も食べますが、ウサギのように肛門から直接食べるのではなく、いったん体外に排泄してから食べます。

●食事内容

　チンチラはリノール酸やアラキドン酸などの不飽和脂肪酸を体内で合成できないため、食べ物から摂取する必要があります。

　繊維質の多いイネ科やマメ科の牧草を主食として与え、ペレットで栄養を補います。チンチラも一生歯が伸び続けるので、牧草をしっかりと食べさせることで歯がすり減り、健康が保たれます。

　ペレットはチンチラ用のものが販売されているのでそれを与えます。

　チンチラは水をたくさん飲む動物ではありませんが、給水ボトルに新鮮な水を用意し、いつでも飲めるようにしておきます。

●食事が関与する病気

・不正咬合

　歯が食事ですり減らずに伸び続けると、切歯や臼歯の不正咬合が起こります。食欲不振から低栄養になり、全身の健康にも悪影響を及ぼします。

・栄養性疾患

　不適切な食事内容によって、脂肪酸欠乏症、パントテン酸欠乏症、亜鉛欠乏症などが起こり、フケや脱毛など、皮膚に症状が現れます。

　そのほか、胃腸うっ滞や尿石症なども多くみられます。

■デグーの食事と栄養

●食性

　完全草食性で、アンデスの山岳地帯の乾燥地帯の草地などに暮らし、草や低木の葉や茎、樹皮、種子、サボテンの果肉などを食べます。低タンパク質、高繊維質の食事が基本です。

●食事内容

　げっ歯目なので歯をすり減らすことができる牧草を主食として与えます。デグーの栄養についてはまだよくわかっていませんが、ペレットの成分は、タンパク質15％以下、脂質14％以下、繊維質15％以上が理想的だというデータもあります。デグー用ペレットが市販されているので、補助的に与えて栄養を補います。

　また、副食として小松菜やチンゲンサイなどの野菜を与えることができます。ヒマワリの種などの種子類は肥満の原因となるため控えます。

　デグーも少量の水を効率よく利用できる体の構造をしていますが、飼育下では牧草やペレットなど水分が少ないものを食べているため、新鮮な水がいつでも飲めるようにしましょう。

●食事が関与する病気
・糖尿病
　デグーは糖尿病にかかりやすいことが知られています。糖質を多く摂りすぎると糖尿病を発症しやすくなるため、注意が必要です。

　そのほか、ほかのげっ歯目の動物と同様に、不正咬合や胃腸うっ滞などもよくみられます。

■ヨツユビハリネズミの食事と栄養
●食性
　雑食性で、カタツムリやナメクジ、ミミズなどの動物や昆虫などの動物性のものを中心に、植物や果実なども食べます。

●食事内容
　ヨツユビハリネズミに必要な栄養素についてはよくわかっていませんが、タンパク質30～50％、脂質10～20％、繊維質約15％、そのほか（ビタミン、ミネラルなど）が一つの目安となっています。
　ハリネズミには動物性タンパク質が豊富に含まれる食事が必要です。ハリネズミ用ペレットを主食として与えます。
　副食として、ミルワームやコオロギなどの昆虫も与えます。生き餌を与えると、ハリネズミの捕食本能を満たすことができます。

●食事が関与する病気
・歯周炎、歯周病
　ペレットを主食にしていると歯垢や歯石がつきやすく、歯肉炎や歯周病も起こりやすくなります。

・脂肪肝
　脂質の多い食事を続けていると、肝臓に中性脂肪がたまり、肝臓が正常に機能しなくなります。

・尿石症
　ミネラル分の多い食事で栄養バランスがくずれたり、飲水量が減少したりすると、尿路結石ができやすくなります。

■フクロモモンガの食事と栄養
●食性
　雑食性で、野生下では樹液や花の蜜、花粉、果実などの植物性のものと、昆虫、小鳥や卵、小型のげっ歯目など動物性のものを食べています。

●食事内容
　フクロモモンガに必要な栄養については、まだはっきりとわかっていませんが、動物性と植物性が半々ぐらいのバランスの食事内容を目安とします。
　近年は、フクロモモンガ用ペレットも開発されているのでそれを主食として与えます。フルーツなどが入ったミックスフードもありますが、好きなものばかり食べてしまうこともあるので、主食はペレットのみのものを選ぶとよいでしょう。
　副食として、ミルワームなどの昆虫も与えます。生き餌を与えると、フクロモモンガの捕食本能を満たすことができます。そのほか、緑黄色野菜や果物なども副食になります。

●食事が関与する病気
・代謝性骨疾患・低カルシウム血症
　栄養バランスの悪い食事による、カルシウム不足、カルシウムとリンのアンバランス、ビタミンD不足などが原因で起こります。
　骨をうまくつくることができずに、くる病や骨粗しょう症、骨軟化症など、骨に異常が起こる病気を発症します。低カルシウム血症は四肢の麻痺や筋肉のけいれんなどの症状が現れます。

　ほかにも、栄養が関わる病気には、下痢や便秘などの胃腸障害、栄養失調、低タンパク症、母親の肥満による子の若年性白内障などがあります。

Part 6 ペットショップの仕事の流れ

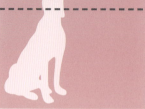

ペットショップはお客様に商品を販売する小売業です。ペットショップの仕事は、販売するペット（生体）の管理と販売、ペットフードや用品などの物品の販売や仕入れ、在庫管理などがあります。この Part では、生体の管理と販売時の注意点などの実践を中心に解説します。

生体の管理と販売

ペットの販売の仕事

■ペット販売の意義と責任

ペットショップのメインとなる売り場は、生き物であるペット（生体）を販売するコーナーです。最近ではペットを取り扱わずに、用品やフードの販売、トリミングやホテルなどサービスだけで営業を行う店舗も増えましたが、多くのペットショップにとってペットの販売は依然、集客と固定客獲得における重要な位置づけにあります。

ペットの展示スペースやショーケースは最もお客様が集まりやすいところで、そこで子犬や子猫を見ることを目当てとして来店する人も少なくありません。

またペットを購入したお客様は、その後も優良顧客として、用品やペットフードなどの購入、さらには飼育の相談、トリミング・ホテルなどのサービスを利用するために再来することも見込まれるため、大切な顧客として長いつきあいにしたいものです。

しかし反対に、ペット販売コーナーの管理が行き届いていなかったり、販売したペットに健康上の異常があったり、アフターフォローの体制が不十分だったなどの不手際があった場合には、ショップの信用を大きく損なうことになります。

また、近年では動物愛護の観点から、ペットの店頭販売に対する視線も厳しくなっており、従来以上に展示スペースや飼育管理の方法に細心の注意を払う必要があります。

生体の管理や展示については、動物愛護管理法による基準や規制も設けられています（Part8、Part9参照）。

■犬と猫の販売コーナーの管理の一例

①**生体の健康状態の確認**

開店前の最初の作業として、子犬子猫の健康状態を確認します。排泄物の状態、活発さ、毛づや、目の輝きなど全身状態をよく見ます。異常がある場合には自分だけで判断せず、責任者へ報告します。

②**室温湿度の確認**

ショーケースやバックルームの温度と湿度を確認します。基準となる環境は、通年を通して温度 20 ～ 26 ℃、湿

度50〜60％前後が目安です。温度・湿度計を設置して管理を行います。

③ショーケース内の掃除

排泄物をチェックしながら、ペットシーツの交換、トイレの掃除などを行います。ショーケース内の清掃と消毒を行い、マットの交換なども行います。夜間をバックルームで過ごさせている場合は、子犬子猫をショーケースへと移動させた後、バックルームの掃除をします。

④朝の食事

子犬や子猫は急にフードを変えるとお腹を壊すことがあります。入荷直後は、ブリーダーが与えていたフードを基本に、ショップで使うフードを少量ずつ混ぜていきます。しばらくはお湯でふやかしたものを与え、生後75日をすぎた頃からドライフードをそのまま与えます。

フードをふやかす場合は、トイレとショーケースの掃除の前に準備しておくと効率的です。

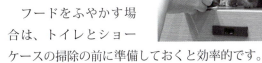

⑤プライスカードの確認

プライスカードなどの表示に誤りがないか、汚れていないかなどの確認をします。

⑥開店準備

　バックヤードの消耗品の在庫を確認、ショーケース周りの掃除をして開店のための準備をします。準備終了後、店長に報告し、開店を迎えます。

⑦営業中の世話

　営業時間中はスタッフが分担して、子犬子猫の様子を確認しながら、排泄の確認と片づけ、展示ケースの汚れの清掃などを行います。排泄物は放置せずにすみやかに片づけます。

　食事は生後2カ月までの子犬子猫には1日4回、4カ月齢までは1日3回の給与を行います。

　必要に応じて、ブラッシングなどの手入れを行います。定期的に体重、体高、体長の計測も行います。

⑧子犬子猫の休憩時間

　動物愛護管理法によってペットショップで子犬子猫を展示できる時間は午前8時から午後8時までと決められており、6時間おきに途中で休息時間（展示を行わない時間）を設けることが義務づけられています。休息時間の目安は、30分〜1時間程度です。

⑨閉店準備

　子犬子猫の展示はおそくとも閉店の1時間前には終了し、片付け作業に入ります。夜間、バックルームで過ごさせる場合はバックルームに移動させます。ショーケースや展示スペースの周り

の床面の掃除や消毒を行います。最後に犬猫コーナーの室温を確認し、子犬子猫の健康状態のチェック、店長に報告を行い、業務が終了します。

■子犬子猫の管理に関する注意

●子犬子猫の健康管理

　入荷して間もない子犬や子猫は非常にデリケートです。健康を維持するためには、ちょっとした変化も見逃さないように詳細な観察を続けるしかありません。少しでも変わった点があればすみやかに対処することが大切です。状況は短時間で変化することもあります。

　ショーケースや什器備品など犬猫に使用する器具は、毎日の清掃、消毒で徹底した衛生管理を行い、室温と湿度も常に管理することが必要です。

●体調がよくない犬猫の管理

　体調が悪い、あるいは病気と診断された（あるいは可能性の高い）子犬子猫は別室で隔離・管理をします。

健康管理ノート			
ペット種類			
		月　日　（記入者：　　）	
食欲	5 4 3 2 1	毛づや	5 4 3 2 1
体重	g	体温	℃
便　回	状態 5 4 3 2 1	尿　回	状態 5 4 3 2 1
今日の状態			

感染症などの可能性も踏まえて、1頭ごとに使い捨てのゴム手袋を使用し、そのつど手を十分に洗浄消毒するようにします。またショーケースとバックルームを管理する人は別にして、同時に行き来しないように徹底しましょう。

病気の犬や猫は必ず獣医師に診療してもらい、その対処法を決めましょう。

●ショーケースの安全点検

ショーケースのなかは常に清潔で安全な状態を保つようにします。おもちゃを与えるときには月齢に見合ったものを与え、誤飲しないように注意深く観察してください。

また、子犬や子猫がショーケースから飛び出して落下し、ケガをする危険性もあります。扉は必ずしっかりと締めて、鍵をかけることを習慣にしましょう。

●点検状況記録台帳への記入

動物愛護管理法では、ペットショップが記入しなければいけない台帳がいくつか定められています（Part8参照）。販売コーナーの子犬子猫を管理するうえで必要となるのは「飼養施設及び動物の点検状況記録台帳」です。

●健康記録の記入

子犬子猫を入荷したときから、受け入れ管理ノートと健康管理ノートに健康状態・成長度合いを記録し、スタッフ全員で情報を共有するようにしましょう。

受け入れ管理ノートには、受入日、種類・性別・検査日と誕生日、仕入れ先、外部寄生虫の有無、便の検査（検査日と寄生虫の有無）、外形の異常などを記録します。健康管理ノートには、毎日の食欲、体重、便や尿の様子・回数、体温、毛づやなどを記入し、そのほか、気づいたことは何でも書き込める形にしておきます。

「飼育施設及び動物の点検状況記録帳」の例

●しつけに関する注意

動物愛護管理法では、犬と猫の社会化を考慮してペットショップで販売できる子犬子猫は生後8週齢（57日齢）以降と定められています。一般的に犬の社会化期は3〜12週齢、猫の社会化期は2〜9週齢といわれており、ショーケースに入っている期間もまだまだ社会化期が続いています。このことを念頭に入れ、トイレや咬みつき予防のトレーニングを意識した展示方法を心がけましょう。

具体的には、「ショーケース内のベッドとトイレスペースを分ける」「食糞を防ぐために、排泄物はすぐに片付ける」「ひとりで遊ぶためのおもちゃを入れておく」「定期的に人とふれあう時間を設ける」などです。

プレイルームを設けて、子犬同士、子猫同士をふれあわせる展示方法もあります。これは子犬子猫の社会性を高めるためにも、活発に遊んでいるかわいらしい姿をお客様に見ていただくためにも効果的です。

■子犬子猫の販売に関する注意

●お客様の飼育環境を確かめる

ペットは単なる商品でなく、命ある動物であることを忘れないでください。新しい家族となる家庭が、本当に安心して飼ってくれる家なのか、事前にチェックをする必要があります。

- 子犬子猫を飼育する知識はあるのか
- その犬種・猫種の知識はあるか
- 家族全員の同意を得ているのか
- 主に世話をする人の生活リズムに無理はないか
- 家族構成に無理はないか・住環境に無理はないか

などを会話のなかから探ってください。

最終的に購入を決めるのはお客様です。意思決定に必要な客観的情報を提供することで、納得して結論が出せるようにアドバイスを行いましょう。

●販売時の説明

販売時には、アフターケア、顧客管理のために、顧客台帳への記入を行います。

ペットの販売では、どんなに注意していても販売後間もなく病気になったり、死亡するというような最悪のケースが発生しないとはかぎりません。

万が一そのような事態が起こった場合に、ショップはどの範囲まで補償、対応ができるのか（返金、医療費の負担など）という内容を明記した書類（売買契約書）を作成し、お客様にサインをしてもらいます。

その後、子犬の健康維持やしつけなどに関するポイントを説明するわかりやすい文章を渡しながら、口頭でもじっくりと解説しましょう。

- 家に連れて行ってからの注意事項（毎日の世話のポイント、定期的に行うケアのポイントなど）
- 食事（どのようなフードでどれだけ1日に何回食べていたか）
- 動物病院における健康診断の手順
- ワクチン接種
- しつけについて
- 飼育に必要な用品（ペットフード、

トイレ、ケージ、キャリーバッグ、かじるためのおもちゃ、ブラシ、歯ブラシなど）とその費用
- そのほか、日常で気をつけるべきこと

動物愛護管理法施行規則でも、子犬や子猫を販売する際に対面で声明すべき18項目を定めています（Part9参照）。

●代金のお支払い

購入代金は一般的に現金またはクレジットカードでその場で支払っていただきます。予約の場合には内金を預かります。

トラブルを事前に防ぐためにも予約書を作成し、合意内容（予約期間をすぎても契約が成立しない場合に内金、ペットをどうするかなど）を明記するようにするとよいでしょう。

●アフターケア

販売後は翌日、3日後、1週間後、1カ月後、3カ月後などのタイミングでお客様に連絡を取り、ペットの健康状態や困っていることなどを聞きましょう。内容は「食欲はあるか」「便の状態」「元気があるか」「しつけは順調か」などです。会話の内容は顧客台帳にメモしておきましょう。

こうしたコミュニケーションにより、「私たちは売りっぱなしではない」ということを伝えることができます。ショップの信頼感を高めることは、固定客づくりにも大きく影響します。

もちろん「電話はしなくてもよい」というお客様には、しつこく電話をする必要はありません。

電話以外のメールやLINEなど、ほかの連絡手段も選択できるようにしておくとよいでしょう。

■小鳥・小動物の販売コーナーの管理

●小鳥の管理

①小鳥コーナーの照明をつける前に、1羽ごとの健康状態を確認します。羽をふくらませて
いないか、床にうずくまっていないか、声をかけて反応を見てください。ケージ底の糞を確認することも大切です。異常が見られる場合には、責任者へ報告します。

②餌入れと水入れを取り出します。このときにどのくらいの量を食べているか確認しましょう。

③ケージの掃除をします。格子部分と底面が合わさる部分、およびケージの側面に消毒液を噴射し、へらなどを
使って糞の汚れを取った後、拭き掃除をします。鳥に消毒液がかからないように気をつけます。またこのとき、鳥を興奮させないよう注意が必要です。バックルームの床に付着している糞があれば掃除してください。

④ケージの底に敷いた新聞紙を取り替えます。ケージ底の引き出しを出し入れする際には、鳥を挟んでケガをさせ
ないように注意しましょう。また作業中に鳥を逃がさないことにも気を配ります。

⑤餌入れと水入れを洗います。洗剤を使う場合には、しっかりとすすぐことを忘れずに。その後、給餌と給水を行
います。栄養補助となるものを少量加えた水を与えることもあります。

⑥夕方の給餌と給水、および清掃も同様に行いま
す。ただしその日の分であれば、捨てずに殻をブロワー（エサガラ吹き）で飛ばし、減った分を補充します。汚れがひどくない場合には、汚れている部分のみを掃除します。

●手乗りヒナの管理

①ヒナを展示するケースを清掃します。展示ケース内のガラス、床、扉に消毒液を噴射して雑巾で拭き取ります。ヒナに消毒液がかからないように注意しましょう。きれいになったらキッチンペーパーなどの床材をセットします。展示ケースの外に散らかっているゴミも取り除きましょう。

②給餌は確実に必要量を食べさせることが大切です。自分で餌を食べるようになっても確認しましょう。1回分の餌の目安は、頭の大きさよりもやや多いくらいです。餌を与えたのちに素嚢のふくらみを確認します。給餌回数
は成長に合わせて1日4〜5回を目安に行うとよいでしょう。

③給餌が終わったら、ヒナを展示ケースに移します。手乗りヒナのケースは28℃前後に保温してください。パ
ネルヒーターを展示ケースの床にセットし、そのうえにキッチンペーパーなどを敷くとよいでしょう。冬期はケースの内外にパネルヒーターをセットします。

④給餌に使用したスポイトなども次の給餌に備えて消毒液で消毒しておきましょう。また、展示ケースと夜間に使用するバックルーム用ケースを分けている場合は清掃と床材の交換をします。

●小動物の管理

近年、ペットショップではさまざまな種類の小動物を取り扱っています。習性や生態も動物ごとに異なります。ここでは、一般的な管理の一連の流れを紹介します（それぞれの動物の生態や飼育管理は Part3、Part8 を参照）。

① 1頭ずつ手に取って、体温が低くなっていないか、下痢をしていないかなど、目、鼻、尻部、毛づやなどを見て健康状態を確認します。

② 展示ケージにセットしてある餌入れ・水入れを取り出します。この際、どのくらい食べているかを確認しましょう。

③ ケージの掃除と床材の交換をします。巣箱を入れている場合には、巣材も交換します。ケージの内外側を雑巾で水拭きし、きれいにします。

④ 餌入れ、水入れの清掃を行います。ブラシやスポンジを使用してしっかりと洗いましょう。洗剤を使用した際には、しっかりとすすいでください。その後、給餌、給水をし、場合によってはバックルームの床掃除を行います。夕方も清掃、給餌を行います。

■小鳥・小動物の管理の注意

①小鳥

・下痢、食欲減退、羽をふくらませた、膨羽など具合が悪い症状を見せる場合は、保温と休養のために隔離して管理します。

・成鳥で入荷するフィンチ類、インコ類は、最初の1週間は餌の食いつき、糞の状態や膨羽などを特によく観察しましょう。

②ハムスター

・ゴールデンハムスターの入荷直後はバックルームで3～4日管理し、状態を落ち着かせます。サイズの小さいものは販売できる大きさ（生後31～33日が目安）になってから店頭に出すようにします。

・ドワーフハムスターの入荷時は、小さくて展示ケージの網から抜け出しそうな個体と大きい個体を分けます。大きいハムスターは傷がないか、足を引きずっていないかなどの健康状態を確認してから販売します。小さいハムスターは、1～2週間育ててから販売します。

・店頭に出してからは健康状態に注意し、少しでも不安を感じるならバックルームに戻して様子を見ます。

・下痢を起こした場合、すぐにバックルームに戻し、専用のケージを用意して1頭ずつ隔離します。できるだけハムスターがゆっくり休めるようにすることが大切です。

・ケンカや繁殖のリスクがあるため、展示ケージでは基本的に1頭ずつ管理しましょう。

・ケージの床材はすべてを交換しなくても、糞尿で汚れた部分とその周辺を捨てて補充を行います。

・日中は床材を少なめにして、お客様からハムスターが見えやすいようにします。夜は冷えないように量を多くします。

③ウサギ

・入荷直後はカバーをかけておきます。床面にすのこを敷き、干し草、ラビットフード、青菜などを入れます。糞の量、大きさからどのくらい食べているかを把握します。

・入荷後2～3日様子を見てから販売します。

・下痢をしたり腹がやせてきたウサギは隔離し、ほかの健康なウサギとはいっしょに置かないようにします。腹のやせているウサギは体力がなかったり、内部寄生虫がいたりすることも考えられるので、1日3回餌と水を与えて養生させます。ウサ

ギの下痢は楽観視せず、獣医師に相談しましょう。
- ウサギは尿が臭うので、こまめな清掃が必要です。必要であれば洗剤ですのことトレイを洗います。

- 床材には保温用として干し草を入れます。子ウサギには多めに入れてあげましょう。

④リス
- 動きが活発なので、清掃中などに逃げ出さないように注意が必要です。展示ケースの扉はロックしておきましょう。
- 幼いリスは移送のストレスから体調を崩しがちです。保温に注意し、成長の度合いによっては、ペットミルクを飲ませることも必要です。下痢、クシャミなどをしている場合は、ほかのリスと分けて管理しましょう。

⑤フェレット
- ほかの動物と同様に、入荷直後はバックルームで2〜3日様子を見てから展示ケージに移動します。
- 消化管が短く、消化時間も短いため、糞の回数も多めです。糞の状態をしっかり確認しながら片付けましょう。
- 活発で遊び好きな動物なので、運動用の遊び場スペースを設けて、1日に1回以上は運動させるようにしましょう。

⑥モルモット
- 警戒心が強く臆病な性質です。急激な環境の変化はストレスとなり、体調を崩すこともあるので、バックルームで様子を観察しながら少しずつ慣らします。
- 音や振動にとても敏感なので、通路などに面していない落ち着ける場所に展示スペースを設けます。慣れるまでは、展示ケージを布で覆い、周りがあまり見えないようにするのもよいでしょう。

⑦そのほかの小動物
- どの動物も入荷後の数日間はバックルームで様子を観察しましょう。
- 展示ケージの清掃は毎日行います。回し車や巣箱、ハンモックなども定期的に洗浄します。
- 餌の減り方や排泄物の様子から健康状態をしっかり確認しましょう。健康に少しでも不安がある場合は、バッグルームに戻して様子を見ます。
- 1日1回は手に抱えて、目、口、鼻、耳などの顔まわりや、尻部の汚れ、足の裏などを確認して、健康チェックを行います。動物を手に取ることは、人に触れられることに慣らす練習にもなります。

- エキゾチックアニマルと呼ばれる小動物は、野生下での生息環境もさまざまなので、動物種ごとのケージの温度管理に気を配る必要があります。パネルヒーターや冷感プレートなどを用いて、温度管理を行います。
- デグーやフクロモモンガなど手先が器用な動物は、ケージの扉を開けることを覚えて脱走する可能性もあります。ナスカンなどでしっかりロックして脱走を防止します。

小動物の展示ケージは、日々の飼育スペースというだけでなく、飼育に必要な用品を一式取り揃え、自宅での暮らしがイメージしやすくなるように、いわば「ショールーム」になっていることが理想的です。そのためにも、ケージのレイアウトを工夫すると共に、清潔に保つことも心がけましょう。

ペットショップでの感染症対策

■感染症予防

生体管理では1頭1頭の動物をしっかりと管理し、健康な状態でお客様にお渡しすることが大原則です。さらに、複数の動物を取り扱ううえで、特に気を配らなければならないのが感染症の予防です。1頭の感染によって、ほかの動物にも感染が拡大し、販売できなくなってしまう可能性もあります。また、感染症のなかには人にも動物にも感染する「人獣共通感染症」もあるので（113ページ参照）、動物だけでなく、スタッフやお客様にもうつらないように注意が必要です。

動物の世話をして管理する際には、感染症を予防すること、ほかの動物にうつさないことを常に意識して業務にあたることが重要です。

●感染経路

感染症は感染源となる病原体に何らかの形で接触し、体内に入ることで感染します。主な感染経路には、「空気感染（飛沫核感染）」「飛沫感染」「接触感染」などがあります。

ペットショップでは動物の世話をする人を介して感染を広げてしまうケースもあるので、細心の注意が必要です。

●体調の悪い動物の隔離

元気や食欲がない、鼻水、クシャミ、咳、嘔吐、下痢、発熱、脱毛などの症状が見られたら、感染症の疑いもあるため、ほかの動物と接触しないように、バックルームに隔離スペースを設けてそこで管理します。なるべく早めに獣医師の診察を受けて、判断を仰ぎましょう。

感染の疑いがある動物の世話をしたときには、手指を念入りに洗って消毒し、エプロンやウェアも念のため着替えます。

また、知らぬ間に病原体が靴底に付き、店全体に感染が広がることもありますので、バックルームと展示スペースの間に消毒液を染みこませたマットを置き、靴底の消毒も行います。

消毒液を染み込ませたマット

●感染症を予防するための習慣

動物の世話をするスタッフが病原体の運び屋にならないように、日頃から感染症予防の対策を徹底し、習慣化しておくとよいでしょう。

・1頭ずつの世話をするたびに手指を洗うか、手指の消毒を行います。感染症予防の観点では、ケージの掃除や排泄物の処理を行うときには使い捨て手袋を着用し、1頭ごとに取り替えるとよいでしょう。

スタッフ各自が消毒スプレーを携帯しています。

・掃除に使用するタオルや雑巾、トイレ掃除用のスコップなども、使うごとに洗ったり消毒したり、あるいはその個体専用のものを用意するなどして、使い回しをしないように注意してください。

・おもちゃの使い回しも感染の原因になることがあります。共有せずに個体ごとに専用のおもちゃを与えるようにしましょう。

■店内清掃

●店内掃除の目的と重要性

店内清掃もペットショップスタッフの重要な仕事の一つです。清潔感のある店内はお客様に好印象と安心感を与えると共に、衛生管理を徹底することで、動物の健康状態を良好に保つことができます。

すぐに片づけや消毒ができるよう、必要なものを一式まとめておくと便利です。

店舗が忙しくなると、接客や生体管理、品出しなどの業務に追われ、清掃がつい後回しになりがちですが、汚れやにおいなどがあると、ショップの評価にも影響を及ぼします。

開店前と、閉店時には徹底して掃除を行い、それ以外の時間帯でも汚れなどに気づいたときには積極的に掃除を行いましょう。

●店内掃除のポイント

店舗での掃除は、スタッフの誰もが同じようにできて、同じ状態が保てるようにすることが大切です。

・店舗の床は動物の毛やほこりなどが落ちていたり、汚れがついていたりしないことが大原則です。床掃除は、ほうきで掃く→掃除機をかける→モップをかける、が基本の手順です。最初からモップをかけると、モップに汚れが入り込んで床に汚れを広げたり、砂利が入り込むと床を傷つけることもあります。使用後のモップは水洗いをしてしっかりと乾かします。

・展示ケースの表面は汚れがちになります。汚れや曇りがある場合はクロスなどで拭き取り、子犬子猫などの姿がよく見えるように、常に清潔を心がけてください。

・シンクなどの水回りは、水滴が残っているとカビや菌が繁殖しやすくなります。シンクを使った後は水できれいに洗い流し、水滴を拭き取って乾燥させる習慣

をつけましょう。

●におい対策

ペットショップでは生きた動物を扱っているため、どうしてもにおいが発生しがちです。においはお客様に不快感を与えてしまうので、しっかりと対策する必要があります。

・ショーケースや展示ケース、展示ケージはこまめに掃除をして、においの元となる排泄物はすみやかに片付けます。

・ペットシーツや床材、フードの食べ残し、排泄物などを処分するごみ箱はにおいがもれないよう必ず蓋付きのものにします。防臭効果に優れたごみ箱やごみ袋も市販されています。

・においがこもらないよう、こまめに換気を行いましょう。空気清浄機を積極的に活用するのもよいでしょう。

■消毒

店内の衛生管理を行ううえで、用具を使った掃除と同時に、消毒も重要です。消毒液は展示スペース、バックルーム、グルーミングスペース、器具や器材などに噴霧したり拭いたりして使用します。

すべての種類の病原体に効果のある消毒薬はありません。消毒したい病原体がわかっているときには、それに効果がある消毒薬を選択します。日常の消毒の場合には、多くの病原体に効果のある消毒薬を選びましょう。使用に際しては、その特徴と効果、注意点を把握しておくことが大切です。

いくつかの消毒薬が配合されて販売されているものもありますが、ここでは基本の消毒薬を紹介します。

●次亜塩素酸ナトリウム

動物病院でも多用途で用いられている、殺菌効果の強い消毒薬です。

【使用例】

・希釈液に器具や器材を浸す。

・希釈液で器材・器具、施設などを拭く。刺激臭と漂白作用があるが、床や壁を拭くことも可能。

【使用可能・不可能】

糞尿：×　金属：△　非金属：△　施設：△

●グルタラール（グルタールアルデヒド）／ホルマリン

　強力な殺菌効果がある消毒薬です。グルーミングスペースで感染症が広まってしまった場合や、感染症予防のための定期的な消毒に適しています。

　ホルマリンは強い刺激臭を持つ劇薬で、気化したものを吸い込むと、めまいや昏睡、消化器や呼吸器への刺激症状、腎障害などを起こします。強制排気装置を備えた作業空間で取り扱い、廃棄する際にも無毒化処理が必要となります。

【使用例】

・希釈液に器具や器材を浸す。

・希釈液で器材・器具、施設などを拭く。

【使用可能・不可能】

糞尿：○　金属：○　非金属：○　施設：△

●消毒用エタノール（70％エチルアルコール）

　多くの病原体に効果がある消毒薬で、器具類の消毒によく使われます。イソプロピルアルコールは消毒用エタノールとほぼ同じ効果を持ち、比較的安価ですが、抗細菌作用、抗ウイルス作用については消毒用エタノールのほうが優れています。ただしエタノールが効かないウイルスもあります。

【使用例】

・器具や器材を浸す。

【使用可能・不可能】

糞尿：×　金属：○　非金属：○　施設：△

●グルコン酸クロルヘキシジン

　希釈するとほとんどにおいがないので、多くの器具・器材、施設の消毒に使用することができます。

【使用例】

・希釈液に器具や器材を浸す。

・希釈液で施設を拭く。

【使用可能・不可能】

糞尿：×　金属：○　非金属：○　施設：○

●クレゾール石けん

　特定の病原体にしか効果がなく、独特の刺激臭があるので器具や器材、施設の消毒にはあまり使われません。クレゾールは強アルカリ性を示す劇薬です。皮膚のタンパク質を壊し、直接、皮膚に付着すると焼けただれたようになるほか、気化したクレゾールを吸い込むと、咳、呼吸困難、吐き気、意識混濁などを引き起すため、慎重に使用しましょう。

【使用例】

・犬の運動場、トイレ、野外で使用するバケツなどの消毒。糞尿を消毒することができる数少ない消毒薬の一つ。

【使用可能・不可能】

糞尿：○　金属：△　非金属：△　施設：△

●界面活性剤（逆性石けん／陽性石けん／両性界面活性剤）

　無色透明でほとんど無臭、洗浄効果もあるので、非常によく使われる殺菌作用を有する合成石鹸です。効果のある病原体が少ないので、感染症予防にはあまり向いていません。

【使用例】

・器具・器材、施設の洗浄消毒。

・ほかの消毒薬を使用する前の洗剤として使用することが多い。

【使用可能・不可能】

糞尿：×　金属：○　非金属：○　施設：○

●超酸性水（超酸化水）

　pHが非常に低い酸性の水です。水に塩分を添加し、電気分解してつくられます。元来が水のため、安全で手軽に使うことができますが、ほかの消毒薬と異なり、物質にはほとんど浸透しないため、表面の消毒しか行うことができません。

【使用例】

・ペットの飼育環境の洗浄。

【使用可能・不可能】

糞尿：×　金属：△　非金属：○　施設：○

●**消毒薬の注意点**

消毒薬のなかには原液を水で薄めて使用するものがたくさんあります。消毒薬を希釈した消毒液は、濃度が薄すぎても濃すぎても効果を正しく得ることができないため、使用濃度を正確に守ることが重要です。

また、水で薄めた消毒液は時間の経過とともにその効果も低下していきます。消毒液はつくり置きせずに、可能な限りその都度つくるか、毎日つくり替えます。

食器や給餌に使ったスプーンなどは消毒液につけ置きします。

人と動物の共通感染症　コラム

動物の感染症のなかには、人にも感染する「人と動物の共通感染症（人獣共通感染症）」があります。「動物由来感染症」「ズーノーシス」とも呼ばれます。犬や猫をはじめとする、ペットとして飼育されている動物との間で感染するものもあり、生活圏を共有しているため、注意が必要です。

最も有名な人と動物の共通感染症は、狂犬病です。病名に「犬」とついていますが、猫や人などすべての哺乳類に感染する病気です。日本では1957年以降、感染例はありませんが、海外では依然として猛威を振るっています。

ペットから人への感染を予防するには、感染源となる動物との接触を避けることが重要です。ペットショップでは、ペットを入手する際に衛生管理が行き届いている明確なルートから入手しましょう。また、衛生管理を適切に行って動物と接し、正しい知識を持つことも大切です。

病名（病原体）	関連する主な動物	人への感染経路	症状
狂犬病 （狂犬病ウイルス）	犬、猫、すべての哺乳類	咬まれたり傷口を舐められたりして感染	動物：興奮、けいれん、麻痺などが起こり、発症するとほぼ100％死亡する 人：動物と同様
レプトスピラ症 （レプトスピラ〈細菌〉）	犬、ネズミ	感染した動物の尿や汚染された水などが口に入ったり、皮膚に触れたりして感染	動物：犬は発熱、腎不全、出血、黄疸など。重症化すると死に至る 人：発熱、倦怠感、腹痛、頭痛。重症化すると死に至る
猫ひっかき病 （バルトネラ菌）	猫、犬、ネコノミ	猫や犬に引っかかれたり咬まれたり、ノミに刺されたりして感染	動物：無症状 人：リンパ節の腫れ、発熱、疼痛（ずきずき痛む）
パスツレラ症 （パスツレラ菌）	犬、猫	犬や猫に咬まれたり引っかかれたり、空気中の菌を吸い込んだりして感染	動物：一般的に無症状 人：傷口の腫れ、化膿、痛み、発熱、関節炎。呼吸器から感染すると、肺炎、気管支炎、副鼻腔炎などをおこす。気道感染では髄膜炎などが生じる
犬・猫回虫症 （犬回虫、猫回虫）	犬、猫	虫卵や幼虫が口から体内に入ることで感染	動物：無症状。子犬子猫では下痢、嘔吐、食欲不振など 人：多くは無症状。子どもや高齢者では、まれに食欲不振、肝臓肥大、脳炎、視力障害など
重症熱性血小板減少症候群（SFTS） （SFTSウイルス）	マダニ、犬、猫	ウイルスに感染したマダニに刺されることで感染。感染した犬や猫に咬まれて感染することもある	動物：発熱、消化器症状、腹痛、筋肉痛、神経症状、リンパ節腫脹、出血症状など。重症化すると死に至る 人：動物と同様
オウム病 （オウム病クラミジア）	インコ、オウム、ハトなど	病原体を吸い込むことで感染	動物：一般的には無症状。羽毛が逆立つ、下痢などの症状が出ることもある 人：発熱、咳、筋肉痛などインフルエンザに似た症状
皮膚糸状菌症 （皮膚糸状菌）	ウサギ、ハムスター、犬、猫	感染した動物と接触することで感染	動物：感染した部分が円形に脱毛し、皮膚が赤くなる 人：皮膚が円形に赤くなり、軽度のかゆみがある
サルモネラ症 （サルモネラ菌）	爬虫類（カメ、イグアナなど）、犬、猫	病原体が口から入ることで感染	動物：一般的には無症状、子犬や子猫では下痢、胃腸炎、敗血症など 人：下痢や嘔吐、発熱などの急性胃腸炎

ペット用品の販売

ペット用品の販売の仕事

ペットショップの仕事には、ペット（生体）の管理と販売だけでなく、ペットフードや用品などの販売とその接客、商品の品出し、仕入れや在庫管理などもあります。

■物品販売の重要性

お客様との関係性は、生体（ペット）を販売したらおしまいではなく、その後も継続して足を運んでいただくことがとても大切です。そうすることで、販売したペットの成長を見守り、飼い主とペットの幸せな生活に寄り添うことができます。ペットショップでは、ペットフード、ケージやキャリーバッグ、首輪、リードなど、ペットの生活全般に必要となるさまざまな商品を取り扱っています。

現在では、インターネットを活用したEコマース（EC：Electric Commerce）の台頭により、オンラインショップでもペット用品を一通り入手できるようになりました。オンラインショップのメリットは、購入者が時間や場所の制約を受けず、巨大な情報網のなかから自分の好みのものを見つけ、購入できることです。一方で、写真や説明文を頼りに商品を選ぶため、商品を手に取ってサイズや質感などを確認できないといったデメリットもあります。

また、最近では、ホームセンターやスーパーマーケットのペットコーナーも充実してきています。さまざまなペット用品が取り揃えられており、現物を手に取って確認することもできますし、ときにはペットショップでも取り扱っている商品がより安価で販売されていることもあります。

お客様がペット用品を購入するのにさまざまなルートがあるなかで、専門店であるペットショップで強みとなるのは、充実した品揃えと、ペットや用品に精通し、高い知識を持った販売スタッフの存在です。お客様から質問されたときにきちんと対応し、商品を提案できるように、商品の特性をしっかりと理解しておくことが大切です。

■商品の在庫管理

商品を販売スペースに陳列し、少なくなったら補充する品出しや、在庫管理、卸売業者やメーカーへの発注、納品時の検品（確認）もスタッフが行う業務です。

特に在庫管理は重要で、店舗の売り上げにも大きく影響します。在庫が正しく管理されず、欠品や品切れが起こると、お客様が求めるタイミングで商品が提供できずに満足度が下がり、それがショッ

接客

品出し

在庫管理

プの信頼度にも直結します。
　一方、在庫を多く持ちすぎても、それなりの広さの倉庫が必要となりますし、長くストックしすぎて商品が劣化して品質が低下すれば、良質な商品を提供できなくなってしまうおそれがあります。特に、賞味期限のあるペットフードやおやつなどは期限が切れれば廃棄することになり、損失につながります。
　このため、在庫管理を適切に行って、品切れや売れ残り商品を出さないようにしなければなりません。

　生体の管理・販売以外の仕事の流れについては、Part10〜12でくわしく解説します。

Part 7 ペットショップでの接客

お客様に信頼されるプロの販売員になるためには、日頃から気をつけておかなければならない一般常識があります。これはペットビジネスの世界のみならず、ひとりの大人の人間として、最低限守るべきマナーです。

店内における接客とマナー

接客マナーの重要性

■接客はお客様とのコミュニケーション

接客マナーとは、商品を販売したり、サービスを提供したりするうえで必要不可欠なお客様とのコミュニケーションスキルです。

生体および用品販売を行ううえで、お客様にわかりやすく的確に情報提供を行うことはショップのスタッフとして重要な役割です。特にネットショッピングで必要なものが簡単に手に入る昨今、スタッフとのコミュニケーションは実店舗ならではの強みとなりますので、お客様の目線に立って気持ちのよい接客を心がけましょう。

接客で重要となるのは、お客様との会話です。お客様から聞かれたことだけに機械的に応えたり、スタッフが持つ知識を押しつけたりするのではなく、お客様の話に耳を傾け、さりげない会話から好みやニーズを聞き出したうえで、よりよいサービスや商品を提案しましょう。

● 接客の基本5原則

接客は、ショップの売り上げやイメージにも関わる重要な仕事の一つです。

一般的に、「あいさつ」「表情」「態度」「身だしなみ」「言葉遣い」が接客の基本5原則といわれています。ここではそれぞれの概要を説明していきます。

あいさつ

■お客様へのあいさつ

あいさつは、店内に入ってきたお客様と初めて行うコミュニケーションです。あいさつによってお客様に与えるショップの印象が決まるといっても過言ではありません。

相手の目を見てあいさつする「アイコンタクト」も重要です。「いらっしゃいませ」「ありがとうございました」などのあいさつは、日常的に何度も口にするフレーズなので、単なる作業になりがちです。お客様一人ひとりに届くよう、心をこめて、ていねいにあいさつしましょう。

● 接客の7大用語

1. 「いらっしゃいませ」…お客様の入店を歓迎するあいさつで、ショップの第一印象を左右する大事なフレーズです。明るく笑顔でハキハキとあいさつしましょう。「いらっしゃいませ」の後に、「こんにちは」「こんばんは」などを付け加えると、より印象のよいあいさつになります。

2. 「かしこまりました」…お客様からの要望や注文を了承したときに使います。「わかりました」

「承知しました」「了解しました」なども同様の意味になりますが、お客様に対しては謙譲語の「かしこまりました」を用いるのが一般的です。

3. 「少々お待ちください」…お客様をお待たせするときや、自分がその場を離れるときにひと声かけます。「少々お待ちくださいませ」「少しお待ちいただけますでしょうか？」などとするとよりていねいになります。

4. 「お待たせいたしました」…お客様をお待たせしたことに対するお詫びと感謝の気持ちを伝えます。お待たせした時間が短い場合にも、使うようにしましょう。

5. 「おそれ入ります」…感謝、謝罪、謙遜などさまざまなニュアンスで使うことができます。「おそれ入りますが、○○していただけますか？」など、お客様に頼みごとをするときや手間を取らせてしまうとき、「ごていねいにご連絡いただき、おそれ入ります」など感謝の気持ちを伝えるときなどに用います。

6. 「申し訳ございません」…謝罪の気持ちを伝える言葉で、お客様に迷惑をかけてしまった場面やクレームの対応の際に使います。「すみません」ではなく、「申し訳ございません」「大変申し訳ございません」など、ていねいな言葉で、心を込めて謝罪します。

7. 「ありがとうございました」…感謝の気持ちを伝える言葉で、「いらっしゃいませ」と同様に大切なあいさつです。お客様が商品を購入されたときや、店舗を出るときにはお客様の目を見て笑顔で伝えます。

■職場でのあいさつ

しっかりとしたあいさつを行うことは社会人としての大切なスキルです。それは接客シーンだけでなく、スタッフ同士のあいさつでもいえることです。スタッフ間でスムーズに連携を取るためにも、きちんとあいさつをしましょう。

- 出社したとき…「おはようございます」→朝の元気なあいさつは職場を明るくします。
- 外出するとき、席を離れるとき…「行ってまいります」「〜へ行ってまいります」→「行ってきます」ではなくて「まいります」と謙譲語で。短時間でも行き先を言ってから席を離れましょう。
- 外出から帰ったとき…「ただいま戻りました」→黙って席に着かず、自分からすすんで言いましょう。
- 帰社した上司、先輩、同僚へ…「お帰りなさい」「お疲れさまでした」→「ご苦労様」は目上の人に使う言葉ではありません。
- 用事を引き受けたとき…「かしこまりました」「承知しました」→単なる「はい」ではなく、このほうが相手に「確かに伝わった」と安心感を与えます。
- 用事を頼むとき…「お手数ですがお願いいたします」→「お手数ですが」とつけることで、会話自体がやわらかくなります。
- 注意されたとき…「申し訳ございません」「以後気をつけます」→「スイマセン」は社会人としては不十分です。
- 退社するとき…「お先に失礼します」→「お先に！」などと省略はしません。
- 退社する人へ…「お疲れさまでした」→仕事でお世話になった場合には「本日はどうもありがとうございました」とつけ加えましょう。
- お礼を言うとき…「ありがとうございました」→相手の目を見て、感謝の気持ちを込めて言います。

表情

■目つきや目線に気をつける

接客における表情の基本は「笑顔」です。お客様と会話をするときは、相手の目を見て笑顔で話しかけます。

人と人との関わりのなかで「目」はとても重要な役割を果たします。特にペットショップのような接客業では、店員の目つきの悪さ、目を見ないで話をするという自信のない行動が、ショップの評判を落としてしまうこともあります。

接客時には以下のことに気をつけましょう。
- 上目使い
- 横目使い
- 目をそらす
- にらむ
- じっと見る
- きょろきょろといろいろな方向を見る

態度・仕草

態度とは、仕草や姿勢、立ち居ふるまいのことです。接客中の態度は、本人は意識していなくても、意外とお客様に見られているものです。不快感を与えないように意識しましょう。

■おじぎ

①会釈…体を曲げる角度は15度。人の前を通るとき、人とすれ違うときなど、軽いあいさつをするときに使います。

②一般的なおじぎ（敬礼）…体を曲げる角度は30度。お客様の送迎や上司に指示を受けたときなどに使います。

③ていねいなおじぎ（最敬礼）…体を曲げる角度は45〜90度。深い感謝の意を伝えるときや、無理なお願い、重要なお客様に紹介されたときなどに使います。

■名刺交換

①スマートに出す…名刺入れは出しやすいところに常に用意します。

②必ず起立して出す…テーブルがある場合には回り込み相手の正面に立ちます。名刺は両手で、胸の高さに持って出します。

③下の者から上の者へ出す…訪問者が先に出すのが原則。渡す相手が複数の場合には役職の上の人から順に渡します。上司が一緒のときには、上司が渡してから続いて行います。

④社名、部署名、名前を名乗ります。

名刺交換

名刺は胸の高さで相手よりも少し下げ、会釈をしながら両手で渡します。

おじぎ

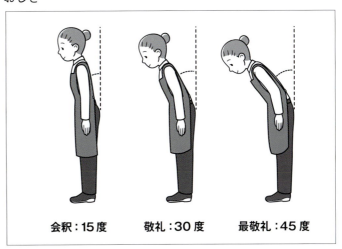

会釈：15度　　敬礼：30度　　最敬礼：45度

⑤相手と同時に名刺を差し出した場合…まず片手を相手の名刺に移動させ、相手も片手でこちらの名刺をつかんだら、もう片方の手を相手の名刺に移動させます。

■接客中の癖や仕草

接客の際、落ち着かずに体の一部をさわったり、体を動かしたりする仕草は、お客様に自信のないスタッフという印象を与えてしまいます。以下に挙げた項目については癖だから仕方ないと済ませずに、日頃から意識して直すように心がけましょう。

・髪の毛をさわる
・耳や鼻をしきりにさわる
・爪を噛（か）む
・「ハイハイ」などという二度返事
・舌（した）打ち

■不潔に感じられる仕草

自分では気づかない仕草も、売場ではお客様に見られているかもしれません。いくら店内を清潔に保っていても、以下のような仕草は不潔な印象を与えてしまいます。

・お札や伝票を数えるとき包装紙をめくるときに指を舐める
・濡れたり汚れた手を服やエプロンで拭く

身だしなみ

■清潔感が第一

どんなに有能であっても、他人に不快感を与えるような不潔な身なりをしていては社会人として失格です。周囲の人、初めて会う人に好印象を持ってもらうためには、清潔な身だしなみは必須条件です。

身だしなみとは、服装のことだけではありません。身体生理に関することにも気を配りましょう。口臭、体臭、目やに、フケ、汗じみなどはエチケット違反です。また、二日酔い、目の充血など不健康な印象を周囲に与えることも好ましくありません。

言葉遣い

■言葉遣いの基本

接客中の言葉遣いの基本は敬語です。敬語には「尊敬語」「謙譲語」「丁寧（ていねい）語」の３種類があります。これらの使い方を間違えると、かえって失礼になることもあります。基本を覚えることが応用につながりますので、それぞれの違いを理解し、正しく使えるようにしておきましょう。

・「尊敬語」…目上の人や自分よりも立場の高い人を敬（うやま）い、相手を立てる表現です。「お客様」「お荷

実践編 Part 7　ペットショップでの接客

実践編 119

■ 身だしなみチェックポイント

●男性
- □ 髪が伸びすぎていないか
- □ 寝癖はついていないか
- □ 整髪料やコロンの匂いが強くないか
- □ ヒゲの剃り残しはないか
- □ 鼻毛は伸びていないか
- □ シャツのえりや袖口は汚れていないか
- □ ボタンが取れていないか
- □ ポケットにものを詰めすぎていないか
- □ 爪は伸びていないか
- □ 靴は汚れていないか
- □ 靴下は清潔か

●女性
- □ 髪は清潔にすっきりまとまっているか
- □ メイクはナチュラルか
- □ 香水が強すぎないか
- □ 裾のほつれがないか
- □ 胸元が開きすぎていないか
- □ アクセサリーは控えめか
- □ 爪を伸ばしすぎていないか
- □ 靴は汚れていないか
- □ ストッキングは伝線していないか
- □ ヒールの高さは適当か

物」「御社」など頭に「お」「御」などをつける表現や、「いらっしゃる」「召し上がる」といった具合に「動詞＋れる・られる」、「知る」→「ご存じ」などの表現がこれに当たります。

・「謙譲語」…目上の人や自分よりも立場の高い人に対して、自分がへりくだることで敬意を示す表現です。「○○させていただきます」「○○いたします」、「言う」→「申し上げます」、「行く」→「うかがいます」などは謙譲語です。

・「丁寧語」…「です」「ます」などを語尾につけるていねいな言い回しで敬意を示す表現で、誰に対しても使うことができる敬語です。「お料理」「ご心配」など、「お」や「ご」をつけてていねいな言い回しにする表現もあります（「美化語」ともいいます）。

● 適切でない言い回し

次のような言い回しは一見ていねいに聞こえますが、正しい敬語ではないので、使わないように気をつけましょう。

・「～のほう」「なります」
　　× 「こちらのほうが犬用のおもちゃになります」
　　○ 「こちらが犬用のおもちゃでございます」
・「よろしかったでしょうか？」
　　× 「こちらの商品でよろしかったでしょうか？」
　　○ 「こちらの商品でよろしいでしょうか？」
・「～にいたしますか？」
　　× 「こちらの商品にいたしますか？」
　　○ 「こちらの商品になさいますか？」
・「～からお預かりします」
　　× 「1000円からお預かりします」
　　○ 「1000円お預かりします」

■ お客様への言葉遣い

接客において、お客様への言葉遣いはていねいであることが大原則。敬語を上手に使い分け、購入していただくお客様に敬意をはらいましょう。

同世代のお客様や常連客に対しては、ついフレンドリーな言葉遣いになりがちですが、お客様とスタッフであるという距離感はしっかり保つことが大切です。かといって、ていねいになりすぎても冷たい印象を与えたり、へりくだりすぎるのも慇懃無礼で失礼になったりすることがあります。

ていねいな言葉遣いを念頭に置きつつ、お客様に

合わせながら、親しみや居心地のよさを感じてもらえる接客を心がけましょう。

■取引先への言葉遣い

卸売業者やメーカーなど、社外の取引相手に対する言葉遣いは、年齢や立場などに関係なく、常に敬語が基本です。一般的な敬語の使い分けは、すでに説明したとおりです。正しい敬語を使ったやりとりは、ビジネスシーンでよりよい関係性を築くためにも重要です。

■上司への言葉遣い

- 上司との会話は敬語が基本です。
- 一定の管理職など役職者を呼ぶときには「○○主任」「○○課長」「○○店長」と役職で呼ぶのが一般的です。肩書きはそれ自体が敬称です。「○○店長様（さん）」というのは二重敬称になるため、様（さん）付けは不要です。
- 最近では職場の風通しのよい関係性を築くために「役職呼び」をせずに、管理職であっても「○○さん」とさん付けで呼ぶ企業も増えてきています。上司の呼び方については、店舗のルールに従いましょう。
- お客様や取引相手など、社外の人との会話のなかで自社の社員を呼ぶときには、上司であっても呼び捨てにします。

■自分・同僚

①自分のことは男性・女性ともに「わたくし」を使います。「僕」「オレ」「ワタシ」は避けます。
②同僚は「○○さん」で呼びます。「君」や愛称、「ちゃん」や呼び捨ては職場にはふさわしくありません。

電話

■電話の基本ルール

電話対応も重要な接客です。ていねいな対応を心がけましょう。

1. 呼び出し音は3回以内で出る

3コール以内に出ないと、相手は待たされたと感じます。

2. あらかじめメモを用意する

かける場合も、受ける場合も、すぐにメモが取れるように準備しておきます。

3. 自社名、自分の名前を名乗る

受ける場合も、かける場合も、まずは自分の身分を名乗りましょう。相手が聞き取りやすいように、早口にならないようにはっきりと話します。

4. 相手を確認する

相手の（会社名と）名前を必ず確認しましょう。聞き取れないときに聞き返すことは失礼にはあたりません。「おそれ入りますが、もう一度お願いできますでしょうか？」といって聞き直します。

5. 内容を復唱する

電話の内容はメモに記録し、最後に復唱して終わります。

6. 待たせる場合には必ず保留

電話を取り次ぐときには、必ず保留ボタンを押して保留状態で待機します。そうでないと電話口からはさまざまな情報が漏れています。

また、1分以上お待たせしそうな場合は、いったん電話を切ってから改めてかけ直します。

7. 私用電話は控える

私用電話はかけるのも受けるのも原則禁止です。家族からの急用以外使わないようにします。かかってきた場合には「折り返し連絡します」として、休み時間や就業後にかけ直しましょう。

正しく情報伝達するためにも、電話の内容はメモをとります。メモのポイントは要件とキーワードを簡潔にまとめ、電話を切った後に整理します。

■電話のかけ方

①先方が出る…「○○と申します。お世話になっております」
②取り次いでもらう…「おそれ入りますが、××部の△△様をお願いします」
③相手が出たら…「いつもお世話になっております。お忙しいところ恐縮です」
④用件を話す…「早速(さっそく)ですが□□の件につきまして…」
⑤電話を切る…「お忙しいところありがとうございました。失礼いたします」

■電話の受け方

①電話に出る…「はい○○店の○○（氏名）でございます。」→「もしもし」は不要。
②相手が名乗る…「（名乗らない場合）おそれ入りますがどちら様でしょうか」
③相手を確認したら…「いつもお世話になっております」→たとえ相手を知らなくてもこのようにあいさつする
④用件を聞く…「かしこまりました」「（取り次ぐ場合）○○でございますね。少々お待ちください」
⑤電話を切る…「失礼いたします」

手紙

■基本形式

●前文

・「拝啓」など、あいさつにあたる冒頭の言葉。文の終わりにつく「敬具」などの結語とセットになります。
・「厳しい寒さが続いております」「風薫る五月となりました」など、季節のあいさつ（時候のあいさつ）から始めます。手短に済ませたいときには「時下」にします。
・「ますますご健勝(けんしょう)のこととお慶(よろこ)び申し上げます」など相手の繁栄を喜ぶあいさつを続けます。次に「日頃は格段(かくだん)のお引き立てをいただき、誠にありがとうございます」など、感謝の言葉を書きます。

●主文

・「さて、」で始まり本題に入ります。

●末文

・締めくくりのあいさつ「まずはお礼まで」など。最後に「敬具」などの結語を入れます。

FAX

■FAXの注意点

①発信者の情報を明記　「送信先」「発信元」「枚数」をはっきりと記入します。
②大量に送るのはマナー違反です。相手のFAXがその間使えない状態になってしまいます。大量に送らなくてはならない場合には、必ず先方の許可をとりましょう。
③黒いペンなどで書きましょう。カラーの文字は見えない場合があります。
④重要事項は電話でも確認します。故障や送信ミスなどで相手に届いていない場合もあります。

電子メール

■電子メールのマナー

　仕事のメールにはいくつかの基本ルールがあり、それを守らないと相手に対して失礼になったり、不快感を与えたりすることもあります。
　また、メール内容は簡潔にして、相手に余計な手間を取らせないことがマナーです。

・**必ず件名をつける**…件名のないメールだと開いてもらえない可能性があります。簡素にわかりやすいタイトルを付けましょう。
・**改行を多めに入れる**…文章が続き、余白が少ないと読みづらいメールになります。
・**記号や半角カタカナは避ける**…記号やローマ数字、半角のカタカナなどは文字化けして読めない場合があります。
・**緊急の用件は避ける**…相手がいつ見てくれるかわ

手紙の例

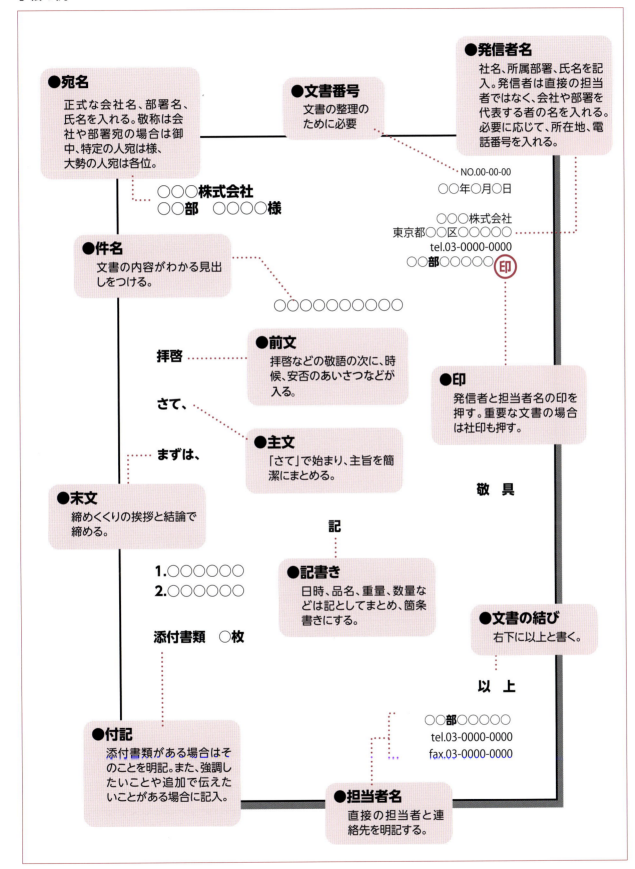

FAX 送信状の例

FAX送信状

○○年○月○日

○○○○様　　　　　　　　　　　○○○株式会社○○部○○課
　　　　　　　　　　　　　　　　　　　　　　　○○○○
　　　　　　　　　　　　　　　　　東京都○○区○○○○
　　　　　　　　　　　　　　　　　　　　郵便000-0000
　　　　　　　　　　　　　　　　　　　tel.03-0000-0000
　　　　　　　　　　　　　　　　　　　fax.03-0000-0000

送信枚数:00枚（本状を含む）

以下の通りFAXを送付いたします。
ご査収のほどよろしくお願いいたします。

かりません。緊急の連絡は電話の方が無難です。
- 添付ファイル…容量の大きなデータの添付ファイルを送る場合には、受信に時間がかかりますので、相手に了解を得てから送ります。
- 送信前に確認する…宛先が間違っていないか、誤字脱字がないか、しっかり確認してから送信します。

SMSやメッセージアプリ

■ SMS・メッセージアプリのマナー

スマートフォンがコミュニケーションツールの主流となっている近年では、SMS（ショートメッセージ）、LINEやMessengerをはじめとするメッセージアプリをお客様とのやりとりや販売促進に活用する機会が増えています。

ビジネスシーンでSMSやメッセージアプリを取り入れるメリット・デメリットとしては次のことが挙げられます。

● メリット
- スマートフォンから簡単に操作できます。
- メールのように毎回、長いアドレスを入力する必要がありません。
- 迅速かつ確実に連絡が取れ、お客様にも気づいてもらいやすくなります。
- 既読がつくので、相手がメッセージを見てくれたかどうかがわかります。
- テキストだけでなく、絵文字を使うことができます。
- チャットでのやりとりは電話と違って記録が残るので、後で確認することができます。

● デメリット
- メッセージアプリの場合は、相手も同じアプリを使用している必要があります。
- 情報量に制限があり、長文でお知らせしたい内容には不向きです。

■ SMS・メッセージアプリの書き方

- メッセージアプリやSMSでもカジュアルになりすぎないように、メール同様、敬語を使用します。
- これらのツールは送信者と受信者が明確になっているので、メールのような「○○株式会社　○○様」などの文言は省略しても問題ありません。
- チャットでやりとりするときは早めの返信が基本です。相手をお待たせしないよう、すぐに返信できないときには、「後ほど改めてご連絡いたします」などと伝えておきましょう。
- 相手がスマートフォンの画面で文字を読むことを考慮して、用件を簡潔にまとめます。メールのように「件名欄」がないので、用件を先に伝えるようにします。
- 伝える内容が多いときは、短い文章に分けて送ります。一度に送れる文字数に制限があるアプリもあります。
- 誤字脱字、誤送信に注意し、送信前に必ず確認します。

ホームページ

多くのペットショップでは、販促ツールとしてホームページを作成しています。ネット検索が当たり前の今、ホームページがあることがお客様の信頼感のアップにつながることもあります。

入荷した生体の情報や、新商品、新サービス、キャンペーンやセールなどのショップ側からの情報発信に活用できます。

■ お問い合わせフォームへの対応

ホームページには「お問い合わせフォーム」が設けられていることもあります。フォームからのお問い合わせはお客様の姿が直接見えないだけに、よりていねいな対応を心がけましょう。

お問い合わせの返答は速度が重要です。多くの場合、お問い合わせフォームに連動して、メッセージを受け取ったことを知らせる自動返信メール機能がついているので活用しましょう。そうするこ

電子メールの例

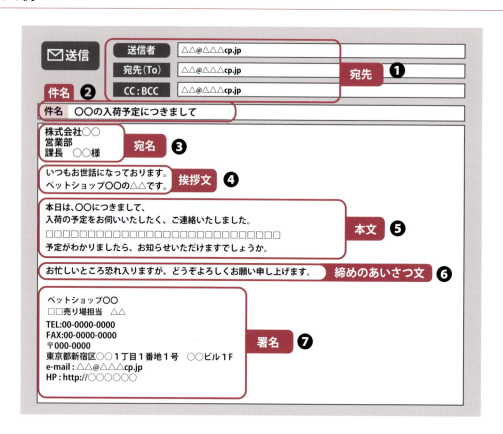

❶宛先
TO：メールに対応してほしい相手の宛先を入れます。
CC：情報を共有したい人の宛先を入れます。連絡先は受信者にも表示されます。
BCC：CCと同様に情報を共有したい人の宛先を入れますが、連絡先は受信者には表示されません。受信者に連絡先を知られたくない人に情報共有をするときなどに活用します。

❷件名
件名だけで内容が予測できるよう、具体的な要件を書きます。

❸宛名
いきなり用件から入らずに、メールの本文の初めには、必ず宛先を入れます。社外メールの場合は、相手の「会社名・部署名・役職・氏名・様」の順に書きます。

❹始まりのあいさつ文
用件の前には、簡単なあいさつ文と自分の名前を名乗ります。。
- 通常…「いつもお世話になっております。□□店の〇〇です。」
- 初めて連絡するとき…「初めてメールさせていただきます。□□店の〇〇と申します。」
- ひさしぶりのとき…「大変ご無沙汰しております。□□店の〇〇です。」
- 社内メール…「お疲れさまです。△△（部署）の〇〇です。」

❺本文
用件は短く簡潔にまとめることが重要です。伝えるべき内容を整理して、用件のポイントを始めに書き、その後に説明を補足します。用件が多い場合は箇条書きにするのもよいでしょう。
読みやすくなるよう、改行を入れます。

❻締めのあいさつ文
用件を書き終えたら、締めのあいさつ文を書きます。
・何卒よろしくお願い申し上げます。
・引き続きどうぞよろしくお願いいたします。
・ご不明な点がありましたら、お気軽にご連絡くださいませ。
・お手数をおかけしますが、よろしくお願いいたします。
など

❼署名
最後には、自分の連絡先情報を記した署名を付けましょう。メールソフトには、設定しておけば自動的に署名が付く機能があるものもあるので設定しておきましょう。
店名（会社名）・部署名・氏名・電話番号・FAX番号・住所・メールアドレス・会社ホームページのURL　など

とで、営業時間外のお問い合わせにもひとまず対応することができます。
- 自動返信のメールには、「○○（いつまで）に」「改めて（担当者から）ご連絡」することなどを記します。
- 自動返信後はなるべく早めに正式な返答を送ります。返事が遅いとショップの信用にも関わりますので、必ず忘れずに対応しましょう。
- よくあるお問い合わせについては、対応マニュアルを用意しておくとよいでしょう。
- メールのマナーにならって、ていねいな言葉遣いで返信します。

●回答の例文
①冒頭のあいさつ
- 一般的なお問い合わせ

「○○様
　□□ショップの××と申します。
　このたびは△△（問い合わせの用件）に関してお問い合わせをいただきまして、誠にありがとうございます。」

- クレームなど

「○○様
　□□ショップの××と申します。
　このたびは△△（問い合わせの用件）に関してご迷惑をおかけしてしまい、誠に申し訳ございません。」

②質問の回答
　お客様からのお問い合わせに対してもれがないよう、確実に返答します。
- 回答できる場合

「お問い合わせいただきました、△△の件につきまして、以下に回答いたします。」

- 回答に時間がかかる場合

「お問い合わせいただきました、△△の件につきまして、現在、詳細を確認しているところでございます。
　確認が取れ次第、改めてご連絡させていただきます。」

メッセージアプリの例

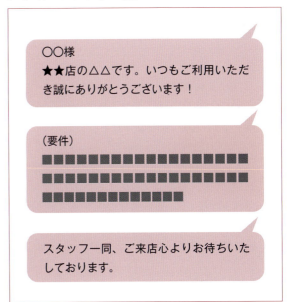

1つのふきだしが長くなりすぎないように注意します。文章の後に改行を入れると読みやすくなります。

③締めのひとこと
- 一般的なお問い合わせ

「お手数をおかけいたしますが、ご確認のほど、よろしくお願い申し上げます」
「ご検討のほど、何卒よろしくお願いいたします」
「今後とも○○をよろしくお願い申し上げます」

- クレームの場合は締めのひと言の前に再度お詫びを伝えます。

「重ねてお詫び申し上げます」
「深くお詫び申し上げます」

■メッセージを送る際の注意点

- 誤字や脱字がないか、宛先が合っているかを必ず確認しましょう。誤送信は顧客情報の流出につながりますので、細心の注意をはらいます。
- メールやメッセージアプリで返事を送る際には、自分で判断せずに文章の内容を上司に確認してもらいましょう。
- メールやメッセージの送信は営業時間内に行います。お客様や取引先との時間外のやりとりは、上司に確認が取れずに自己判断になりがちで、判断ミスにつながることもあるため、時間外対応は避けましょう。

顧客管理と個人情報保護法

「個人情報保護法」（個人情報の保護に関する法律）とは、文字通り、個人情報の適切な取扱いや保護に関するルールを定めた法律です。

個人情報を取り扱う事業者（個人情報取扱事業者）には、その規模にかかわらずこの法律が適用されるため、ペットショップも例外ではありません。個人情報保護法では、個人情報の有用性に配慮しつつ、個人の権利・利益の保護を目的として、個人情報取扱事業者が守るべき義務などを定めています。

● 個人情報とは何か

生存する個人に関する情報で、その情報に含まれる氏名や生年月日、住所、顔写真、メールアドレスなどによって特定の個人を識別できる情報のことを指します。

また、マイナンバー、パスポートや運転免許証の番号、監視カメラの画像、指紋やDNA、顔の骨格などの身体データも個人情報に含まれます。

特定の個人情報を検索できるように体系的に構成されたものを「個人情報データベース」といい、それを構成する個人情報を「個人データ」といいます。

ペットショップにおいては、データ管理された顧客名簿などがこれにあたります。このほか、電子メールソフトに保管されている氏名とメールアドレスを組み合わせた「メールアドレス帳」や、名刺の情報を業務用パソコンの表計算ソフト等を用いて入力・整理したファイルも「個人情報データベース」とみなされます。

● 事業者が守るべきこと

個人情報の取扱に関し、ペットショップを含む事業者は一定の事項を守らなければなりません。

1. 個人情報の取得・利用

利用目的を具体的に特定し、本人に通知または公表しなければなりません。また、目的の範囲でのみ利用します。

2. 個人データの保管・管理

個人データが漏えいしないように、安全に管理するための措置を講じる必要があります。

顧客名簿などを紙で管理している場合は、鍵のかかるキャビネットに保管したり、パソコンで管理している場合は、ファイルにパスワードをかけたり、セキュリティ対策ソフトを導入したりします。

3. 個人データの提供

個人データを本人以外の第三者に提供する場合には、原則としてあらかじめ同意を得る必要があります。

4. 本人からのデータ開示請求

保有している個人データについて、本人から求めがあった場合には、個人データの開示、訂正、利用停止などを対応する必要があります。

● 罰則

個人情報保護法に違反した場合には、行為者（違反した人）には最大で1年以下の懲役または100万円以下の罰金、法人には最大で1億円以下の罰金などの罰則が科せられます。

個人情報の漏えいや流失はショップの信用を失うことにつながりますので、くれぐれも慎重に取り扱いましょう。

接客のポイントと注意点

接客時の所作

■アプローチ

お客様に近づいて、声をかけるタイミングは難しいものです。一般的に大半のお客様は、ショップスタッフに声をかけられると、何らかの商品を勧められるのではないか、高い商品を買わされるのではないかと警戒してしまうものです。

接客をする際には、お客様の様子をさりげなく観察して、状況に応じて声をかけることが大切です。

・何かを探しているとき→「いらっしゃいませ。何かお探しですか」「お探ししましょうか」
・商品をさわって、その商品をよく見始めたとき→「色違いもあります」「サイズも揃っています」
・お客様と目が合った場合→「いらっしゃいませ」「どうぞごゆっくり」

■商品提示

お客様と話ができる段階になったら、探している商品は何なのか、どれが向いているのかを会話のなかから探っていきます。押しつけにならないように、次のことに注意しながら商品を提示しましょう。

・質問攻めにしない→あまりに次々と質問をすると、段々と本心を話さなくなります。
・強引に勧めすぎない→商品を次々に見せていき、どれもよいように勧めることは、お客様を迷わせてしまうことになります。また「この店員はとにかく売ろうとしているだけだ」というように思われてしまいます。
・商品を徐々に絞る→お客様の好みを聞きながら、頭のなかで好みでないものを消去していき、徐々に勧める商品の的を絞ります。そのうえで好みに近い商品をお客様に見せて感想を聞き、またそれに近い商品を提示するようにします。この方法ならば、お客様も自分の好みに近づいていると安心して、探している商品の輪郭もはっきりしてきます。

■商品の受け渡し

商品を購入することを決めてからは、その商品はお客様のものです。お客様への商品の受け渡しは両手でていねいに扱うようにし、お客様が持ちやすいように渡します。両手で持てないようなものは右手で持ち、左手を添えるだけでもていねいにみえます。

また、おつりがある場合には、おつりを先に渡

お客様を先導して歩くときは、お客様に背を向けるのではなく、半身になってお客様の斜め前方を歩くように心がけましょう。

商品を提示して具体的な機能を説明するときには、心を込めて、ていねいに商品を扱うようにしましょう。雑な態度では、商品のよさを伝えることはできません。

すようにしましょう。支払いのときにお客様は財布を出しますので、まだ財布をカバンなどにしまう前にお渡ししたほうがお客様にとって効率がよいといえます。またそのほうがおつりの金額が正しいことを確認していただく時間も増えます。

レジ周りで気をつけること

金銭の授受が行われるレジ周りは、最もトラブルが起こりやすい場所でもあります。ちょっとした行動でお客様の信頼をなくすことがあるので、常に細心の注意を払いながら、誠意を持って対応しましょう。以下のような行動は、絶対に避けなければなりません。

・お客様の出したお金やカードをそのままにして別の作業をする
・別の作業を優先して、お客様をレジで待たせる
・レジ待ちの順番を間違える
・金額の確認をしない
・おつりの金額を間違える
・おつりをケースの上などに無造作に置く
・包装、商品の受け渡しなどの手際が悪い
・支払い後のお礼を言わない

不快感を与える接客態度

店舗が繁盛するためには、一人でも多くの固定客を増やすことです。来店時に商品を購入してもらうことはもちろん大切ですが、「またこのお店に来たいな」と思ってもらうように接客することも忘れてはいけません。

次のような店員の不快な態度一つで、もう二度と来店したくないと思われてしまうこともあります。

・「冷やかしのお客かも」と思うと態度を変える
・商品を強引に勧める
・どんな商品も「よい」と勧める
・商品を雑に取り扱う
・お客様の意見を非難する
・お客様が質問しても商品の説明をしない、できない
・お客様が声をかけているのになかなか来ない
・お客様が近づいてもあいさつをしない
・常連客を優先する（対応が公平でない）
・他店の悪口を言う
・生き物（子犬子猫など）を雑に扱う

■お客様からのクレーム対応

もしも、お客様からクレームがあった場合には、まずは真摯に声に耳を傾けます。立腹しているお客様も誠実に対応する姿勢が見えると、トーンダウンしてくるものです。クレームがあったら自分

商品の受け渡しは両手でていねいに行うようにし、お客様が持ちやすい状態にして渡しましょう。

商品や金銭の受け渡しをするレジ周りは、作業しやすいように整理整頓してすっきりさせておきます。

一人で対応せずに必ず上司に報告して情報を共有し、判断を仰ぎましょう。

また、個人のミスがお客様とのトラブルに発展することもあります。職場でのミスや判断に迷うことが発生した場合にも、必ず上司や店長に報告しましょう。

■接客時以外の店内での行動

接客時以外でも、お客様を不快に感じさせてしまう行動があります。店内にいるときには、いつでもお客様に対応できるよう、気を抜くことがないようにしましょう。以下のような行動は、店内ではタブーです。

・店員同士の私語
・私用電話やスマホを見る
・ポケットに手を入れている
・商品ケースに寄りかかっている
・カウンターにひじをつく、腰をかける
・退屈そうにボーッと立っている

ペットを連れてきた人への注意

ペットを連れての入店を許可している店舗では、トラブルを防ぐために次のようなことに注意します。
①ペットは必ずリードをつけたり、キャリーバッグに入れてもらいます。
②ほかのお客様に迷惑がかからないように、さりげなくしかも注意深く注目し、トラブルが起こりそうなときにはそばに行って静かに注意を促します。
③お客様のペットと販売しているペットが接触しないように注意します。

展示ペットを見ている人への注意

■感染症予防・ストレスケアを考慮

ショーケースのなかのペットに悪影響が出ないように、ペットを見ている人への注意も必要です。

ケースを叩いてなかのペットに注目させようとする人は多いものですが、これはペットに大変大きなストレスを与える行為ですので、さりげなく近寄って声をかけ、やめていただけるように促します。

ショーケースではなく、床に置いた展示ケージ内でペットを販売している場合には、許可なくペットに触れないように、注意書きをしておきます。

また、プレイルームなどオープンスペースで展示しているときに、上から覗いたり、手を入れてなでたりする人は案外多いものです。これも子犬や子猫を怖がらせたり、ストレスを与えたりする行為です。けれども、あからさまに「やめてください」と注意すると気分を害されるお客様もいるので、お客様に近寄ってスタッフがしゃがんで目線を下げ、「よろしかったら一緒に遊んでみませんか？」などと声をかけて、お客様の行動を変えるとよいでしょう。

また、手や指を使ってじゃらすお客様もいますが、動物が手をおもちゃだと思い、咬み癖の原因になることがあります。じゃれてもよいおもちゃなどを用意しておき、それらを使って遊んでいただくようお客様に渡しましょう。

お客様の手を消毒せずに子犬子猫にふれた場合、お客様の手から病原菌が感染する可能性もあるため、必ず消毒してから動物にふれていただくようにします。

■抱っこを希望されるお客様への対応

　抱っこはお客様にその子犬子猫を知っていただくよいきっかけではありますが、感染症予防や動物にかかるストレスを十分に考慮して、安易に抱っこを勧めすぎないようにしたいものです。

　抱っこを希望されるお客様には、感染症予防の観点から必ず手指を消毒液などでしっかりと消毒していただき、清潔なタオルの上に子犬子猫を乗せて抱っこしてもらいます。万が一、落としてケガをさせることがないよう、お客様には椅子に座っていただき、膝のうえで触れてもらうようにしましょう。特にお子さんが抱っこするときには細心の注意が必要です。

　また、抱っこをしているときはお客様と子犬子猫だけにせず、必ずスタッフが側に付き添います。一人のお客様が長時間抱っこし続けることは、展示ケージが空いている時間が長くなるうえに、子犬子猫にもストレスや負担がかかります。子犬子猫の様子をしっかりと観察し、お客様と会話しながら、ほどほどのタイミングで切り上げるようにうまく誘導しましょう。

抱っこをする前に消毒液などでお客様の手指を消毒します。

椅子に座った状態で抱っこします。子犬子猫の感染症予防と、お客様の洋服に毛が付かないようにするために、清潔なタオルを膝に置くようにしましょう。

子犬と子猫の抱き方

お客様に子犬と子猫を抱かせる（さわらせる）かどうかは、それぞれの店舗の販売規定によって異なります。

実際に子犬と子猫をさわりたいというお客様には、手を消毒してもらうことと同時に、正しい抱き方（保定）を教えてから渡すようにしましょう。

またこれは、グルーミングなどのケアを行う際にも、知っておかなければならない技術です。

以下がポイントです。

・まずはリラックスすること。

抱く人が緊張していたのではそれが子犬と子猫にも伝わります。まずは深呼吸するなどしてリラックスしましょう。次に子犬と子猫をリラックスさせるために、体の側面や耳の付け根などを、手のひらを使いやさしくなでてください。

・子犬と子猫にはゆっくりと近づくこと。いきなりさわったり、抱かないようにしましょう。

・抱いている間は絶えずやさしい声で話しかけること。

●子犬の抱き方

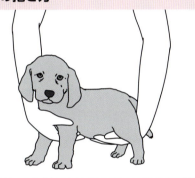 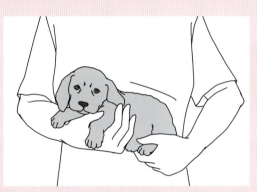

右手を犬の首の下にまわし、そのままキ甲（両肩の付け根の間）まで届かせるように伸ばして、しっかりと抱えます。左手は犬のお尻の下を通り胸の下まで伸ばします。このとき、後肢の飛節から足先までは、自分の肘から手首に乗せるようにすると安定します。自分の体にぴったりと密着させて、子犬を安心させることが大切です。

●子猫の抱き方

子猫の腹部から左手を差し入れ、前肢の付け根のほうを片手で二本まとめてにぎるように持ちます。

つかんだ両前肢の間に人差し指を入れ、親指と人差し指・人差し指と中指でそれぞれの肢を挟み込むようにして、猫が痛くない程度にしっかり持ちます。

子猫のお尻を右手で抱え込みながらそのまま持ち上げ、自分の体に密着させます。

Part 8 ペットの生体管理

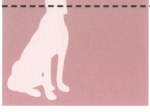

ペットショップで扱うことの多い幼齢の動物は体力的に弱く、適切な管理を行わなければ病気になったり、死んでしまったりすることがあります。また、万が一販売した後に健康の問題が発生すれば、ショップの信頼を失うことになります。動物を健康に飼養管理するための基準や、飼育管理方法などの基礎知識を身に付けましょう。

生体販売に関する職業倫理と法律

生体管理と法律

■生体販売と売買契約書

ペットショップの業種は、動物愛護管理法では第一種動物取扱業に分類されています。命ある動物を扱う仕事ですから、動物の健康や安全を保持し、生活環境の保全上の支障が生じることを防止するために、第一種動物取扱業は、動物愛護管理法とその政令や省令などによって、守るべきさまざまな基準が設けられています。

●犬猫等健康安全計画の策定

慎重な取り扱いが求められる幼齢期の犬や猫の販売が多い犬猫等販売業者には、適正な取扱いを確保するために、「犬猫等健康安全計画書」を策定して提出することが義務づけられています。都道府県等に対して第一種動物取扱業の登録申請を行う際に、この計画書を提出する必要があります。

犬猫等健康安全計画書には、以下の事項を掲載しなければなりません。

①幼齢の犬猫等の健康及び安全を保持するための体制の整備
・幼齢期の犬猫や繁殖に使用する目的で飼養する犬猫の管理体制・健康状況の確認体制等（確認の頻度、健康状態の記録方法等）
・獣医師等との連携状況（かかりつけの獣医師名など）

②販売が困難となった犬猫等の取扱い
・仕入れ方法など需給調整の方法
・販売が困難になったあるいは繁殖に適さなくなった犬及び猫の取扱い（具体的な譲渡先や、愛護団体等との連携等）

③幼齢の犬猫の健康及び安全の保持に配慮した、飼養、保管、繁殖及び展示方法
・生後56日を経過しない時点での取扱い方法
・飼養施設の管理方法
・ワクチン接種やマイクロチップ装着の実施方法
・具体的な繁殖回数や幼齢・高齢期の繁殖制限
・繁殖に係る獣医師立会いや健康診断等（繁殖を行う場合）
・幼齢の犬猫に配慮した展示方法等（展示を行う場合）

●飼養施設等の構造や規模、維持管理に関する事項

動物を適正に飼養管理するためには、その動物に適した広さや空間の確保、必要な器具の配置、動物の逸走防止のための施設の構造、衛生的な環境を保つために1日1回以上の清掃の実施など、

飼養施設の種類や構造、規模、施設の維持管理や動物の管理方法に関する基準が設けられています。（136ページの「動物取扱業における犬猫の飼養管理基準」も参照）。

● **帳簿や台帳などの作成**

第一種動物取扱業のうち、販売、貸出し、展示、譲受飼養などの業を営む者には、動物に関する帳簿をつけることが義務づけられています。

作成が必要な帳簿・台帳には、「生体管理帳簿」「動物販売業者等定期報告届出書」「繁殖状況記録実施台帳」「飼養施設及び動物の点検状況記録台帳」などがあります。これらの帳簿・台帳は5年間保管しなければなりません。

〈生体管理帳簿〉

哺乳類、鳥類、爬虫類を対象に帳簿の作成と保管が義務づけられています。生体管理帳簿は個体ごとに作成する必要がありますが、犬猫以外の動物種では"品種等"ごとに作成することも認められています。記載する内容は、次の項目です。

①品種等の名称
②繁殖者の名称、所在地など
③当該動物の生年月日（輸入された動物で、生年月日が明らかでない場合は推定される生年月日及び輸入年月日等）
④所有（占有）した日
⑤入手（購入あるいは譲渡等）先の名称、所在地など
⑥販売・引渡しをした日
⑦販売・引渡しの相手方の氏名、所在地など
⑧販売・引渡しの相手方が関係法令に違反していないことの確認状況
⑨販売担当者の氏名（販売業者の場合）
⑩対面説明等の実施状況等（販売業者の場合）
⑪情報提供の実施状況と貸出しの目的及び期間（貸出業者の場合）
⑫死亡した日（飼養・保管している間に死亡した

場合)
⑬死亡原因(飼養・保管している間に死亡した場合)

〈動物販売業者等定期報告届出書〉
　新たに所有、販売、死亡した動物の数などについて、年に一度報告書を提出する必要があります。生体管理帳簿を集計して作成し、都道府県知事等に届け出ます。

〈繁殖実施状況記録台帳〉
　交配した年月日や出産・産卵後のメスの状況、さらに犬や猫の場合は、母犬の交配時の年齢や出産回数などを記載します。

〈飼養施設及び動物の点検状況記録台帳〉
　飼養施設の管理方法として、1日1回以上の清掃や、動物の数や状態の確認などが義務づけられており、その実施状況を記載する台帳です。

■動物取扱業における犬猫の飼養管理基準(省令)

　2019年6月に改正された「動物の愛護及び管理に関する法律」を受け、「第一種動物取扱業者及び第二種動物取扱業者が取り扱う動物の管理の方法等の基準を定める省令」(以下、飼育基準に関する省令)が制定され、2021年6月から施行されました。これは、前述した動物取扱業者が守るべき基準を、数値等を示すことでさらに具体的にしたものです。

●動物取扱業者が遵守すべき7項目

　飼育基準に関する省令では、次の7項目について基準が設けられています。

①飼養施設の管理、構造や規模(ケージ等の基準)
●運動スペース分離型の場合
〈寝床や休息場所となるケージ〉
・犬:タテ(体長の2倍以上)×ヨコ(体長の1.5倍以上)×高さ(体高の2倍以上)。
・猫:タテ(体長の2倍以上)×ヨコ(体長の1.5倍以上)×高さ(体高の3倍以上)、1つ以上の棚を設け2段以上の構造とする。
＊複数飼養する場合:各個体に対する上記の広さの合計面積と最も体高が高い個体に対する上記の高さを確保する。

〈運動スペース〉
　下記の運動スペース一体型と同一以上の広さを有する面積を確保し、常時運動に利用可能な状態で維持管理する。

●運動スペース一体型の場合
・犬:床面積(分離型のケージサイズの6倍以上)×高さ(体高の2倍以上)
＊複数飼養する場合:床面積(分離型のケージサイズの3倍以上×頭数分)と最も体高が高い犬の体高の2倍以上を確保。
＊床面積は、同時に飼養する犬のうち最も体長が長い犬の床面積の6倍以上が確保されていること。
・猫:床面積(分離型のケージサイズの2倍以上)×高さ(体高の4倍以上)、2つ以上の棚を設け3段以上の構造とする。
＊複数飼養する場合:床面積(分離型のケージサイズの面積以上×頭数分)と最も体高が高い猫の体高の4倍以上を確保。
＊床面積は、同時に飼養する猫のうち最も体長が長い猫の床面積の2倍以上が確保されていること。
・繁殖時:親子当たり上記の1頭分の面積を確保(親子以外の個体の同居は不可)する。

●ケージ等及び訓練場の構造の基準
　金網の床材としての使用を禁止(犬または猫の四肢の肉球が傷まないように管理されている場合を除く)、錆、割れ、破れ等の破損がないこと。

②動物の飼養や保管に従事する従業者の数
　従業員1人当たりが飼養管理する犬と猫の頭数の上限が定められています。
・犬:1人当たり20頭が上限(うち、繁殖犬は15等が上限)
・猫:1人当たり30頭が上限(うち、繁殖猫は25

ケージなどの基準

ケージとは、動物の飼養・保管のために使用する、おりやかごなどの設備のことです。いわゆる「ケージ」そのものだけではなく、平飼いの設備や運動スペースの外周を囲う柵などの設備もケージなどに含まれます。また、部屋などで放し飼いをしている場合は、部屋全体がケージなどに当たります。

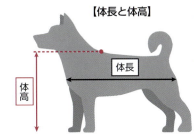

【体長と体高】
- 体長：胸骨端から坐骨端までの長さ（胸からお尻まで）
- 体高：地面からき甲部（肩甲骨の上端部）までの垂直距離（地面から肩の上端まで）

運動スペース分離型のイメージ

【寝床や休息場所となるケージ】
ケージは、立ち上がる、横たわる、方向転換、毛づくろいなどが容易に行えるサイズ。

【運動スペース】
「運動スペース一体型」の基準と同一以上の広さを備え、常時運動に利用可能な状態で維持管理するとともに、1日3時間以上運動スペース内で自由に運動できる状態にすること。

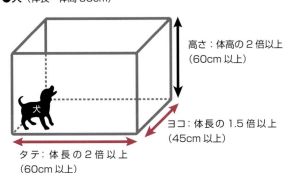

●犬（体長・体高 30cm）
- 高さ：体高の2倍以上（60cm以上）
- ヨコ：体長の1.5倍以上（45cm以上）
- タテ：体長の2倍以上（60cm以上）

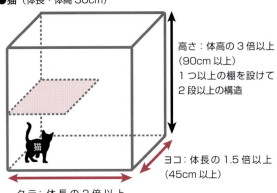

●猫（体長・体高 30cm）
- 高さ：体高の3倍以上（90cm以上）
- 1つ以上の棚を設けて2段以上の構造
- ヨコ：体長の1.5倍以上（45cm以上）
- タテ：体長の2倍以上（60cm以上）

一体型のイメージ

【寝床や休息場所】と【運動スペース】が一体になっているケージ等。

●犬（体長・体高 30cm）
床面積：分離型ケージの6倍以上
高さ：体高の2倍以上（60cm以上）

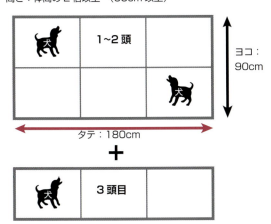

- 1~2頭
- 3頭目
- ヨコ：90cm
- タテ：180cm
- ＋

＊複数飼養の場合
「分離型のケージの3倍以上の床面積」×「頭数分」を確保

●猫（体長・体高 30cm）
床面積：分離型のケージの2倍以上

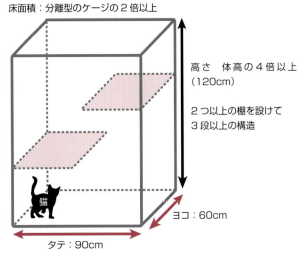

- 高さ　体高の4倍以上（120cm）
- 2つ以上の棚を設けて3段以上の構造
- ヨコ：60cm
- タテ：90cm

＊複数飼養の場合
「分離型のケージの3倍以上の床面積」×「頭数分」＋「最も体高が高い個体の体高の4倍以上の高さ」を確保

等が上限）

＊親と同居している子犬・子猫と繁殖に使用することをやめた犬・猫は頭数に含めない。

犬と猫の両方を管理する場合は、犬20頭＋猫30頭の上限ということではなく、別途上限が定められています（右の表）。

③**動物を飼養保管する環境の管理**

- 飼養施設に温度計と湿度計を設置し、低温・高温などにより動物の健康に支障が生じるおそれがないように飼養環境を管理すること。
- 臭気により飼養環境や周辺の生活環境を損なわないよう、清潔を保つこと。
- 自然採光または照明により、日長変化（昼夜の長さの季節変化）に応じて光環境を管理すること。

④**動物の疾病への措置**

- 1年以上継続して飼養保管する犬猫については、年1回以上の獣医師よる健康診断を受けさせ、診断書を5年間保存すること。
- 繁殖に使用する個体については、オスメスともに繁殖に適しているかどうかの診断を受けさせること。

⑤**動物の展示や輸送の方法**

- 犬猫を長時間連続して展示する場合は、休息できる設備に自由に移動できる状態を確保。それが困難な場合は、展示時間が6時間を超えるごとに、その途中に展示を行わない時間を設けること。
- 飼養施設に輸送された犬猫については、輸送後2日間以上その状態（下痢、嘔吐、四肢の麻痺等外形上明らかなものに限る）を目視によって観察すること。

子犬子猫のストレスを考慮し、お客様との接触をひかえてゆっくりと休息できるよう、休憩時間を設けることが義務づけられています。

犬と猫の両方を飼養保管する場合の職員1人当たりの飼養保管頭数の上限

飼養または保管する犬の頭数	うち繁殖の用に供する頭数	飼養または保管する猫の頭数	うち繁殖の用に供する頭数
0	0	30	25
1	1	29	24
2	2	28	23
		27	
3		26	22
		25	21
4	3	24	20
5	4	23	19
		22	18
6		21	
7	5	20	17
		19	16
8	6	18	15
9	7	17	14
		16	13
10		15	
11	8	14	12
		13	11
12	9	12	10
13	10	11	9
		10	8
14		9	
15	11	8	7
		7	6
16	12	6	5
17	13	5	4
		4	3
18		3	
19	14	2	2
		1	1
20	15	0	0

＊基準省令本則別表を上限頭数の説明のために加工したもの。

⑥繁殖の回数や繁殖方法

- 犬：メスの生涯出産回数は6回まで、交配時の年齢は6歳以下。ただし、7歳に達した時点で生涯出産回数が6回未満であることを証明できる場合は、交配時の年齢は7歳以下とする。
- 猫：メスの交配時の年齢は6歳以下、ただし、7歳に達した時点で生涯出産回数が10回未満であることを証明できる場合は、交配時の年齢は7歳以下とする。
- 犬猫を繁殖させる場合には、必要に応じて獣医師等による診療を受けさせ、助言を受けること。
- 帝王切開を行う場合は、獣医師に行わせるとともに、出生証明書と母体の状態及び今後の繁殖の適否に関する診断書の交付を受け、5年間保存すること。
- 前述の健康診断、帝王切開の診断その他の診断結果に従うとともに、繁殖に適さない犬猫の繁殖をさせないこと。

⑦その他の動物の管理に関する事項

- 犬猫を飼養保管する場合には、以下のいずれかの状態にしないこと。
  1. 被毛に糞尿等が固着した状態
  2. 体表が毛玉で覆われた状態
  3. 爪が異常に伸びている状態
  4. 健康及び安全が損なわれるおそれのある状態
- 清潔な給水を常時確保すること。
- 運動スペース分離型飼養等を行う場合、犬または猫を1日3時間以上運動スペース内で自由に運動できる状態に置くこと。
- 散歩、遊具を用いた活動等を通じて、犬または猫とのふれ合いを毎日行うこと。

犬の生体管理としつけ

哺乳期の子犬の健康管理

■誕生から離乳までの飼養管理

　離乳が始まる生後3～4週までは、基本的に母犬が子犬の世話を全面的に行いますが、積極的に人間が関わるようにして人の手に慣らしていきます。この時期の子犬の管理を行う際には、次のようなことに気を配る必要があります。

●体温

　子犬の体温は39℃前後で、成犬に比べると高めです。生後1週間の子犬には、まだ皮膚表面の血管を収縮させて体温を維持する能力がないため、新生子犬が体温を室温よりも5～10℃高く維持できるのは、ごく短時間です。22℃の少し寒い室内で母犬から30分も離れていると、子犬の体温はすぐに35℃以下に低下します。

　寒冷はそれだけで幼い子犬の生命を脅かす要素になります。生後1週間は産箱と周囲の温度を29～32℃にしましょう。2週目には26℃程度に下げても大丈夫になり、6週齢になったら人と同じ室温で過ごすことができるようになります。温度計を産箱の底に置いて常にチェックしましょう。

●授乳

　分娩後36時間まで、母犬はビタミン、ミネラル、タンパク質の多い特別な母乳（初乳）を出します。初乳には感染症を防御する抗体（移行抗体）などの免疫物質が含まれています。交配1カ月前にワクチンを接種した母犬の初乳には、ジステンパー、パルボウイルス（143ページ参照）などの感染症から子犬を防御する抗体が含まれています。

　新生子犬は1日6～8回以上乳を吸い、1日のほとんどを母犬の乳房のそばで過ごします。この時期には体温維持と代謝のためのエネルギーの大部分が母乳から供給されます。そのため頻繁に乳を吸わなければならないのです。

　新生子犬にはほとんど皮下脂肪がなく、エネルギーの蓄積量が限られています。それを頻繁な哺乳で埋め合わせなければなりません。体重の少ない子犬、うまく栄養補給ができていない子犬は、優先的に乳がよく出る下方の乳首に近づけてあげましょう。

●体重

　出生後、子犬は1日に予想成犬体重500gあたり1～1.5g増え続け、10～14日で出生体重の倍になるはずです。予想成犬体重とは、母犬の体重です。母犬の体重が15kgなら、子犬の体重は1日に30～45g増える計算になります。

　グラム単位の目盛りのあるはかりを使って、子犬の出生時と12時間後の体重を測るようにします。最初の2週間は1日1回、その後は3日ごとに、1カ月齢になるまで決まった時間に子犬の体重を測ります。体重が増えない場合には獣医師に知らせる必要があります。

■人の手で子犬を育てる場合

　普段から人間に依存しすぎている犬や、帝王切開など、正常な出産に伴う行動を経験できなかった犬などは、子犬の扱いにとまどう場合もあります。そんなときには哺育の補助をしてあげなければなりません。

●ペット用ミルクを与える

　子犬に市販のペット用ミルクを与えるかどうかは、子犬の様子と子犬の数、出生時の体重、きょうだいと比較した発育状態で決まります。はっきり具合が悪くなるまで待たず、早めに人工哺乳を始める方が賢明です。子犬に1日数回ミルクを与えながら、母犬のところに置いて世話をさせる方

法がよいでしょう。まったく母犬が世話をしない場合は、母犬から完全に取り上げて人が育てる必要があります。

それぞれの子犬に必要なミルクの量は、現在の子犬の体重を測定し必要カロリーの表を使い、その後の体重の増え方によって調整するようにします。

ミルクは必ず人肌程度の温度にしてから哺乳瓶を使って与えます。子犬を人の胸の位置にしっかりと抱き、やや立たせるように斜めに支えるのが正しい姿勢です。揺すってあやしたりしてはいけません。指先で子犬の口をやさしく開いて哺乳瓶の乳首を挿入し、瓶をゆっくり傾けて吸い付くようしむけます。与え方が早すぎると誤嚥し、肺炎を引き起こすので注意が必要です。

どうしても哺乳瓶から飲まない場合には、カテーテルなどを使用しますが、使用に際しては獣医師にやり方をしっかり学ぶ必要があります。

● 排泄のチェック

生後3週ぐらいまでは、排泄の世話は母犬が行います。子犬の肛門を舐めて排泄を促し、排泄物も舐めて処理をします。

人工哺乳の場合には、時々お湯で湿らせたガーゼで肛門と尿の出口付近をトントンと軽く叩くようにマッサージしながら刺激しましょう。また肛門周辺が汚れていたり、毛が固まっていないかのチェックも怠ってはいけません。

■ 離乳後の飼養管理

生後3、4週に入ると、子犬に乳歯が生え始めます。このころになると、母犬の子犬に対する態度が変わってきます。それまでは自分から積極的に行っていた授乳は、子犬がせがまないと行わなくなり、さらには嫌がるようになります。そろそろ母乳のみの食事から、離乳食へ切り替える時期です。

離乳食用のドライフードをお湯でふやかしたものに子犬用のミルクを混ぜて与えましょう。摂取量を把握できるよう、食器は1頭ずつ用意しましょう。

・離乳食を入れた食器に1頭ずつ静かに子犬を近づ

新生子犬の1日総必要カロリー量

週齢	kcalまたはml／体重500g／日 （1kcal/mlのミルクの場合）	給与回数
1	60	6
2	70	4
3	80	4
4	90	3

けます。
・食べなければ鼻先や口の周りに離乳食を少量つけてあげましょう。
・これを何度か繰り返すうちに、子犬はすぐに離乳食を食べることをおぼえていきます。

母乳を十分飲んでいるときには当然、食欲がなくなります。また母犬に離乳食を食べられてしまうことを防ぐためにも、食事前には母犬を子犬から遠ざけましょう。

一度にたくさんではなく、数回に分けて与えるようにしますが、最初は離乳食1回とそのほかは母乳でという割合で始め、徐々に離乳食の割合や回数を増やしていきます。

常に便の状態を確認します。離乳食を食べ始めた当初は便が軟らかくなることがあります。便の状態を見ながら離乳食の食事を増やしていくようにします。

給与量は体重の増え方の様子を見ながら決定します。子犬の間はあまり慎重になりすぎず、お腹を壊さない限り食べたいだけ与えても大丈夫です。

通常のドライフードへの切り替えでは、まず子犬用のドライフードに、ペット用ミルクを加えて粥状にします。煮る必要はなく、水やお湯でふやかして固形分を丹念につぶしていきます（冷ましてから与える）。そして毎日少しずつ固形分の割合を上げていきます。生後7〜9週をめどにドライフードに切り替わるペースが目安です。

● 子犬の健康診断

生後3、4週になったら獣医師による健康診断を受けます。以下の項目について確認します。

- これまでの体重の増加記録を見せて、成長度合いを診断してもらいましょう。成長の遅れている子犬については、食事や栄養補給の方法について改善策を聞きます。
- 子犬の便を持参し腸内寄生虫の検査を受けてください。交配前に母犬の寄生虫駆除が完全でなかった場合、子犬にも胎盤を通じて感染している確率が高くなります。寄生虫が発見された場合には、処方された駆除薬を投与します。
- 体温、呼吸数、心拍数のチェックをしてもらいます。
- ヘルニアや奇形、水頭症、小眼球症、先天性心疾患、難聴、多指症、口蓋裂など、先天的な疾患がないかのチェックを受けます。何らかの疾患が見つかった際には、この先の対処法についても相談します。
- ワクチン接種のスケジュールを確認しましょう。

●ワクチン接種

子犬は母犬の初乳から、感染症に対する免疫を受け継ぎます。しかしその効力は生後6～13週（42～90日）ごろには薄れてしまうため、新たに抗体をつくるためのワクチン接種が必要になります。

接種のスケジュールは獣医師の判断で決めます。生後6～8週に初回ワクチン後、2週間～1カ月あけてさらに2回目を行い、最終接種は16週齢、またはそれ以降とすることを推奨しています（全部で3回）。しかし、ワクチンスケジュールにより個々のケースで変わることもあります。

ワクチンには、毒性を弱めた生ワクチン、もしくは毒性をなくした不活性化ワクチンの二種類があります。いずれも弱毒化した病原体を体内に入れることにより、人工的に免疫をつくる方法です。移行抗体が多く残っている時期にワクチンを接種しても、病原体ははじき返されてしまい、体内に新しい免疫をつくることができません。したがって母犬からの移行抗体が薄れたと思われる生後6～8週に最初の接種を行い、それを確実にするためにさらに2回の接種を行うわけです。

地域状況によって、ワクチンの接種方法は多少異なります。たとえば感染症が流行している地域や時期では早めにワクチンを接種することがあります。

ワクチンには主に3～10種などの混合ワクチンがあります。初回ワクチンでは、5種混合を接種することが多くありますが、2、3回目では7種、8種混合などのより多種のワクチンを勧められることもあります。獣医師との相談により、必要なものを見極めて接種することが大切です。

またワクチンの効果が完全に定着するまでは10日間ほどの時間が必要です。最終ワクチン接種終了後でも、しばらくはほかの犬との接触などに気を付ける必要があります。

混合ワクチンにより予防できる感染症

▼感染症名	▼感染ルート	▼主な症状
犬ジステンパー感染症	感染性、死亡率ともに非常に高いウイルス感染症です。くしゃみや咳による空気感染が主な経路ですが、ウイルスに汚染されている飲食物、飼育器具を介して感染することもあります。	潜伏期間は平均4日間。発熱、食欲不振、下痢、嘔吐、心拍数の増加のほか、結膜炎や角膜炎を併発して目ヤニが出ます。悪化するとチック症状、興奮、てんかん発作、旋回など神経症状が現れます。
犬パルボウイルス感染症	犬パルボウイルスの経口感染により発病します。感染犬の糞便、ウイルスに汚染された食器、人の衣服などを介しても感染します。	感染すると激しい嘔吐や下痢（粘血便、血便）をします。子犬では特に症状が重篤で、多くの場合死亡します。感染力が強く、犬ジステンパー感染症と並んで死亡率の高い恐ろしい感染症です。
犬伝染性肝炎 （いぬでんせんせいかんえん）	犬アデノウイルス（1型）による感染症です。感染犬の便、尿、唾液などから経口感染します。	症状は下痢、嘔吐、食欲不振、目の白濁などを示し、肝炎を起こします。なかには症状をまったく現さずに突然死する子犬もいます。
犬伝染性咽頭気管支炎 （いぬでんせんせいいんとうきかんしえん） （ケンネルコフ）	犬パラインフルエンザウイルスと犬アデノウイルス2型をはじめとするさまざまなウイルスによる感染症です。	咳、鼻水などの呼吸器症状（風邪の症状）を示します。感染犬は咳などでウイルスをまきちらします。この病気により死に至ることはまれですが、混合感染や二次感染を起こすと重篤になります。
犬パラインフルエンザ	単独での感染症よりも犬アデノウイルス2型、犬アデノウイルス1型、ボルデテラ、マイコプラズマなどいろいろなウイルスや細菌と混合感染して、気管支炎や肺炎、呼吸器系の疾患を起こす感染症です。	感染犬との接触や、咳やくしゃみなどから空気感染します。気管・気管支・肺などに炎症を起こすため、激しい咳、発熱が起こります。
犬レプトスピラ感染症	レプトスピラという細菌が、ネズミの尿などから犬や人に感染する病気です。この細菌は水のなかでは長く生きるので、池、下水、汚れた川に犬が入り、粘膜や傷のある皮膚を通して感染します。	嘔吐・高熱・食欲低下から肝障害や腎障害、黄疸・けいれん・昏睡・血便などの症状が見られます。症状が進むと尿毒症となり数日で死亡することもあります。動物から人に感染するため、感染犬の食器などの消毒、糞尿の処理方法に注意が必要です。
犬コロナウイルス感染症	犬コロナウイルスの経口感染により発症します。	成犬の多くは無症状ですが、幼犬では腸炎を引き起こし、下痢や嘔吐の症状が出ます。パルボウイルスと混合感染すると重篤な症状になります。

子犬に多い病気

最も注意すべき感染症の多くは、獣医師の指示に従ってワクチンを接種することで防ぐことができます。しかしこのほかにも、子犬がかかりやすい病気が存在します。事前に知識を持ち、症状が現れたときには、すぐに動物病院へ連れて行くようにしましょう。

■下痢をする

下痢を起こす原因は、ストレス、食事の変化、消化不良など環境やフードの与え方によるものもあります。しかし、細菌やウイルスの感染、寄生虫、食中毒など危険な場合も少なくありません。嘔吐や元気がない、熱がある場合には、すぐに動物病院へ行きましょう。パルボウイルスやジステンパーの場合には、命を落とすこともありますので油断はできません。

★考えられる病気
・ジステンパー、パルボウイルス感染症、コロナウイルス性腸炎、出血性胃腸炎・回虫・条虫などの寄生虫、食中毒　など

■尿の色が赤い

鮮やかな赤い尿が出た場合には、尿道に炎症が起きている場合があります。それ以外の泌尿器で出血している場合には、血液の成分が変化して赤褐色や赤ワインのような黒みがかった色になります。

★考えられる病気
・膀胱炎、尿道炎、尿路結石、タマネギ中毒　など

■お尻を地面にこする

お尻を気にして、地面にすりつけるような場合には、肛門の異常がまず疑われます。肛門やその周辺に異物がついていないか、傷やただれ、腫れなどがないかチェックしましょう。

肛門嚢という袋状の組織に分泌物がたまっていることも考えられます。これは自然な生理現象で病気ではありませんが、放っておくと炎症を起こすことがありますので、しぼって分泌物を排出する必要があります。

★考えられる病気
・肛門周囲炎、肛門嚢炎、寄生虫、下痢　など

■けいれんする

自分の意志とは関係なく体がブルブル震えたり、硬直したりする状態のことをけいれんと呼びます。てんかんなど、筋肉をコントロールしている脳の働きが障害を受けたことにより起こります。

また高いところから落ちたり、頭に何かが当たった場合など、外傷性のショックでもけいれんを起こすことがあります。ジステンパーなどの感染症でも脳炎や神経症状を引き起こします。

異物を口にした場合、毒が脳にまわってけいれんを起こすこともあります。電池や塗料に使用されている鉛を飲み込んだときの中毒は最も危険です。

★考えられる病気
・てんかん、外傷によるショック、ジステンパー、鉛中毒、低血糖　など

こんな症状のときは要注意

■熱がある

元気がなくなる、食欲が落ちるなどの症状が見られる、普段は冷たい耳や足先にさわってみて熱を感じる場合には、体温計を肛門から静かに差し込み体温を測りましょう。39℃を超えている場合には動物病院へ連れて行きます。なお40℃以上は緊急を要します。

★考えられる病気
・ジステンパー、パルボウイルス感染症、レプトスピラ症、食中毒、ケンネルコフ、心臓病、腎臓病、脳障害　など

■頭を振る

耳の異常がある場合、犬はしきりに頭を振ります。耳にゴミや虫などの異物が入ったり、耳に病気があったりするときなどは、炎症による分泌物や寄生虫などの異物を耳の外に出そうとしているのです。

耳の病気で最も多いのは外耳炎です。耳の入口から鼓膜までにたまった耳垢(みみあか)が変質したり、細菌によって炎症が起こると外耳炎になります。

ダニなどの寄生虫は、耳から出た分泌物を好んで食べ、卵を産んで増えていきます。いずれにしても定期的な耳掃除で清潔にしておく必要があります。

★考えられる病気
・外耳炎、中耳炎、耳ダニ、疥癬(かいせん) など

■目が赤い

角膜や結膜の炎症など目の病気が考えられます。白目や下まぶたの裏側が赤いときには結膜炎、眼球が赤い場合には角膜炎や眼内の出血を疑い、動物病院での診察を受けましょう。

目の病気以外でも、発熱や心臓病などでも白目の充血が起こります。この場合には、両目が赤くなるのが特徴です。

★考えられる病気
・結膜炎、角膜炎、緑内障、さかさまつげ、心臓病、発熱 など

■鼻水が出る

鼻炎、副鼻腔炎などの鼻の病気が疑われます。細菌やウイルスに感染すると、水分の高い鼻水から始まって、症状が進むに従って粘り気が出てきます。さらに炎症が気管支などに広がると、気管支炎となり激しい咳も伴います。

ジステンパーやケンネルコフなどの感染症のおそれもありますので、ひどい場合には動物病院へ連れて行きましょう。

★考えられる病気
・鼻炎、副鼻腔炎、気管支炎、ケンネルコフ、ジステンパー、のどや消化器の異常 など

■鼻が乾く

鼻が乾いていると病気といわれていたのは、ジステンパーが流行していたころの話です。病気になった犬の鼻が必ずしも乾くとは限りません。寝起きのときなどは鼻は乾いているはずです。

ただし、犬が起きているときに鼻が乾いている場合は、高熱のために鼻の水分が蒸発してしまったことも考えられます。まず熱を測り、39℃以上の高熱があるようなら動物病院へ急ぎましょう。

★考えられる病気
・ジステンパー、高熱を伴う感染症、自律神経の異常 など

■食欲がない

口内炎など、口のなかに異常があって痛みがある場合には、食べたくても食べられない状態かもしれません。まずは口のなかを観察しましょう。異常がない場合には、元気はあるか、発熱していないか、便の状態などいつもと変化がないかをチェックしましょう。発熱すると食欲は落ちます。また下痢や嘔吐があり食欲がない場合には、消化器系の病気が疑われます。

★考えられる病気
・発熱、消化器系の障害、口のなかの異常、心臓病、精神的な興奮 など

■嘔吐(吐く)

最も多いのは、胃腸などの消化器系の障害です。激しい嘔吐のときには細菌やウイルスなどの感染の可能性があります。子犬に多いのは、異物を飲み込んだケースです。

食後すぐに吐いたときには食道や胃の異常、数時間後ならば十二指腸など腸の異常や腸閉塞が考えられます。激しい嘔吐と下痢を繰り返す場合には、重い病気の可能性があります。

★考えられる病気
・消化器の障害、食中毒、殺虫剤などの薬品中毒、異物の誤飲、ストレス など

■毛が抜ける

定期的にブラッシングをして、毛の抜け具合をチェックしましょう。病気の場合は、換毛期に自然に抜ける場合と違って、部分的に毛が抜けるのが特徴です。アレルギー性皮膚炎、ホルモン異常、細菌などによる皮膚炎、ノミ、ダニなどの寄生虫が考えられます。

★考えられる病気
・疥癬(かいせん)、毛包虫症、皮膚真菌症、外部寄生虫 など

Part 8 ペットの生体管理

子犬の行動の発育としつけ

■子犬期の行動が大切な理由

子犬は体が性成熟に向かって成犬になることに比例して、精神的にも段階を経て成長していきます。

犬はよくも悪くも習慣を重視する動物です。子犬の時期に身に付けた習慣は、成犬になっても維持されます。悪い習慣を矯正するのは大変な作業になります。ですから子犬期に「好ましい習慣」を付け、「望ましくない習慣」を身に付けさせないことが大切です。

■子犬の成長ステージ

●新生子期（生後0～2週齢）

生まれたばかりの子犬は、食事、排泄、保温などすべてにおいて母犬の保護下にあります。ほとんどの時間を母犬の懐に抱かれて、きょうだい犬たちと寝て過ごします。

しかし、まったくストレスのない状態で新生子期を過ごした子犬よりも、人間が適度な刺激を与えた子犬の方が、成長後精神的に安定した犬になるという説もあります。しかし、決してその刺激は強すぎるものであってはいけません。特別なことをすることはありませんが、毎日の体重測定や、排泄の確認などを欠かさず行い、1日何度かは人間に接触する機会を設けるべきでしょう。

●移行期（生後2～3週齢）

母犬に完全に依存していた状態から多少独立した状態へと変化する時期です。感覚器官の急激な発達が特徴的です。生後13日頃から目が開き始め、約18～20日頃には耳管が開き、音に対して初めて反応するようになります。社会的な行動の芽ばえとして、唸ったり、尾を振る動作が見られるようにもなります。

●社会化期（生後3～12週齢）

生後3週間に入るころから、子犬は外の世界に興味を持ち、目につくものには何でも近づき、においをかぐようになります。こうして自分の周囲の環境について、経験を通して学んでいくのです。

社会化期は、犬の一生において最も多くのことを吸収する時期です。ケージに一日中閉じ込められ、社会との接触が極端に少ない生活を送った子犬は、将来に至っても学習能力が低く、神経過敏で臆病な性格になる可能性が高くなるといわれています。

●幼犬後期（生後12～18週齢）

青年期に入るまでの幼犬最後の期間です。社会化期ほどの吸収力はありませんが、お座りや伏せなどの基本動作など、人間が教えることを学習していくためには最良の時期です。

■子犬が社会化期に学ぶべきルール

生後3～12週齢までの社会化期には、子犬はその後の一生において欠かすことのできないさまざまなルールを学ばなければなりません。

●咬みつきの抑制

犬は鋭い犬歯を持った捕食動物です。遊びの最中などに加減をせず咬みつけば、相手に大きなケガを負わせることになるでしょう。しかし実際には、犬は口を使って激しくじゃれて遊びますが、お互いにケガをすることはほとんどありません。

これは、どの程度の力で咬みつけば相手を傷つけるかを経験からわかっており、それ以上の力を

使わないように加減をしているためです。この力加減は、社会化期におけるきょうだい犬たちとの遊びのなかから学びます。

子犬同士の遊びを観察すると、熱中しすぎてつい咬む力を入れすぎた場合、相手が「キュン」と甲高い声で鳴いた瞬間に２頭がさっと離れ、遊びが中断されるという場面を見ることができます。これにより、咬んだ側の子犬は「自分が力強く咬んだために楽しい遊びが終わってしまった」と学習するのです。これを繰り返すうちに、力を抜いて口を使う方法を学びます。

咬みつきの抑制は、犬が安全に人間と共生していくうえで最も大切なマナーです。社会化期にきょうだい犬との遊びが不足していたり、母犬やきょうだい犬から早く引き離されたりしてしまうと、それを学ぶことができなくなります。

■人間に対する社会化

家族以外の人には気を許さず、他人が近づくと逃げる、おびえる、という行動をとる犬を見たことはないでしょうか。

このような、人間を怖がる犬に成長させないために、社会化期には多くの人に会わせ、よい（楽しい）経験を積むことが大切です。人間は自分に危害を加える存在ではなく、むしろそばにいればいつもよいことが起こると感じさせるのです。

社会化期のうち３〜８週齢までは、子犬は通常ブリーダーの犬舎やペットショップで過ごします。この間優秀なブリーダー、ペットショップであれば、子犬の社会性確立を意識して、なるべく人との接触時間をつくります。

その後の残された８週間の社会化期には、新しい家族が社会化のトレーニングを行います。子犬は男性、女性、子ども、高齢者など、さまざまな人に対して平気になる必要があります。子犬の販売においては、次のような説明をすることが大切です。

感染症の予防接種が終わっていない時期であっても、地面さえ歩かせなければ、外出して多くの人と接触する機会を設けることはできます。

キャリーバッグやスリング、カートなどに子犬を入れ、いつも与えているフードを持って出かけましょう。まずは玄関先などでフードを１粒与えます。食べられたら外出を進めます。いつもは喜ぶフードが食べられない場合は不安が強すぎる証拠です。玄関や玄関前でもう少し美味しいおやつを与えたり、遊んであげたりするなど楽しい経験を繰り返し行い、まずはその場所に慣れるようにします。外出もまずは人や車などが少ない環境からスタートします。その場所で喜んでフードが食べられたなら、その環境はクリア。もう少し、人や車が多いところ…と少しずつ段階をふんで進めていきます。

自宅に人を招くのもよいのですが、犬をかわいがろうと追いかけまわしたり、しつこくされたりすると逆効果になることがあるので注意してください。

■トイレのしつけ

人間とともに暮らしていくには、子犬にトイレの場所をおぼえてもらわなければなりません。

子犬は自分の寝床から離れた場所で排泄をする習性があります。これを利用して、快適な寝床（ケージやベッド）を用意し、寝床から少し離した場所にわかりやすいトイレを設置することで、トイレトレーニングが進みやすくなります。

子犬はトイレの場所や感覚を足の裏の感触（素材）、においなどでおぼえ、一度トイレを決めると、いつも同じような場所で排泄をしたがる習性があります。初めにトイレの場所をきちんと教えれば、すぐにそこがトイレであることをおぼえます。反

対に、たたみやじゅうたんなど、間違った場所や素材で排泄をしてしまった場合は、そこをトイレと定めてしまう危険性があります。トイレのしつけ中は常に子犬の行動を監視し、できる限りトイレ以外の場所での排泄をさせないことが大切な要素です。

子犬は、ほぼ決まった間隔で排泄をします。起きた後や遊んだ後、食事の後などに、たいていトイレに行きます。子犬がトイレに行きたがるタイミングを予想し、こまめにトイレに連れて行くことで、失敗なくトイレを済ますことができます。食事や遊びの時間といつ排泄したかを記録するとトイレのタイミングを予測しやすくなります。

トイレが成功した後にはその場ですぐに褒めてご褒美を与えます。これにより、トイレで排泄をするとよいことが起きると学習させます。

多くの動物行動学者が、トイレの失敗を叱ることは効果がないことを指摘しています。それどころか、叱ることで子犬は排泄すること自体が悪いことと考えるようになり、飼い主に隠れて排泄をするようになるという弊害をもたらす危険もあります。

■かじるおもちゃで遊ぶ、ハウスに慣れる

乳歯が生え始めたばかりの子犬は、見た物すべてに興味をもち、それを噛むことで確かめようとします。かじって遊ぶおもちゃでかじる楽しさを教えることで、咬みつきによる破壊活動を防ぐことができます。

また将来、家にひとりで残された場合でも、おもちゃを噛みながらおとなしく時間を過ごす習慣をつけておくと大変役に立ちます。

なかが空洞になっているゴム製のおもちゃなどに、お湯でふやかしたドライフードを詰めて、子犬にとって魅力的なかじるおもちゃをつくります。このおもちゃを、ケージやサークルのなかなどほかにかじる物がない空間（ハウス）で子犬に与えます。

なかのフードを取り出すには時間がかかるため、「食べる」という犬にとって一番熱中することができる行為を、長い間楽しませることができます。この作業が、かじるおもちゃを好きにさせるための子犬のトレーニングになります。

同時に、おもちゃをかじっている場所＝ハウスに対してもよい印象を持つようになります。留守番などに非常に役立つ、ハウスに慣らすためのトレーニングも同時に行うことができます。

わかりやすいしつけの方法

■ペットショップスタッフに求められるしつけの知識

ペットが「コンパニオンアニマル」と呼ばれるようになり、それまでの「番犬」や「同居動物」から「家族」へと位置づけが完全に変化しています。

その社会的な流れのなかで、今最も必要とされているのは、誰もが実践しやすい「しつけ」の方法です。家族である愛犬・愛猫に、家中で排泄をされては困ります。特に犬の場合、ほかの人に咬みついたり、一日中吠えたり、留守番をさせておくことができないようであれば、犬と幸せに暮らしていくことなどできなくなるのです。

しかし日本では、多くの人たちがしつけのためのトレーニングを敷居の高い、難しいものと考えているようです。「やらなければいけない」「やってみたい」という気持ちはあるものの、「難しそう」「時間がかかる」「忙しくてできない」という理由からあきらめてしまっている飼い主が多くみられます。

しかし、そのコツさえつかんで、毎日少しずつでも実践していれば、犬のしつけは難しいことではありません。新しい飼い主にそのことを最初に伝えるのは、ペットショップです。飼い主にとって一番身近で、最初に頼るべき情報源はペットショップスタッフなのです。そして、犬のしつけにとって最も大切な社会化期の成長を見てきたのもスタッフです。「私たちがやってきたしつけの基本を、ご家庭でもそのまま継続してください」と言ってから新しい家族へ子犬を引き渡すことが理想的です。

■ **叱るしつけから褒めるしつけに**

ひと昔前の犬のしつけの基本は、「よいことをしたら褒め、悪いことをしたら厳しく叱る」というものでした。動物の思考と行動の関係を研究する学問「動物心理学」の理論によれば、それは間違ったことではありません。

しかし「悪いことをしたら叱る」という技術は、実は犬を飼う初心者には難しいことです。間違った叱り方をした場合には、しつけが身に付かないばかりではなく、悪影響が出るおそれもあります。

犬を叱る場合には、望ましくない行動をした直後に、それもその行動をとったときには必ず叱らなければ、犬に「悪い行動」と「叱られたこと」の因果関係が伝わりません。犬は叱られたことで、人間が教えようとしていることを学ぶのではなく、単に命令に従うべきとき／従う必要がないときの違いを学びます。つまり人間がそばにいて、悪いことをすればすぐに罰が与えられるという環境ではよい子に振る舞いますが、飼い主の目が届かないときにはイタズラをするという使い分けができるようになってしまいます。

厳しく叱られたショックで、穏やかな気性、飼い主への信頼感といった人間と犬との健全な関係づくりに欠かせないものを失うおそれもあります。

犬を厳しく叱るトレーニングは、プロの訓練士が用いる一つの手法ではあるかもしれませんが、飼い主が行うしつけには適していません。

そこで現在主流となっているのが「よいことをしたときに褒め、悪いことをしたときにはよいことがなくなる」という手法です。罰ではなくご褒美を多用し「飼い主が望むことをすればご褒美がもらえる」という仕組みを犬におぼえさせて、犬をトレーニング好きにさせるという方法です。また飼い主も犬が喜びながら上達していくことを確認できることから、しつけを続けやすくなるというメリットもあります。

■ **ご褒美はおやつだけではない**

なかには「おやつに釣られていうことを聞いているようで…」と、ご褒美を多用するしつけに否定的な人がいるかもしれません。しかしおやつだけがご褒美ではありません。おもちゃ、遊び、散歩、家族の声・笑顔・なでてもらう手など、犬が喜ぶものは何でもご褒美となります。「犬がそのときにもらってうれしいもの」がご褒美なのです。ただ犬は昔から「食べるためにはどうしたらよいか」を常に考えてきた動物ですので、食べ物のご褒美は非常に効果があります。

褒めるしつけの大きなメリットとしては、罰と違い「副反応が全くない」ことがあります。罰はタイミングがずれてしまうと単に嫌なことを与えられたことになり、飼い主との関係性を崩壊させ、攻撃性や恐怖を生じさせます。また、人間の場合は言葉で伝えることができますが、罰だけでは、「何をすればいいか」を伝えることはできません。褒めて教えるということは、おだてたり、称賛したりすることではなく、「正解を与える」ことなのです。

褒めて教える場合もタイミングはとても重要です。しかし、ずれてしまっても嫌なことは起こらないので、副反応はおこりません。また罰を適切にかつ的確に与えるには、体力や反射神経などの条件が必要ですが、褒め言葉やご馳走を与えることは子どもでも高齢者でも誰もが同じように実践できます。

さらに罰は毎日確実に与えないと効果がありませんが、褒めるしつけはたまに褒めることを忘れてしまってもさほど効果に影響しないというメリットがあります。宝くじを買っても毎回当たることはありませんが、それでも「また当たるかもしれない」と期待して買い続けることがあります。このように「時々ごほうび（大当たり）」は、その後のやる気を増す効果があるといわれています。もちろん毎回確実にご褒美が与えられたほうが早くその行動を確立します。しかし行動を確立した後は、時々ごほうびのほうがやる気が持続するのです。

そして何よりご褒美を使ったしつけの大きなメリットとは「飼い主と犬が楽しみながら続けられること」にあります。これはしつけを面倒で嫌なものにしないためにはとても大切なことです。

犬の知育、しつけに役立つアイテム

■嗅覚と頭を使う知育おもちゃ

知育おもちゃとは、単純な遊びではなく、おもに犬の最も優れた感覚である嗅覚と思考力を活用して、フードを見つけるという遊びができるもののことです。

知育おもちゃの利点は、頭を使うことによる脳の活性化、目的が達成できたという満足感、ストレス解消にも役立ちます。

体を使う遊びだと年齢によっては難しくなりますが、頭を使う知育おもちゃなら、シニアになっても楽しむことができます。認知症予防も期待できるでしょう。

知育おもちゃは多くの種類が市販されています。穴の空いたボールのなかにフードを入れるタイプは、どうやったらフードを出して食べられるかを考えながら転がして遊びます。マットに開けられたいくつかのくぼみにフードを入れ、そこに引っ張り出せるパーツでふたをするタイプは、においをかいでフードを探し、パーツをどかすことができればフードが食べられます。スライド状のパズルで、うまくスライドさせると隠してあるフードを見つけることができます。

知育おもちゃには難易度の低いものから難しいものまでいろいろな種類があります。その犬が楽しめるレベルのものを選ぶようにしましょう。また、同じ知育おもちゃばかりを使っていると飽きてくるので、いくつか用意しておき、時々チェンジするとよいでしょう。

犬だけで勝手に遊ばせるのではなく、飼い主とのコミュニケーションを楽しみながら遊ぶようにします。たとえば、「よし」と言ってフード探しを始めさせ、上手にフードを見つけられたら褒めてあげるといった方法で楽しみましょう。

(iStock)

●知育玩具の使い方

知育おもちゃには、内部にフードを入れ、転がしたりかじったりしてなかのフードを食べられるタイプもあります。ゴム製でなかにフードを入れることができる知育おもちゃがその一例です。ほどよい硬さで、生え変わり時期で歯がむずがゆい子犬のいわゆる「歯固め」にも役立ちます。

かじるおもちゃには、咬むことで唾液の分泌を促進したり歯垢を取り除く効果が期待できる「デンタルトイ」もあります。

かじるおもちゃは、犬の狩猟本能を満たすことができ、ストレス発散にもなりますが、硬すぎるものは歯が折れる危険があるので、注意が必要です。

●早食いを防ぐ

フードを早食いするのは犬の習性でもありますが、ゆっくり食べないので満足感がない、喉につまらせたり吐き出してしまったりする、胃拡張・胃捻転などの原因になるといった心配があります。

転がすとフードが出たり、かじりながらフードを出して食べられるおもちゃは、早食いを防ぐのにも役立ちます。フードボウルのなかには、底面

(iStock)

がフラットではなく凹凸があり、がっついて食べることができないタイプのものもあります。

●留守番をさせるときの退屈をまぎらす

留守番をさせるときにも、転がすとフードが出てくるようなおもちゃは役に立ちます。飼い主が外出してすぐの時間帯は犬が不安を感じることもありますが、こうした知育おもちゃに夢中になることで気分をまぎらわせることができるのです。

■運動不足解消の助けになるおもちゃ

運動不足は犬にとってストレスになり、いたずらをするなど問題行動のきっかけにもなります。雨で散歩ができないようなときでも、室内で遊ぶ時間をつくり、運動不足が少しでも解消できるようにするとよいでしょう。

例えば、ロープのおもちゃやぬいぐるみを使った引っぱりっこ

や、ボールを転がして取って来させる遊びがあります。楽しいコミュニケーションの時間にもなるでしょう。

■安全なおもちゃの選び方

おもちゃには小型犬用、大型犬用など、サイズによって分かれているものもあります。その犬のサイズに合ったおもちゃを選ぶ必要があります。大型犬に小型犬用の小さいおもちゃを与えると、飲み込んでしまうおそれがあります。小型犬に大型犬用のおもちゃを与えても使いにくい場合があります。目安は口にすっぽり入ってしまわないようなサイズを選ぶとよいでしょう。

誤飲の危険は犬種に関係ありません、おもちゃに付いているパーツ（例えばぬいぐるみの目や鼻）を食いちぎって飲み込む、布製のおもちゃをかじって布の切れ端を食べてしまう、プラスチック製のおもちゃをかじって破壊し、その破片を飲み込んでしまうようなこともあります。飲み込むおそれのあるものや、噛んでこわれることのないものを選びます。さらに最初に与えるときは、必ず飼い主のいるときに与えるようにして、安全かどうかを確かめるようにするとよいでしょう。手づくりのおもちゃや、人間の子ども用のおもちゃだと強度が弱い場合もあるので注意が必要です。おもちゃはこまめに点検し、ひびが入ったり、ほつれていたりしないかを確認しましょう。

また、咬んで遊ぶおもちゃは唾液がつくので、放置しておくと不衛生です。時々洗い、天日などでよく乾かしたあとでまた使うようにしてください。フードを入れて使うおもちゃは複数用意しておき、その都度隅々まで洗浄しましょう。

子犬に行う日頃の手入れ

■体のどこでも触れるようにする

病気の徴候を早期に発見するためには、日頃の手入れをすることが大切です。

犬に対して行う日常的な手入れには、ブラッシング、歯みがき、シャンプー、耳掃除、爪切り、肛門嚢しぼりといったものがあります。いずれも犬の健康管理のために大切な手入れです。

手入れをするためには、犬が暴れないように動きを制限したり、本来なら触られたくないような部位を触ることになるため、嫌がる犬や、苦手とする飼い主も少なくありません。

成犬になってから必要となる手入れもありますが、犬も飼い主もストレスなく取り入れられるようにするためには、子犬のころからの準備が大切になります。体のどこでも触れるようにしておきましょう。

●ブラッシング

ブラッシングを嫌がられないようにするには、子犬のうちから取り入れます。家庭に迎えられ、新しい環境で落ち着いてきたら始めるのがよいタイミングです。最初は人の手でなでることから始め、慣れてきたら、人の手とは感触の違う、ブラシやコームで体を触られることに慣らしていきます。

ブラッシングをする順序は、背中→腰→体の側面→後ろ足→首→胸→前足→腹部→頭部→足先→耳→顔周りといったように、犬が受け入れやすい場所から始め、嫌がる場所を最後のほうにします。毛の流れに沿い、やさしくゆっくりととかしていきましょう。その犬に合ったブラシを選択することも重要です。

●歯みがき

口の周囲を触られることを嫌がる犬は多いものですが、犬に非常に多い病気である歯周病を予防するために歯みがきは大切です。子犬のうちに慣らしていきましょう。

歯みがきの練習は乳歯が生え始めた頃から行うのがよいでしょう。最初は、口の周りを触られることに慣らし、慣れてきたら口のなかに指を入れることに慣らします。徐々に、歯茎、切歯、臼歯と、触れる場所を広げていきます。

それができるようになってきたら、濡らしたガーゼや歯みがきシートを指に巻き、歯をやさしくみがきます。慣れてきたら歯ブラシを使ってみましょう。

●シャンプー

シャンプーは生後3～4カ月以降になってから行います。ワクチン接種からは1週間以上、空けるようにします。

実際にシャンプーをする前に、お風呂場に連れていく、シャワーから出るお湯を見せる、ドライヤーを見せる、ドライヤーの音を聞かせるといったことをして、徐々に慣らしておくとよいでしょう。

●耳掃除

耳掃除は、耳の中に汚れがあるときなどに必要となる手入れです。子犬のうちは、耳に触られることに慣らしておくようにします。

●爪切り

爪が人の服に引っかかりやすくなるなど、爪が伸びてきたら爪切りを行います。足先は犬が触られることを嫌がる場所の一つなので、子犬のうちから肢先を触ることに慣らしていきます。慣らしておくと、散歩の後に肢を拭くときなどにも役立ちます。

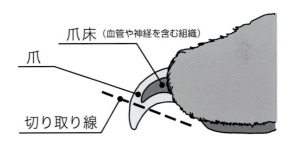

●肛門嚢しぼり

肛門嚢の分泌物がたまっていたら、絞って排出する必要があります。お尻のまわりは、触られることを嫌がる場所の一つですが、お尻の汚れを拭くなど、触る機会も案外多い場所です。子犬のうちに、お尻を触ることに慣らしておきましょう。

猫の生体管理としつけ

哺育期の子猫の健康管理

■離乳までの飼養管理

　子犬と同様、子猫も生後3週目ぐらいから離乳が始まります。それまでは母猫にその世話の一部始終を任せますが、子猫の体重測定や排便をチェックし、人の手に慣らすことを毎日行うようにしましょう。

　ただし、母乳を飲む力が弱い子猫には、哺乳が必要です。哺乳瓶やカテーテルを使い、市販の猫用ミルクを与えてください。体力のない子猫は消化力も低下しています。一度にまとまった量を与えるのではなく、少量ずつ回数を多く与えるようにしましょう。必要ならば獣医師の指示のもと、ブドウ糖などの栄養補給も行います。

　排泄も母猫が舐めて促し、その処理も行いますが、面倒をみない場合には人間が代行します。ぬるま湯で湿らせたティッシュなどで肛門や尿の出口付近を軽く叩き刺激して排泄をさせます。

■離乳後の飼養管理

●離乳食の準備

　生後3週間目をすぎたころから離乳食を用意します。最初はペースト状の離乳食を指につけ、子猫に舐めさせます。あまり食べない場合は、子猫用のミルクを混ぜてもよいでしょう。

・母猫といっしょにいるといつまでも母乳を飲みます。また逆に子猫に与えるための離乳食を母猫が食べてしまうこともあります。離乳食を与えるときには母猫と離すようにするのはいうまでもなく、食事中は徐々にいっしょにいる時間を減らしていきます。
・一度にたくさんではなく、回数を多く与えましょう。
・離乳食をはじめて10日ほど経つと、母猫の食べるドライフードに興味をもつ子猫も出てきます。それに合わせて、徐々に子猫用のフードに切り替えていきましょう。離乳食に子猫用フードを混ぜていき、徐々にその割合を上げていきます。

●子猫の健康診断

　生後3、4週になったら獣医師による健康診断を受けます。

・これまでの体重の増加記録を見せて、成長度合いを診断してもらいましょう。成長の遅れている子猫については、食事や栄養補給の方法について改善策を聞きます。
・子猫の便を持っていき、腸内寄生虫の検査を受けてください。交配前に母猫の寄生虫駆除が完全でなかった場合、子猫にも胎盤を通じて感染している確率が高くなります。寄生虫が発見された場合には、処方された駆除薬を投与します。
・体温、呼吸数、心拍数のチェックをしてもらいます。
・奇形、水頭症、小眼球症、先天性心疾患、難聴、多指症、口蓋裂など、先天的な疾患がないかチェックを受けます。なんらかの疾患が見つかった際には、この先の対処法についても相談します。
・ワクチン接種のスケジュールも確認しておきましょう。

●ワクチン接種

　母猫からの移行抗体の効力が落ちる生後6〜8週を目安に、感染症予防のワクチン接種を行います。ほかの猫の出入りが激しい場所で生活している場合などでは、多少早めに接種することも検討しましょう。

　接種するのは、猫ウイルス性鼻気管炎、猫カリシウイルス感染症、猫汎白血球減少症を予防するための3種混合ワクチンです（次頁の表参照）。これに猫白血病ウイルス感染症の予防も可能な4

種混合、さらに猫クラミジア感染症が予防できる5種混合もあります。

ワクチンは3週〜1ヵ月間の間隔で、2回または3回接種します。まれに、ワクチン接種直後に副作用を起こすことがあるので、接種前後のケアについてはしっかりと獣医師より説明を受けることが大切です。

混合ワクチンにより予防できる感染症

▼感染症名	▼感染ルート	▼主な症状
猫ウイルス性鼻気管炎	猫ヘルペスウイルスによって起こる病気。発症している猫や、回復後にキャリアとなった猫の眼や鼻の分泌物や唾液に直接接触することで感染します。	40℃前後の発熱と激しいくしゃみや咳、多量の鼻水や目ヤニが出ます。強い感染力があり、他のウイルスや細菌との混合感染を引き起こして、重い症状となって死亡することもあります。とくに子猫のときにかかりやすい病気です。
猫カリシウイルス感染症	カリシウイルスによって起こります。	猫ウイルス性鼻気管炎と似た、風邪のような症状を示しますが、進行すると口のなかや舌に水疱や潰瘍をつくります。一般的に、鼻気管炎よりは軽い症状ですが、混合感染する場合が多く、この場合は症状が重くなります。
猫汎白血球減少症	パルボウイルスによって起こります。糞便中に多量に排泄されるウイルスの経口感染によります。	高熱、嘔吐、下痢などの症状があり、血液中の白血球の数が著しく少なくなります。脱水症状が続くと猫は衰弱し、とくに子猫では非常に死亡率の高い感染症です。
猫白血病ウイルス感染症（FeLV）	猫白血病ウイルスによる感染症です。猫同士のケンカによる傷口からの感染はもちろん、食器の共有などから感染することがあります。	白血病だけでなく、免疫不全やリンパ腫、貧血などを引き起こします。感染後にワクチンを接種しても効果はありません。
クラミジア症	猫の上気気道感染症や結膜炎の原因の一つです。猫同士の接触や空気伝播によって感染します。	主な症状は持続性の結膜炎で、流涙や目やにがみられます。その他の症状として、くしゃみ、鼻水、咳などの症状もあります。
猫エイズ（猫免疫不全ウイルス感染症）（FIV）	ケンカなどにより傷口からウイルスが進入すると感染します。	ウイルスが免疫を破壊するために抵抗力が落ち、ほかの感染症になったり悪性腫瘍になることもあります。ケンカをさせないように、完全室内飼育にすることが一番の予防法です。感染後にワクチン接種をしても効果はありません。

ワクチンで予防できない感染症

▼感染症名	▼感染ルート	▼主な症状
猫伝染性腹膜炎（FIP）	猫腸コロナウイルスが突然変異した猫伝染性腹膜炎ウイルスによって引き起こされます。	元気と食欲がなくなり、発熱や下痢がみられます。ひどくなると貧血を起こし衰弱が悪化、死に至ることも少なくありません。腹水がたまるウェットタイプ、さまざまな臓器に肉芽腫性炎を起こすドライタイプ、また、それらの混合型があります。

その他の気をつけるべき感染症

▼感染症名	▼感染ルート	▼主な症状
トキソプラズマ症	ネズミや小鳥、豚肉などに寄生するトキソプラズマという寄生性原生生物（原虫）が口から入ることで感染します。	子猫など抵抗力がない猫が感染すると、咳、呼吸困難、血便、下痢、発熱などの症状が現れ、重くなると死ぬこともあります。人と動物の共通感染症。
猫伝染性貧血	ノミ・ダニによる媒介、創傷感染等でおこるマイコプラズマヘモフィリス（かつてはヘモバルトネラ フェリス）の感染により発症。	発熱、食欲不振、元気消失のほか、貧血を起こして目や口のなかの粘膜が白っぽくなったりします。

こんな症状のときは要注意

■子猫に多い病気

先天的な疾患に加えて、家と屋外を自由に行き来している猫の場合は感染症に暴露する危険性も高くなります。ワクチン接種で予防できる病気はほんのわずかです。

■体をしきりに掻く

まず思い当たるのは皮膚病です。とくに気温や湿度の高い夏場は、ノミやダニ、カビが発生しやすく、皮膚病にかかりやすくなります。

毛をかき分けて地肌を見てみましょう。皮膚の様子に変化がないのに掻いている場合には、内臓疾患もしくは精神的なストレスが疑われます。

掻けば掻くほど状態は悪化しますので、できるだけ早く動物病院へ連れて行くことが必要です。

★考えられる病気
・ノミアレルギー性皮膚炎、疥癬など寄生虫による皮膚炎、外耳炎、ストレス　など

■下痢をする

下痢の原因は、小腸や大腸の異常、寄生虫などさまざまです。便の回数や状態（水っぽい、粘液性など）をチェックし、便を持って動物病院へ行きましょう。

子猫の間はまだ消化管が発達しておらず、成猫より下痢をしがちです。成長につれて改善するものですが、感染症などの可能性もあるので、甘く考えずに動物病院へ連れて行きましょう。

★考えられる病気
・猫汎白血球減少症、伝染性腸炎、急性胃腸炎、回虫症、鉤虫症、条虫症　など

■尿の色がいつもと違う

尿に血が混ざっているように赤いときには、腎炎や膀胱炎、尿道炎などが疑われます。腎臓や膀胱の病気の場合には排尿の回数が増えることが多いので、回数をチェックしておくことが大切です。いずれにせよすぐに動物病院へ連れて行く必要があります。

また、いつもより尿が黄色いときにも体調を崩している危険がありますので、獣医師に相談をしましょう。

★考えられる病気
・膀胱炎、尿路結石、腎不全　など

■毛づやが悪い

猫はきれい好きな動物で自分の体を舐めて毛づくろいをしますが、体調を崩すとそれをあまりしなくなり、毛づやが悪くなります。また、皮膚炎や胃腸炎などの内臓系の疾患やホルモンバランスが悪いときにも毛づやは悪化します。

毛づやが悪いときには、食欲や排尿など、ほかの面で異変が起こっていないか観察しましょう。もしほかの面でも体調の変化が見られるようならば、病気にかかっている可能性があります。

★考えられる病気
・胃腸炎、回虫症、鉤虫症、各種皮膚疾患　など

■涙や目やにが出る

涙や目やにが出ていたり、瞬膜が出たままになったり、ショボショボさせている場合は、感染症が疑われます。ほかの猫から隔離して動物病院を受診しましょう。

★考えられる病気
・猫ウイルス性鼻気管炎（猫ヘルペスウイルス1型感染症）、クラミジア症、猫カリシウイルス感染症　など

■被毛が抜ける

あまりにも抜け毛が激しかったり、ある部分だけ抜けているような場合には何らかの病気が疑われます。

もっとも可能性が高いのは皮膚炎ですが、ひと口に皮膚炎といってもさまざまな種類があり、それぞれ対処法が異なるので、独自で判断して皮膚薬などを使わないことです。

★考えられる病気
・ノミアレルギー性皮膚炎、疥癬、皮膚糸状菌症、心因性脱毛症　など

■頭を振る、傾ける

猫が繰り返し頭を振っている場合、外耳炎や耳ダニの寄生、耳のなかに虫が入り込んでいるなどが考えられます。そのままにしておくと聴覚障害につながることもあります。

頭を振りながら、歩き方もふらついているときには、脳や前庭の病気が疑われます。

★考えられる病気
・耳ダニ症、外耳炎、中耳炎、脳炎、前庭性失調症候群　など

■食欲がない

生後2カ月までの子猫の場合、8時間以上食欲がない状態が続くようであれば、体調に何らかの異変が起きていることが考えられます。嘔吐や発熱、下痢や血尿などの症状も現れていないか観察しましょう。

フードを食べずに水ばかり飲んでいる場合には胃炎や寄生虫症などの病気の疑いがあります。すぐに動物病院で診察を受けましょう。

★考えられる病気
・胃腸炎、寄生虫症、心臓病　など

■嘔吐（吐く）

猫が自分の体を舐めて毛づくろいをした際に抜けた毛は、週に2回ほどのペースで吐き出されます。これは猫の生理現象のひとつなのので、その後の体調に全く異常がなければ心配はありません。

しかし「一日に何度も吐く」「毎日のように吐く」「吐いたもののなかに血が混ざっている」「食欲がなくなっている」などの症状が現れたら病気の恐れがあります。嘔吐が続くと脱水症状を起こすこともあるので、動物病院で診察をしてもらう必要があります。

★考えられる病気
・胃腸炎、食道炎、腸閉塞、回虫症、条虫症、猫汎白血球減少症、異物誤飲、尿毒症　など

■呼吸が荒い

運動をしているわけでもなく、それほど気温も高くないのに呼吸が荒いときには、肺などの呼吸器の機能が低下していることが考えられます。口をあけて苦しそうに呼吸をしていたり、胸をまったく使わずに、お腹だけで呼吸をしているようならば、一刻も早く動物病院へ連れて行きましょう。

★考えられる病気
・先天性心臓病、猫ウイルス性鼻気管炎、猫カリシウイルス感染症、猫クラミジア感染症、猫伝染性腹膜炎、横隔膜ヘルニア、トキソプラズマ症、鼻炎、咽頭炎、気管支炎　など

■水を頻繁に飲む

猫はもともとあまり水を補給しなくても生きていける動物です。頻繁に水を飲むようになったときには、体に何らかの異常があると考えたほうがよいでしょう。

★考えられる病気
・腎炎、糖尿病、腎臓病、膀胱炎　など

■くしゃみ、咳が出る

くしゃみが連続する場合には、ウイルス感染が疑われます。気管、気管支、肺といった呼吸器が炎症を起こしている疑いがあります。咳が続く場合も同様の病気が疑われます。発熱や食欲不振など、ほかにも症状がないかを確認したうえで、専門的な治療を受けましょう。

★考えられる病気
・猫ウイルス性鼻気管炎、猫カリシウイルス感染症、猫クラミジア感染症、トキソプラズマ症、鼻炎、咽頭炎、気管支炎、肺炎　など

■鼻水が出る

起きているときに鼻が乾燥している場合は、体調に異変が起きているサインです。鼻水が出る場合、多くはウイルス感染症です。症状が重くなると肺炎になるので、急いで動物病院へ連れて行く必要があります。

★考えられる病気
・猫ウイルス性鼻気管炎、猫カリシウイルス感染症、猫クラミジア感染症、鼻炎、気管支炎、肺炎　など

子猫の行動の発育としつけ

■猫にも社会化が必要

猫は単独行動を好み、犬と比べて社会性の乏しい動物と思われがちですが、そうではありません。ペットとして飼われる以上、人間やほかの猫、環境に慣れることなしに安全に暮らすことはできないのです。犬ほどきちんとしつけを行う必要はないかもしれませんが、子猫の間に社会性を身につけるよう教える必要があります。

また、特に縄張りを重視する動物ですので、極度に警戒心が強い性格にしないことも大切です。ずっと1頭で育ってきた猫では、もし将来的にもう1頭猫を迎えようとしても、仲よくさせるのは難しいかもしれません。猫同士だけでなく、人などのほかの動物にも適応能力を身に付けるために、生後2〜9週齢の社会化期にさまざまなよい経験を積み重ねていくことが重要です。

■子猫の成長ステージ

●新生子期（生後0〜2週齢）

見えない、聞こえない、自力で排泄できないという時期を母猫に守られて過ごしています。それだけに母猫との結びつきが何より大切であり、生後2週前に母猫から離された子猫は、攻撃的な性格に育つという報告もあります。

●移行期（生後2〜3週：あいまい）

外界との接触が始まり、神経・感覚系の能力が急激に発達します。7日ごろから目が開き、14日頃に全開し、周囲の動きに反応するようになります。15〜17日ごろには耳が聞こえるようになり、音に反応します。18日ぐらいでしっかりと立って歩行を始めます。

●社会化期（生後2〜9週齢）

きょうだい猫、母猫、人間とのふれあいをもとに、社会関係・捕食行動・恐怖・食物の好みなど基本的な性質が決定します。

ペットにとって最も大切な「人間に対してやさしい猫」にするためには、一日に10分程度子猫にさわってあげることです。こうしたふれあいは子猫の好奇心を発達させ、学習能力の高い猫に育つことにもつながります。

また子猫同士の遊びから、相手を傷つけない適切な遊び方や甘噛みをおぼえていきます。

●若年期（生後9週〜性成熟まで）

社会化期が終了して子猫から成猫になるまでの期間です。生後3〜4カ月には行動や体格にオス、メスの差があらわれてきます。4〜5カ月になると、オスはマウンティングや交尾のまねごとをするようになります。こうして性成熟に向けての準備が心身共に整っていきます。

■子猫が社会化期に学ぶべきルール

社会的環境を受け入れる能力の高い社会期には、猫に人間と暮らすうえで必要なルールを教える必要があります。犬の社会化期ほど長くはありませんが、ペットショップでは新しい家族に引き取られる生後8〜9週齢までに次のような社会化トレーニングを行いましょう。

●人間に対する社会化

社会化期には、人間に対する恐怖を持たせないように人との楽しい経験をつみ重ねることが大切です。

家にお客さんを招くなどして、家族以外の人との出会いやふれあいを設けるのもよいですが、追い詰めたり、無理やりさわったり猫が怖がるようなことはしないようにします。やさしくさわったり、抱っこしてもらうのもよいですが、安全のために、あらかじめ爪は切っておきましょう。

怖がっているときや嫌がっているときには無理に触らず、距離をあけて見守り、猫が自ら近くにやって来るのを待つことから始めましょう。

●体のどこでも触れるようにする

病気やケガを予防し、体をよく観察することで病気の徴候を早期に発見するためには、猫の体の

どこを触っても嫌がらないようにすることが大切です。ブラッシングの練習も行います。やさしく声をかけながら最初はブラシをあてるだけから始め、少しずつ動かしていきましょう。日常的な手入れを通して、さわられることに慣れさせます。

● トイレのしつけ

猫はもともと、砂漠のさらさらした砂のうえで排泄をしていた動物で、前肢で排泄物の上に砂をかけて隠す習性があります。また犬よりもトイレに関するこだわりが強く、一度そこをトイレと決めれば、それ以降ところかまわず排泄をするということはまずありません。

子猫は生後3週間をすぎると自分で排泄できるようになるので、トイレのしつけはその頃から開始します。

食事場所や寝床からはある程度離れていて落ち着ける場所にトイレ容器を置き、トイレ砂を敷きます。トイレ容器は体長の1.5倍以上あるものがよく、砂は5cm以上の厚さに敷くようにします。猫によって、トイレ容器や砂の好みがあります。最初にその場所を教えてあげることで、比較的短時間にトイレをおぼえます。早い猫ならば家に来たその日のうちに、遅い猫でも1週間くらいあれば、たいがいおぼえられます。繰り返し教えてもトイレ以外の場所で排泄する場合は、病気の可能性もあるので、獣医師に相談したほうがよいでしょう。

トイレは、猫がよくいる部屋の中で人の出入りが少ない落ち着ける場所に用意します。

猫が床のにおいをかいで、うろうろするしぐさが見られたら、猫をすばやく抱き上げトイレに連れて行きます。

寝起き、食後や水を飲んだ後、運動の後もトイレに必ず連れて行きます。これを何度か繰り返していけば、スムーズにトイレをおぼえます。

初めのうちはいったんトイレに入っても、うろうろ歩いたり、出たり入ったりすることもあります。慣れるまでは無理にせかさずに、じっくりと見守ってください。トイレでちゃんとできたら、やさしい声で褒めてあげましょう。

猫がトイレを失敗しても、叱ることは無意味です。猫がおびえるだけでしつけとしての効果はありません。

猫は泌尿器系の病気にかかりやすい動物です。トイレ以外の場所で頻繁に排尿をするようであれば、健康上の問題を疑いましょう。

● 爪とぎ

猫の本能のひとつである爪とぎには、さまざまな目的があります。

その第一は爪の手入れです。獲物をつかまえる、木に登る、自分の身を守るなど、生きるうえで欠かせない行動をとるための大切な武器である爪を、頻繁にといでいつも鋭くとがらせておく必要があるのです。

また、爪をとぐ行為そのものにストレスを発散させて気持ちを落ち着かせる効果があります。また前肢を伸ばすことは、筋肉のストレッチにもなります。

爪とぎには、自分の生活圏を主張するマーキングとしての目的もあります。自分の生活圏の証として、爪あとを残すだけでなく、肉球や爪の周辺から出る分泌物をこすりつけているのです。

このような大切な目的があり、本能である爪とぎを無理やりやめさせることは困難です。しかし自由にさせていたのでは、家中キズだらけにされてしまいます。これを解決するためには、ほかの場所でしたくなくなるほど快適な爪とぎ対象を提供し、そこだけに集中させることが効果的です。

猫は身近な物のなかから、とぎ心地のよかったものを選んで自分の爪とぎ場所とします。また、猫は自分を主張するために、生活圏のなかで目立つ場所を選んで爪をとぎます。

猫が気に入る爪とぎ場所は、表面に爪が引っかか

りやすく、ある程度の高さと大きさ、全体重をかけられるような安定感があるものです。

爪とぎの素材には、段ボール、カーペット、木、縄などがあり、形も横に寝かせて使うものや、立てて使うものなどがあります。最初はそれを数個用意し、好みの爪とぎを猫に選ばせましょう。

他の場所でしそうになったら、すぐに爪とぎの前に連れて行きます。寝て起きたときに、ストレッチとして爪とぎをする猫は多いので、爪とぎ器の置き場所は、寝床の近くや猫の通り道の目立つ場所がよいでしょう。

● **ハウスと高い場所**

獣医師や各自治体が中心となって、猫を室内で飼うことを啓発する運動が行われたことで、今では完全室内飼いが当たり前になりました。これは猫同士のケンカなどによる感染症を予防したり、迷い猫・事故に遭う猫などを減らす、さらには猫による近隣トラブルなどを減らす目的があります。

本来自由気ままに行動することが好きな動物ですが、子猫のときから室内での生活に慣らしておけば、外に出なくてもストレスを感じることはありません。そこで大切なのが、室内で猫が落ち着くことができるハウスと床より高くて安全な落ち着ける場所を用意することです。

ケージなどのハウスに慣らすには、そこが楽しくて安心できる空間であるということを猫に教える必要があります。ケージのなかにはおもちゃを吊るすなどして飽きさせない工夫をしましょう。

猫は上下運動が好きなので、広さよりも高さのあるケージを選びましょう。また、部屋のなかにキャットタワーなどを設置するのもよいでしょう

好奇心旺盛な猫は、もともと箱や袋のなかに入るのが大好きです。キャリーケースに慣らすためには、普段からさりげなく部屋の隅に置いておけば、自らなかに入って探検したり、くつろいだりするようになります。

● **おもちゃで遊ぶ**

ストレスを解消し、ケンカや引っ掻きなどの好ま

コラム ペットショップスタッフに求められる正しい情報の提供

ペットの飼い主が知りたいと思う適切なしつけの情報を、ペットショップのスタッフが正しく伝えられるかどうかで、その後のペットとオーナーとの関係づくりに大きな影響が出ます。人間に愛されるペットになるか、問題視されるペットになるかではその差は大きいのです。

また、顧客に信頼されるショップ経営を持続するうえで、しつけの正しい知識や情報を知ることは不可欠なことです。ペットショップは単に商品を売るのではなく、「どうしてこの商品が必要なのか」について説明することが求められます。このことを正確に、ていねいに、わかりやすく答えられるかどうかで、リピーターを増やせるかどうかの分かれ目になるのです。

しくない行動を抑えるために、子犬同様、子猫にもおもちゃで遊ぶ楽しさを社会化期に教えましょう。

犬の場合はフードを詰めたもので興味を引き立たせますが、猫には動くおもちゃが適しています。転がすとフードがでてくるおもちゃは猫も大好きです。また、獲物の動きを追うような遊びは狩の本能を満足させるため、ねこじゃらしなどを小刻みに動かして獲物に見立てて遊ばせます。

毎日短時間でよいので時間を設けて遊びにつきあいましょう。ストレスを解消すると同時に、人間に対してよい印象をもたせることにもつながります。

ハウスの天井からは小型のボールなどをぶら下げ、ひとり遊びができるようにしてあげるのもよいでしょう。

●手にじゃれさせない

猫には狩猟本能があるため、動いているものを獲物と思ってしまう習性があります。飼い主の手そのものを使って遊んでいると、手に咬みついたり引っかいたりしてしまい、それが習慣になると咬み癖や引っかき癖がつくことがあります。

それを防ぐためには、子猫のうちから、直接手で遊ぶのではなく、猫じゃらしやぬいぐるみなど、必ずおもちゃを使って遊ぶようにしましょう。

猫の知育、しつけに役立つアイテム

どのようなものが必要か

●本能を満足させるおもちゃ

猫には生まれながらに狩猟本能が身に付いています。

遊びのなかに狩猟の要素を取り入れることによって本能が満たされ、ストレスをため込むことが少なくなり、いたずらをしたり夜中に暴れたりすることを防止することができるでしょう。遊びにさまざまな動きを取り入れることで、運動不足を解消する助けにもなります。

猫の定番のおもちゃに猫じゃらしがあります。棒タイプや釣り竿タイプなどいろいろなタイプのものがあります。猫の好みや、動かし方を工夫することで、猫の興味をひいたり、運動量を増やしたりすることもできます。先端に付いた羽毛や獣毛、皮革のにおいや、鈴などがついているとその音なども猫の嗅覚や聴覚を刺激します。

猫じゃらしでの遊びでは、飼い主とのコミュニケーションの時間をつくることができるのもメリットの一つです。警戒心のある猫でも、釣り竿タイプなど長さのある猫じゃらしなら、飼い主が猫に近寄らなくても遊ぶことができます。距離をとって遊ぶことから始めて、徐々に人に対する警戒心を弱めていくこともできるでしょう。

抱きついて前足で抱えこみ、後ろ足で蹴ったり、噛みついたりするぬいぐるみ（蹴ることから「けりぐるみ」とも呼ばれる）も、猫の狩猟本能を生かしたおもちゃの一つです。また、電動で動くねずみのおもちゃやボールは、獲物を追いかけるという本能を刺激できます。

同じおもちゃをずっと使っていると飽きてしまうので、複数のおもちゃを用意しておき、いろいろなもので遊ばせるとよいでしょう。

密かに隠れて獲物を狙ったり、天敵から身を守るために隠れるといった行動ができることから、トンネルなども本能的な満足感を得られるおもちゃです。

●頭を使う知育おもちゃ

猫の知育おもちゃには、穴の開いたボールのなかにフードを入れ、転がすことでフードが取り出せるおもちゃや、前肢を入れて動かすとフードが出てくるおもちゃ、パズル状になっていて動かすとフードを見つけることができるおもちゃなどがあります。

どうやったら取り出せるかと頭を使ったり、どこにあるのかを嗅覚で探したりすることができます。体も使うので、エネルギーの発散にもなり、ストレス解消にも役立つでしょう。

●安全なおもちゃを用意する

おもちゃの誤飲には注意が必要です。かじって壊したかけら、付いている小さなパーツ、紐状の素材などを飲み込んでしまうことがあります。狩猟本能を刺激するようなおもちゃには、つかみかかってかみついたり、引っ張ったりするので、壊れにくいものや、外れやすそうなパーツが付いていないものを選びます。

猫じゃらしなどで遊ばせたあとはおもちゃを点検し、なくなっているパーツや、ゆるんで外れそうになっているパーツなどがないか確認しましょう。

また、飼い主が見ていないときに勝手に遊んで、誤飲などのトラブルが起きないよう、遊ばないときにはおもちゃは収納しておきます。

実践編 Part 8　ペットの生体管理

子猫に行う日頃の手入れ

●トイレ

猫はきれい好きなので、こまめにトイレ掃除をすることが必要です。子猫のうちはトイレ容器の入り口が低くて入りやすいものを選ぶとよいでしょう。

また、粗相をしても叱らないことが大切です。猫がトイレを使わない理由には、置き場所が落ち着かない、トイレ容器が狭すぎる、砂が好みではない、砂が少なくて排泄物が隠せない、汚れたままになっている、泌尿器疾患があるなどが考えられます。

●ブラッシング

生後3カ月くらいから行いますが、それまでの間に、体をなでることに慣らしておきましょう。ブラッシングを開始するにあたっても、ブラシやコームが体に触れることに慣らしてから始めるようにします。嫌がらない場所から始め、後頭部、首、背中、腰、尾、お尻、腹部と行います。

長毛種では毎日のブラッシングが必要となります。ブラッシングを猫にとっての嫌な時間にさせないためにも、慣らしておくことが大切です。嫌なことで終わらないように始めは短時間でやめるようにするとよいでしょう。猫は自分の体を頻繁に舐めて毛づくろいをする動物なので、ブラッシングを怠ると舐めた毛が胃のなかで塊になり、「毛球症」という症状を引き起こすことがあります。こまめにブラッシングをして抜け毛を取り除くことが、毛球症の予防になります。

●歯みがき

歯周病を予防するためには猫も歯みがきが大切です。乳歯が生えたら歯みがきの練習をしましょう。まずは触られることに慣らしていくことから始めます。口の周りを触ることに慣れたら、指で歯茎や歯を触ることにも慣らします。歯みがきは、濡らしたガーゼや歯みがきシートを指に巻いてみがくようにし、慣れてきたら歯ブラシを使います。

●シャンプー

猫は自分で毛づくろいをして被毛を清潔に保ちますし、ブラッシングをして汚れを取り除くことができていればシャンプーは必要ありませんが、汚れがつきやすい長毛種は洗う必要があるでしょう。何かの原因で体が汚れたときにも洗わなくてはならないこともあります。そのためにもシャンプーに慣らしておくとよいでしょう。シャンプーは生後3カ月以降になってから行います。ワクチン接種からは1週間以上空けるようにします。

猫は濡れることが嫌いで、特に顔に水がかかることを嫌がるので、最初は足先を濡らすだけにするなど、徐々に慣らしていきます。

●耳掃除

耳のなかが汚れているときに、専用のローションなどを使って見える範囲で汚れを拭き取ります。その際、猫が暴れると危険なので、子猫のうちから、耳を触ることから慣らしておきましょう。

●爪切り

爪切りは、生後1カ月くらいになり、爪の先端が尖ってきたら行います。生後1カ月ごろの子猫は、まだ成猫のように爪を隠すことができず、出たままになっています。そのため、布などに引っかかりやすいのです。最初は肢先を触ることに慣らす練習から始めます。

爪の先端をわずかに切るようにしましょう。爪の根元には血管があるので、血管を切ってしまわないよう注意します。嫌がる場合は、一度に全部切ろうとせず、毎日1本ずつ切って慣らしていきます。

爪を隠せるようになってからは、爪切りをするときに猫の肢先を上下から指ではさんで、肉球を軽く押して爪を出すことが必要になります。肢先を触るのを嫌がらないようにしておくことが大切です。

なお、猫が自発的に行う爪とぎと人が行う爪切りとでは目的が違います。爪とぎの目的は外側の古い爪をはがすことで、爪切りの目的は先端の尖った部分を切ることです。

犬と猫の緊急時の応急処置と対処法

コラム

ケガや事故が起きたときの場合の対処法

●骨折
①骨折した箇所にガーゼを巻きます。
②添え木をあててから、テープや包帯を巻いて固定し、すぐに動物病院へ連れて行きましょう。痛がる場合は、無理に①②をせずにすぐに動物病院に連れていきます。
③自動車にはねられたり、高いところから落ちたなど、大きなショックにより骨折した際には、頭や内臓などにもショックが残っている場合があります。骨折したときの様子を的確に獣医師に説明しましょう。

●感電
①電気コードを咬んで感電した場合、倒れている犬や猫にさわると自分も感電してしまいますので、まずはコンセントを抜くかブレーカーを落とします。
②意識がない、やけどを負っている、呼吸が止まっているなどの重篤な場合には、すぐに動物病院へ連れて行きましょう。

●大量に出血
①清潔で吸収性の高いガーゼなどで患部を覆って強く押さえ、止血します．
②出血がおさまっても、自分で傷口をチェックすることは避けましょう。再び出血してしまうかもしれません。必ず動物病院で診察を受けます。
③傷口が深く、筋肉が露出しているような場合には、筋肉が乾燥し壊死するのを防ぐために、湿らせた布で覆いましょう。
④ほかの犬に咬まれたときには、傷が広範囲に及んでいることもあります。体をチェックしてほかに傷口がないか探しましょう。

●やけど
①やけどをした箇所をすぐに氷水で冷やし、動物病院へ連れて行きます。
②暖房器具に近づきすぎてやけどを負ったり、ペットヒーターなどでの低温やけどになる場合もありますので、注意が必要です。

誤飲事故

●おもちゃやボールなど大きめの固形物
①呼吸困難になってパニックになっていても意識がある場合には、決して手を口のなかに入れてはいけません。パニックになった犬に咬まれることがあります。
②犬の胸を背と前から叩いてみます。数回やっても吐き出さないときには、急いで動物病院へ連れて行きます。

●小さな物
①画鋲やガラス、竹串など尖っているものを飲み込んだ場合には、吐き出させずにすぐに動物病院へ連れて行きます。吐き出させることによって、食道を傷める危険があるからです。
②ボタンや小さなおもちゃなどを飲み込んだときには、塩水をのませることで吐かせることができますが、誤嚥したり脱水状態を引き起こしたり身体の電解質バランスが乱れることで具合が悪くなることもあるので、無理をせずに動物病院に相談しましょう。
③タバコを飲み込んだ場合には、何も飲ませずにすぐに動物病院へ連れて行きます。

●薬物、毒物
①シャンプーやリンス、石けんを飲み込んだ場合は、飲みこんだ量や成分によっては処置が必要な場合もあるので、動物病院に相談するとよいでしょう。
②酸性・アルカリ性の洗浄剤、漂白剤、殺虫剤などを飲んでしまった際には、それぞれの成分により対処法が大きく異なります。吐かせる、水を飲ませるなどの処置をせずに、まずは動物病院へ連絡を取り対処法を聞きましょう。その後すぐに動物病院へ連れていきますが、その際には必ず飲んでしまった薬品が入っていた容器や袋を持っていくようにしてください。ラベルに物質構成や解毒方法の手かかりになるような情報が書いてあるかもしれないからです。

小動物の生体管理

ペットショップでの小動物の生体管理では、健康な状態でお客様に販売するために、その動物の生理・生態に見合った少しでも快適に過ごせる環境を整えることと同時に、衛生的な環境を保てる掃除のしやすさも重要です。また、健康チェックのために、食欲と排泄物の状態はしっかり確認してください。

快適な環境は動物種ごとに異なります。Part3で紹介した特徴と生態をきちんと理解して、健康管理と飼育管理を行いましょう。

ハムスターの飼養管理

■誕生から離乳まで

誕生したばかりのハムスターは無毛で、体温調節ができないことから、常に一カ所に身を寄せ合うように集まっています。母親が排泄を促し、授乳を行うなど、世話のすべてを行います。このときの母親は神経質で、新生子に人間のにおいがついたり、ストレスを感じると子どもを食べ殺してしまうこともあるので、人間は手を出すべきではありません。

生後約10日目には目と耳が開き、2週齢までには自分でフードを食べ始めます。生後4週目頃から母親の乳量が減り、間もなく離乳します。

■ハムスター飼育のポイント

●ケージ

ロボロフスキーハムスターなどドワーフハムスターの種類を除き、1頭に1つのケージを用意するのが基本です。ゴールデンハムスターは生まれたときから一緒に暮らしているきょうだいであっても、同じケージに入れておくとケンカや共食いになる可能性が高いのです。つがいで飼うときでも、交尾をさせるとき以外は別々のケージで飼育する必要があります。

- 鳥かごのような金属網製のものもありますが、ケガや骨折をよく起こすので、水槽やプラスチックケースを使用した方が安全です。ゴールデンハムスターは30×30cm、ドワーフハムスター(ペア)は40×40cmの広さが最低限必要です。
- ケージのなかにはフード入れ、給水器、巣箱、トイレ、床材（干し草など）、木の枝、温度計、それに運動のための回し車を入れます。
- 木のチップ、とくに杉や松の削りくずはハムスターには刺激が強いといわれています。木から放出される揮発性物質が、身体に悪影響を与えるというのがその理由です。

●温湿度

一日の温度変化が10℃以上あるところでは、ハムスターの健康に悪影響が出ます。こまめに温度を測り気温の変化に留意してください。温度が高

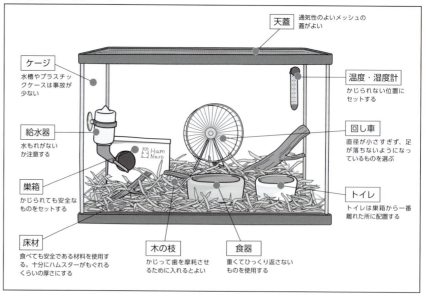

ハムスターのケージ

くなりすぎないように管理することも必要です。

また温度5℃以下になると冬眠に似た状態（疑似冬眠）になります。非常に体力を消耗し、寿命を縮めたり、そのまま死んでしまうこともあるので、低くても20℃以上の室温をキープするようにしましょう。

湿度は40〜60%を保ちます。

●トイレ

ハムスターはケージの一角に排泄をする性質があります。トイレは餌入れから離れた角に設置すれば、しつけをしないでも自然にそこでするようになります。トイレの位置がわからないようであれば、ハムスターの排泄物をトイレにおいておくとよいでしょう。

尿はかなりにおいがありますので、トイレは毎日、ケージは数日おきに掃除をしましょう。

●フード

ハムスターは草食に近い雑食性の動物です。フードには以下のものをバランスよく与えましょう。
・ハムスター用ペレット（ドライフード）
・野菜（人参／サツマイモ／大根の葉／小松菜など）、干し草（アルファルファなど）、野草（タンポポの葉／ハコベ／クローバーなど）
・種子（ヒエ、アワなど。小鳥用殻付き配合飼料）
・タンパク質（ゆで卵の白身／小動物用ミルク／低塩ニボシ／低塩チーズなど）
・果物（リンゴ、メロン、ブドウなど）

ハムスターは食べ物を隠したり、頬袋にため込むことがあるので、実際に食べた量を測定することは困難です。腐らない餌はなくなったら足していき、腐りやすい餌は朝晩チェックして交換しましょう。

飲み水は必ず用意しましょう。

●雌雄鑑別方法

オスは性成熟を迎えると精巣が大きくなり、陰嚢が膨らんできます。生殖器官と肛門の距離がメスよりも長く、その間に被毛が見られます。メスには被毛が見られないか、見られて薄いものです。

またオスには丸い開口部のある包皮口があり、脇腹にある毛が薄かったり脱毛のように見える部分（脇腹腺）も明瞭です。

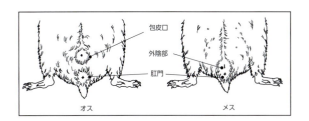

ウサギの飼養管理

■誕生から離乳まで

1カ月程度の妊娠期間を経て、4〜10頭の子どもを生みます。新生子は生後約10日目から目が開き始めます。

離乳は生後4〜6週目で始まりますが、固形のフードが食べられるのは6週目以降です。またこのころには、致命的な下痢を起こしやすいので、もう1〜2週は母親といっしょにし、販売は生後8週目以降とするのが安全です。

■ウサギ飼育のポイント

●ケージ

体重2kgまでの小型のウサギには50〜60×50〜60cm程度（床面積3,500㎠）で高さ45cm、体重5kg以上の大型のウサギには80×70cm程度（床面積5,400㎠）で高さ60cmのケージを用意しましょう。そこに1頭を同性同士のペアで入れます。

・ケージのなかにはフード入れ、給水器、トイレ、床材（すのこなど）を入れます。
・フード入れはひっくり返されないように重さのある物やケージに取り付け可能なものが向いています。
・水入れは糞便による汚染やなかに入って濡れることを避けるために、ボトル式のものが適しています。
・目を離しているときは、室内を自由に行動させないようにしましょう。ウサギから目を離した隙に電気コードをかじったり、異物を飲み込む危険性があります。

● 温湿度

理想の温度は18〜23℃です。基本的に暑さに弱い動物ですので、30℃以上の場所では熱中症になる恐れがあります。

また湿気には非常に弱いので、梅雨時期には風通しにも注意が必要です。ウサギに適した湿度は40〜60％です。

● トイレ

野生のウサギは、巣穴の内外にトイレの位置を決めています。ですからペットのウサギも犬のようにトイレのしつけをすることは可能です。

ウサギはケージの隅で排泄をする性質があるので、そこにウサギ用トイレや浅いトレイを置きます。位置をおぼえるまで、トイレには排泄物を置いておき、においにより認識させます。おぼえる早さには大きな個体差があり、数日でおぼえるウサギもいれば、数カ月かかる場合もあります。

● 食事

ウサギは完全な草食動物です。フードには以下のものが適しています。

- 干し草（チモシー／アルファルファなど）
- ウサギ用ペレット
- 野菜（ニンジン／キャベツ／大根の葉／小松菜など）
- 野草（タンポポの葉／ノコギリソウ／ハコベ／クローバーなど）
- ごく少量の果物（リンゴ／パイナップル／イチゴなど）

水分はボトル式の水飲みを使って補給させるのが衛生的です。最初は飲み方がわからないウサギもいますので、口を飲み口に近づけて、水を少し出してあげるとおぼえます。

● 雌雄鑑別方法

幼齢期にはオスメスを見分けるのが非常に難し

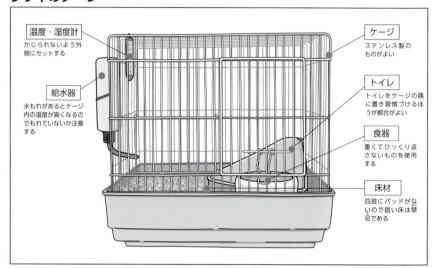

ウサギのケージ

- 温度・湿度計：かじられないよう外側にセットする
- 給水器：水もれがあるとケージ内の湿度が高くなるのでもれていないか注意する
- ケージ：ステンレス製のものがよい
- トイレ：トイレをケージの隅に置き習慣づけるほうが都合がよい
- 食器：重くてひっくり返さないものを使用する
- 床材：四肢にパッドがないので固い床は禁忌である

いです。3カ月を過ぎるとオスは睾丸が陰嚢に降りて来るので見分けがつきやすくなります。また肛門寄りの下腹部に細いむき出しの袋状の陰嚢が対になって2つ見えるようになります。陰嚢の外観はピンク色で柔らかそうに見えます。

オスの包皮口は丸く開口しますが、メスの外陰部は縦にスリット状に開口します。

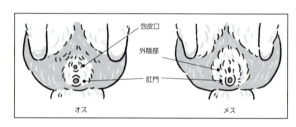

フェレットの飼養管理

■誕生から離乳まで

40日程度の妊娠期間を経て、平均8頭の子どもを生みます。生まれたときは無毛で目も開いていませんが、生後2週には細い被毛で覆われ、生後1カ月で目が開きます。

餌には生後3週齢ほどで興味を持ち始めますが、ふやかしたペレットに切り替えるのはそれから1〜2週後が適切です。生後6週齢で平均300〜450gに成長すると、完全に離乳します。

■フェレット飼育のポイント

●ケージ

水槽は通気性が悪いため、金属網状のケージが理想的です。ただし網の間隔が5cm以上ある物は脱走される恐れがあるので避けましょう。床面は55～75×45～50cmの広さが必要です。

- ケージのなかには寝床、食器、給水器、トイレ、床材（布など）を入れ、ケージの外に温度計を設置します。
- 食器はひっくり返されないように重さのあるものやケージに取りつけ可能なものが適しています。また給水器はボトル式のものを使い、被毛が濡れることを防ぎます。
- 寝床はケージの天井から吊るす形のハンモック型の専用寝具が適しています。遊び好きなので、寝床の中にはボール型のおもちゃを入れるとよいでしょう（ただし嚙みちぎれてしまうものは不適当です）。

●温湿度

フェレットは汗をかくための汗腺（かんせん）が未発達なため、気温が33℃以上になると死に至ることもあります。15～25℃に保つようにしましょう。湿度は40～65％が適しています。

●トイレ

フェレットは決まったところに排泄をする習性があるので、起床後など確実にトイレに向かうタイミングで場所を教えればすぐにトイレの場所をおぼえます。起きてから15分以内にトイレを使うことが多いので、このときにトイレに誘導（ゆうどう）するのです。またきれい好きなので、寝床から離れた場所にトイレを置くと、そこに向かいやすくなります。

トイレには後ずさりしながら入るので、入口が低く、壁が高い形状のものが適しています。床には猫砂を敷きますが、排泄後に砂をかける習性はないので、あまり深く敷く必要はありません。

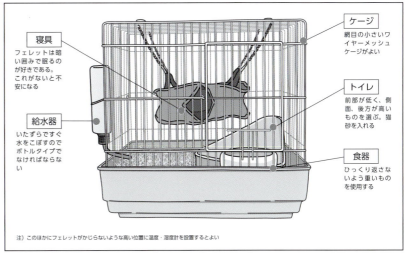

フェレットのケージ

- **ケージ**：網目の小さいワイヤーメッシュケージがよい
- **寝具**：フェレットは暗い囲みで眠るのが好きである。これがないと不安になる
- **トイレ**：前部が低く、側面、後方が高いものを選ぶ。猫砂を入れる
- **給水器**：いたずらですぐ水をこぼすのでボトルタイプでなければならない
- **食器**：ひっくり返さないよう重いものを使用する

注）このほかにフェレットがかじらないような高い位置に温度・湿度計を設置するとよい

●フード

犬や猫に比べて、タンパク質と脂肪の要求量が高いため、ドッグフードやキャットフードは使用せず、フェレット専用のフードを用意する必要があります。フェレットは腸が短いため、食べたものは短時間に消化吸収が行われます。フェレットは一度にたくさん食べることはせずに、少量のフードを1日に5～10回ほど摂食します。

また盲腸がないため、食物繊維や植物性タンパク質の消化が得意ではありません。野菜や果物を与える必要はありません。

●雌雄鑑別方法

ペットショップで取り扱うフェレットの多くは避妊去勢手術済みです。オスは肛門と包皮口の距離が長く、包皮口に触れると陰茎骨（いんけいこつ）（ペニスの骨）がわかります。去勢されていないノーマルフェレットの場合、肛門と包皮口の間に睾丸（こうがん）があります。

メスは肛門と外陰部の距離が近く、陰茎骨はありません。

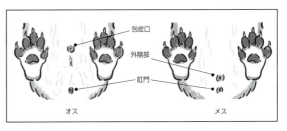

オス：包皮口、肛門
メス：外陰部、肛門

モルモットの飼養管理

■誕生から離乳まで

モルモットは生まれたときから目が開き、歯も被毛も生えそろっています。生後1時間くらい経つと歩くこともできます。

生後48時間くらいまでは母親から初乳（抗体を含んだの母乳）が分泌されるので、新生子にしっかり飲ませます。

生後2日目くらいから、ペレットをお湯でふやかした離乳食を食べられるようになりますが、母乳と併用します。離乳は生後3～4週頃です。

■モルモット飼育のポイント

●ケージ

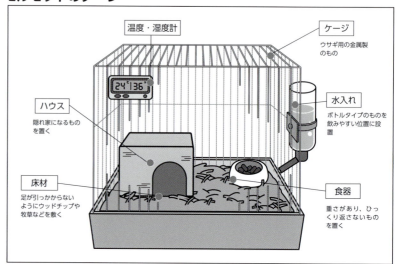

モルモットのケージ

モルモットはおとなしい性格で、ジャンプをしたり激しく動き回ったりしないので、ケージにそれほどの高さは必要ありませんが、十分にくつろげる広さのものを用意します。

- 1頭あたりのケージの広さは、幅60cm以上、奥行35 cm以上、高さ30 cm以上が基本です。1つのケージで多頭飼育する場合には、さらに広さが必要です。
- ケージは金属製のものが一般的です。
- ケージのなかにはフード入れ、給水器、ハウス、床材(牧草など)、牧草フィーダーなどを用意します。
- 床に目の細かい金網やすのこを置き、その上に牧草などの床材を全体的に敷きます。

●温湿度

モルモットが快適と感じる温度は20～26℃、湿度は40～60%です。エアコンでしっかり調節します。同じ室内でも場所によって温度や湿度は異なるため、温度湿度計で確認しましょう。

●トイレ

モルモットは体のわりに排泄物の量が多く、トイレをおぼえさせるのも難しいので、1日1～2回、こまめに掃除をして取り除きます。床トレーが引き出しになっているタイプのケージは、掃除のときに便利です。

●食事

モルモットは完全な草食性です。人と同様にビタミンCを体内でつくり出すことができないため食事からしっかりと摂取する必要があります。主食として牧草とペレット、副食として野菜類を与えます。

- 牧草（イネ科のチモシーやオーツヘイ、マメ科のアルファルファ、牧草キューブなど）
- モルモット用ペレット（ドライフード）
- 野菜類（ビタミンCが多く含まれる小松菜、チンゲンサイ、パプリカ、ブロッコリー、トマトなど）

夜行性のモルモットは、夜から早朝に集中して食事をします。野菜類は傷まないよう、食べきれる量を朝と夜に与えるようにします。

●雌雄鑑別方法

モルモットは外陰部と肛門の距離が短いため、げっ歯目のなかでもオスとメスの見分けがつきにくい動物です。外陰部を広げて陰茎の有無を確認するとよいでしょう。

- メスの外陰部はY字の切れ込みが特徴です。

- オスの包皮口は丸く、外陰部を押すと陰茎が確認できます。

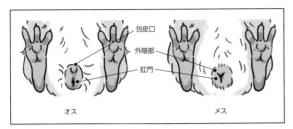

デグーの飼養管理

■誕生から離乳まで

生まれてくる子の大きさは、体重14〜15g、体長5cm程度。被毛も歯も生えた状態で生まれてきます。目も開いていて、2〜3時間後には歩くこともできます。

子の主食は母乳で、特に初乳をしっかりと飲ませることが重要です。生後約1週で固形物をかじれるようになり、生後2週で固形物が消化できるようになりますが、離乳時期は生後6週くらいが目安です。

離乳後は栄養価の高いアルファルファなどの牧草やペレット、飲み水を与えます。

■デグー飼育のポイント

●ケージ

野生のデグーは岩場の上り下りをして過ごすので、ある程度の上下運動ができるようステージやハンモックなどで立体的なレイアウトを心がけましょう。

- ケージは金属製のものが一般的。金網の間隔が広いと脱走する可能性があるので、網目が細かめのものが適しています。
- 単頭飼育では50cm四方程度のものが最低限のサイズの目安です。ケージをかじったり排泄物がかかったりすることも考慮して、丈夫で安全なステンレス製がおすすめです。
- 野生のデグーは巣穴を掘って暮らしているので、巣穴代わりになるような巣箱やハンモックを用意します。
- 砂浴びをする習性があるので、砂浴び用の砂と容器をケージのなかに置きます。
- 食器、給水ボトル、牧草入れなどを用意します。
- よくものをかじるので、かじって遊べるおもちゃを用意します。
- 回し車を入れると運動不足解消になります。

●温湿度

もともと山岳地帯の厳しい環境で過ごしているため、温度湿度の順応性は高いのですが、温度は20〜30℃、湿度は50％程度に保ちます。熱中症にならないよう、ケージは直射日光が当たらない場所に置きましょう。

●トイレ

デグーはトイレのしつけは難しく、トイレ容器を用意しても覚えるとは限りません。床材はおか

デグーのケージ

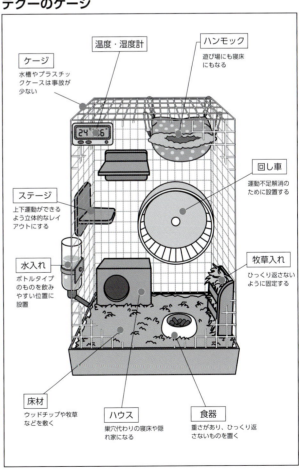

くずやウッドチップなどを敷き、汚れた部分を取り除くようにします。

● **食事**

デグーは完全な草食性です。主食として牧草とペレットを与えます。

- 主食のメインは牧草とし、チモシーやオーツヘイなどイネ科のものを与えます。子や授乳期のメスには栄養価の高いマメ科のアルファルファを与えてもよいでしょう。
- ペレットはデグー用のものを与えます。カロリーを抑え、肥満の原因となるため、与えすぎないよう補助的に与えるようにします。
- 副食として小松菜、チンゲンサイ、キャベツ、ニンジンや大根の葉を少量与えます。

● **雌雄鑑別方法**

- メスは外陰部が少し飛び出ているので、陰茎と間違われやすいですが、肛門との距離が短いのがメスです。
- オスは肛門と包皮口の距離が離れています。

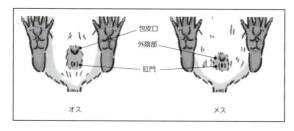

チンチラの飼養管理

■誕生から離乳まで

子の大きさは、体重35～60gで、被毛も歯も生えた状態で生まれ、目も開いています。子は数日で固形物を食べられるようになりますが、生後1週くらいまでは母乳をしっかり飲ませるようにします。生後1週～10日くらいから成獣と同じ牧草やペレットが食べられるようになるので、少しずつ与えます。完全な離乳は生後6～8週頃です。

チンチラのケージ

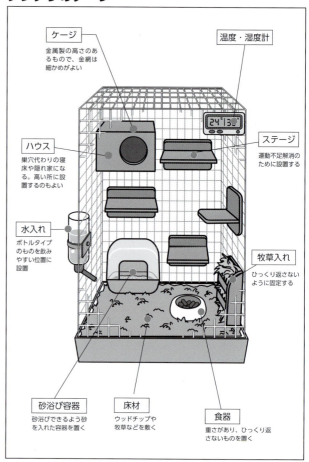

■チンチラ飼育のポイント

● **ケージ**

チンチラはよく物をかじるので、丈夫なステンレスなど金属製のケージで管理します。岩場を登り降りするのが得意で跳躍力もあり、活動的な動物なので、ある程度の広さと高さが必要です。

- ケージの広さは幅60～80cm、奥行き45～80cm、高さ100cm程度が目安です。
- 高い所に登れるよう、ステップやロフト、ハンモックなどを設置します。隠れたり休息したりする場所として、巣箱も置きます。
- ケージの床は網目状だと掃除が楽ですが、網目が大きいと足を挟んで骨折することがあるので注意が必要です。
- 食器はひっくり返されないよう、適度な重さのあるものや固定できるものを置きます。水入れも

ひっくり返さないよう、給水ボトルを設置します。
- 牧草が食べやすいように牧草入れも置きます。
- 砂浴びをする習性があるので、砂浴び用の砂と容器も用意します。

● 温湿度
- 生息地の環境が比較的乾燥しているので、高温多湿は苦手です。温度は20℃前後、湿度は30〜40％で管理します。

● トイレ
　トイレを覚えさせることは難しいですが、食器から離れた何カ所かの決まった場所に排泄します。

● 食事
　チンチラは完全な草食性で、野生では草の茎や根など高繊維質で栄養価の低いものを食べています。主食は牧草を与え、補助的にペレットを与えます。
- 主食のメインは牧草とし、チモシーやオーツヘイ、オーチャードグラスなどイネ科のものやマメ科のアルファルファなどを与えます。
- ペレットはチンチラ専用のものを与えます。

● 雌雄鑑別方法
- オスは肛門と包皮口の距離が離れていて、肛門の両側に睾丸があります。
- メスは外陰部と肛門との距離が短く、間に膣口の切れ込みがあります。膣口は普段は閉じています。

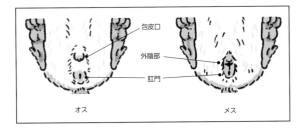

ヨツユビハリネズミの飼養管理

■誕生から離乳まで
　生まれてくる子の大きさは、体長約2.5cm、体重10〜18g。誕生直後にはまだ体の針はありませんが、30分〜1時間後には皮膚の下から出てきます。生後14〜18日ごろに目が開き、体毛も生えてきます。

　乳歯が生えるのは生後約3週で、この頃までは母乳で育てます。生後1カ月で成獣と同じフードが食べられるようになり、離乳期を迎えます。

■ヨツユビハリネズミ飼育のポイント
● ケージ
　ヨツユビハリネズミのケージは金属製のものと、プラケースやアクリルなど水槽タイプがあります。
- ケージのサイズは床面が60cm×90cm以上の広さ、高さ30cm以上のものを選びます。ケージによじ登って脱走することもあるので、十分な高さが必要です。
- 金属の網目やプラスチックの床で足を傷めることがあるので、ペットシーツ、ウッドチップなどの床材を敷きます。
- 不安な時に隠れたり、安心して眠ったりできるよう、ケージ内に巣箱を設置します。
- 食器はひっくり返さないよう、ある程度重さがある陶器製やステンレス製のものを用意します。
- 給水ボトルは衛生的で飲んだ量もわかるので便利ですが、うまく飲めない場合は深さのある器で水を与えます。
- ハリネズミは野生下ではかなり広範囲に行動するので、運動不足にならないよう回し車を設置します。

● 温湿度
　ヨツユビハリネズミのもともとの生息地は1年中気温が高いアフリカ大陸ですが、寒すぎるのも暑すぎるのも苦手です。1年を通して温度24〜29℃、湿度40％を保てるように管理しましょう。

● トイレ

トイレ場所を決めるのは難しいので、汚れた部分を定期的に取り替えるのが基本です。回し車で排泄するケースも多いので、その下にペットシーツを敷いておくと掃除が楽になります。

● 食事

野生のハリネズミはカタツムリやナメクジなどの軟体動物や昆虫などを主食としているため、動物性たんぱく質を含む高カロリーの食事が必要です。

- ハリネズミ専用のペレットを主食として与えます。
- 副食として、昆虫類（コオロギやミルワームなど）、ゆでたササミやレバー、少量の果物などを与えます。

● 雌雄鑑別方法

- オスは肛門と包皮口の距離が離れています。精巣は腹腔内にあるため、陰嚢は外見ではよくわかりません。
- メスは肛門の近くに外陰部があります。膣口は普段は閉じています。

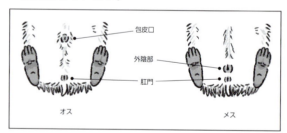

フクロモモンガの飼養管理

■ 誕生から離乳まで

誕生時の子の大きさは、体長約5mm、体重約0.2gで、とても未熟な状態で誕生します。生まれてすぐに育児嚢に移動し、その中で約2カ月間過ごします。育児嚢から出てから1週間～10日で目が開き、被毛も生えそろいます。

離乳時期は生後120～130日頃が目安です。

ヨツユビハリネズミのケージ

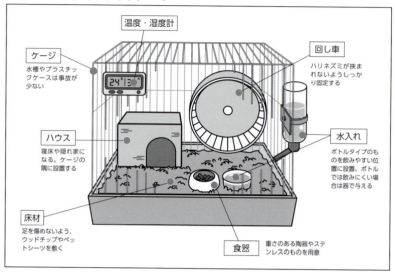

■ フクロモモンガ飼育のポイント

● ケージ

フクロモモンガは樹上性で、巣穴で暮らす動物なので、高さのあるケージと寝床となる巣箱が必要です。

- ケージは金属製の金網ケージと、アクリルケージがあります。金網ケージは通気性がよく、アクリルケージは保温性に優れています。
- ケージのサイズは、床面が60～70cm四方、高さ70～90cm程度のものが推奨されています。
- 立体的な運動ができるように、ケージ内には止まり木やステージなどを設置します。
- 安心して休息できるように、高い位置に寝床を用意します。寝床はリスや小鳥などに用いる木製の巣箱のほか、すっぽり入り込める布製のポーチもあります。
- ケージの床には、ウッドチップや紙製のチップ、ペットシーツなどを敷きます。
- 食器はひっくり返さないようある程度重さがある陶器製やステンレス製ものを用意します。
- 給水ボトルは衛生的で飲んだ量もわかるので便利ですが、うまく飲めない場合は深さのある器で水を与えます。

●温湿度

フクロモモンガは熱帯や亜熱帯で暮らしているため、寒さは苦手です。温度が15℃以下になると低体温症になる危険があります。温度は24〜27℃、湿度は50〜60％で管理します。

●トイレ

フクロモモンガは決まった場所に排泄する習慣はありません。どこで排泄してもよいようにケージの床にペットシーツや床材を敷き、排泄物の掃除をします。野生下では木のうえで排泄することが多く、止まり木やステージ、ケージの内側などが汚れることがあるので、しっかりと拭きましょう。

●食事

フクロモモンガは雑食性で、野生下では樹液や花の蜜、花粉、果実、昆虫など、植物質と動物質のものを食べています。近年は、フクロモモンガ専用ペレットが市販されているので活用しましょう。

・主食はフクロモモンガ専用ペレットを与えます。ペレット以外にフルーツなどが入っているミックスタイプもありますが、主食としてはペレットだけのものが適しています。
・副食には昆虫類（コオロギやミルワームなど）や野菜類（キャベツ、ニンジン、小松菜など）や果物（リンゴ、バナナ、ベリー類）などを与えます。
・甘いものは嗜好性が高く、肥満の原因になるので与えすぎに注意します。

●雌雄鑑別方法

フクロモモンガは尿道、肛門、生殖器の出口がすべて一つになった総排泄口をもっています。

・オスは排泄腔口よりやや腹部寄りに陰嚢がぶら下

フクロモモンガのケージ

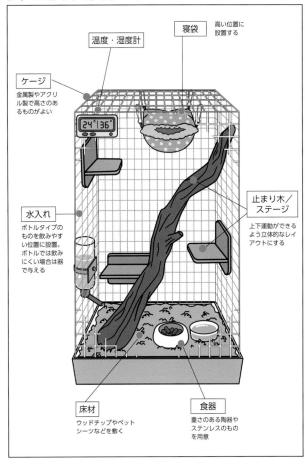

がっています。
・メスは腹部に子どもを育てる育児嚢があります。乳首も育児嚢のなかにあります。

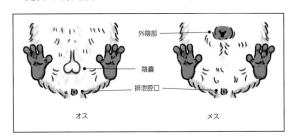

Part 9 ペットの生体販売

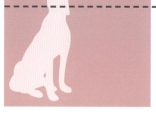

ペットショップにとって、ペット（生体）は大切な販売商品ですが、同時に、命を預かり、家族の一員として迎え入れてくれるお客様に健康な状態で引き継ぐという重要な役割があります。購入後のお客様とのトラブルを防ぐためにも、ペット売買契約や、生体販売に関して法律の規制などについて確認しましょう。

生体販売に関わる法律

生体販売と契約

Part2でも説明しましたが、ものを売り買いする際には、売主（ショップ）と買主（お客様）の間には売買契約が成立しています。これは、ペット（生体）の販売を行うときも同じです。

■生体販売と売買契約書

売買契約とは、ものを売ったり買ったりするときに交わす「約束ごと（合意）」です。普段、スーパーマーケットやコンビニエンスストアで代金を支払い、商品を購入するときも売買契約は成立しています。「これをください」「承りました」というやりとりは、いうなれば「口約束（口頭での契約）」をしたようなものです。

ペットショップでは、さまざまな商品を取り扱っていますが、ペット用品やペットフードなどについては通常の売買と同様に「口約束」が一般的です。けれども、生きているもの、命あるペット（生体）の販売となると、そうはいきません。

ペットショップには、動物を健康に管理して販売するという、命に対する責任があります。「売ったら終わり」ではなく、ペットの成長に寄り添い、アフターフォローをすることも大切な責務です。

また、いくらブリーダーやペットショップが健康管理をしっかり行っていたとしても、販売した後になんらかの先天的な病気が見つかる可能性もあります。

命ある動物は機械で製造した既製品ではなく、1頭1頭がオリジナルで状態が異なるため、病気など不測の事態が起こりうることを販売者も購入者も十分に理解しておく必要があります。これが単なる口約束だけですと、「言った」「言わない」という水かけ論になりがちです。

こうしたトラブルを予防して、何らかの問題が発生したときもスムーズに対応できるよう、ペットショップとお客様との間で売買契約を書面で交わし、双方が保管しておくことが重要です。万が一、トラブルが発生したときにも、契約書の内容に従って解決することができます。

●売買契約書の内容

売買契約書は、販売する側が作成しますが、一方にだけ著しく有利な内容は、契約書を交わしても無効になることがあります。消費者契約法では、「返品には一切応じません」「いかなる場合も損害賠償はいたしません」など、購入者（消費者）にとって著しく不利となる内容は無効とされています。

■ペット売買契約書のポイント

ペットの売買契約とは、ペットショップなどの販売者（売主）がペット（商品）を販売し、お客様（買

主）が代金を支払って受け取るという契約です。お客様にしっかりと内容を確認してもらい、納得のうえで署名していただきます。

何らかの問題が発生したときに、ペットショップが責任をどこまで負うのか、責任が問われないのはどういう場合かなど、免責事項を事前に決めておくことも重要です。

ここでは、ペット売買契約書（生体売買契約書）に書かれている主な内容とポイントについてみていきましょう。

❶売主・買主の明記

契約書では、いつ、誰と誰が契約したかが重要になります。

・契約日（引き渡し日）、売主（販売店）の情報（店名、代表者名、住所、第一種動物取扱業登録番号、担当者など）、買主（購入者）の情報（氏名、住所、電話番号、メールアドレスなど）など

❷販売ペットの情報

ペットの特定は重要ですので、個別のペットに関する情報を必ず記載します。

・種類・品種、性別、生年月日、引き渡し日（契約日と異なる場合）、血統書の有無、マイクロチップ番号など

❸販売代金

万が一、損害賠償責任が生じた場合、生体の販売価格が賠償金などの基準になります。関連商品とのセット販売をする場合も、生体の販売金額がわかるようにしておきましょう。

❹支払い方法

・現金、またはクレジットカード（一括・分割〈●回払い〉）など

❺返品・交換

「ペットは生き物ですので、買主の都合による返品・交換はできません」

購入した後で、「こんなはずではなかった」「家族に反対された」「飼いきれない」など購入者の一方的な都合による返品には応じる義務はありません。購入者には覚悟と責任を持ってペットと向き合ってもらえるよう、契約書にも明記しておきましょう。

❻買主の責任

子犬や子猫などの幼齢動物は環境の変化などによって体調を崩しやすく、飼い主の観察と適切な世話が必要なこと、体調の変化や不明点がある場合にはすみやかに販売店に連絡することなどを明記します。

❼売主の責任

販売するときにはわからなかった病気が後日発生した場合のペットショップ側の対応について規定します。よく見られるものに、ショップ内での感染症や成長の過程で判明する先天性疾患などがあります。

購入したペットに病気や障害が見つかった場合、買主はペットショップに対して「契約不適合責任」（Part2参照）として、原則として、治療費の請求や、代わりの同種のペットの引き渡しなどを請求することができます（買主の追完請求権）。誓約書に具体的な追完方法が書かれていればそれに従います。

売主の責任に対応するために、契約日からの期限、治療費の支払いや死亡した場合の対応など賠償の範囲などを記載します。期限は「販売日から6カ月以内」、補償金額は、原則的に「生体の販売代金が上限」とするケースが多いようです。

❽無料生命保証

幼齢期の子犬・子猫が購入後1カ月以内などの期間内に販売時には気づかなかった病気などで死んでしまった場合に、同額までの犬、猫を無料にて提供するという制度を契約書に取り入れるケースもあります。

ペット売買契約書のイメージ

❾免責事項

販売後のペットの病気などについて、ペットショップが責任を負わないケースを明記しておきます。例えば、病気の原因が購入者にある場合や、事故や天災などによるけがや死亡などです。

❿特殊な症例の保証

大型犬の股関節形成不全、小型犬の膝蓋骨脱臼などは先天的な原因によるものが多く、成長過程で症状が現れます。また、猫の伝染性腹膜炎（FIP）は猫コロナウイルスの感染によるものですが、ウイルスが変異すると、致死率の高いFIPを発症することがあります。

のちのち飼い主とトラブルになりそうな病気については、対応をあらかじめ決めておくとよいでしょう。

保証の例としては、検査費用の負担、見舞金の支払い、同程度の犬（猫）との交換などです。

⓫注意事項

「次のような場合、売主は責任を負いません」

購入者の管理ミスや契約違反によって発生した病気やけが、トラブルなどについては、ペットショップは責任を負わないことを明記します。

⓬特記事項

一般の項目とは異なるけれども、特別に書き記しておきたい項目欄です。

■その他の契約書（ペットお預かり書）

ペットショップでペットホテルなどの預かり業を行う場合もあります。売買契約ではありませんが、この場合は預けたお客様と預かったホテルの間には「寄託契約」が成立しています。つまり、ペットホテルは預かったペットを適切に保管し、預かったときと同じ状態でお客様にお返しする約束をしたことになります。

ホテル側にはペットを預かり、善良な管理者としてしっかりと管理するという「善管注意義務」があり、これを怠って逃がしてしまったり、ペットが著しく体調を崩したりなどトラブルが起これば、賠償責任が発生します。また、どんなに注意を払っていても、不測の事態でペットが病気になったり、死亡したりすることもないとはいえません。

さらに、預かり期間を過ぎても、何の連絡もないままペットを迎えに来ないというケースも起こりえます。

こうしたトラブルに備えて、「ペットお預かり書」を交わしておくことも大切です。ペットお預かり書には次のような項目を作成しましょう。

・飼い主とペットの情報
・預かり内容
・預かりに関する規定：料金の支払い方法（前払い）、預かり期間の変更について、身分証明書の提示など
・預かりができないケース：ワクチンの未接種、凶暴で咬み癖がある場合など
・免責事項：緊急時に獣医師による十分な処置をしたにもかかわらず、ペットが死亡した場合、家に帰ってから体調を崩すことへの注意喚起など
・引き取りのない場合の対応　など

動物愛護管理法と生体販売

生体販売に関する規制

ペットショップで生体を販売する際には、動物愛護管理法による規制や守るべき事項などが定められています。

■現物確認と対面説明

かつては、犬猫をはじめとする動物のインターネットによる取引が行われていました。けれども、実際の動物に会うことなく写真や動画だけで購入するインターネット販売は、「写真と違うものが届いた」「自宅に届いてから病気にかかっていることが発覚した」など、さまざまなトラブルが発生していました。

また、飼い主にはその動物を適正に飼育し、天寿を全うするまで終生飼養する責任があり、動物を購入する前にしっかりと覚悟を決める必要があります。

そこで、販売トラブルや衝動買いなどを避けるためにも、動物愛護管理法によって、動物（哺乳類・鳥類・爬虫類）を販売する場合には、動物を購入しようとする人に対して、その動物の現状を直接見せる「現物確認」と、動物の特徴や適切な飼養方法などについて、対面で文書などを用いて説明する「対面説明」が義務づけられています。現物確認が義務化されたことで、インターネット上だけでお客様と売買契約を成立させることは禁止されました。

なお、現物確認と対面説明は「その事業所において」行うことが定められているため、駅や空港、お客様の家、ドッグショーやキャットショーの会場で行うことは禁止されています。

対面説明は、生き物を扱う専門家として、ペットと飼い主の双方がよりよい関係を築いて幸せに暮らしていくために、情報提供とアドバイスを行う格好のチャンスでもあります。その動物の習性

対面説明でその動物の習性や飼育方法をきちんと説明し、購入者の理解を得たうえで、売買契約を行いましょう。

や性質、成長したときの身体の大きさや寿命、どれくらいの運動が必要か、食事内容や与え方などの情報をきちんと提供しましょう。

対面説明の内容は動物愛護管理法施行規則によって、次の18項目が決められています。

●対面説明が必要な18項目
① 品種等の名称
② 性成熟時の標準体重、標準体長その他の体の大きさに係る情報
③ 平均寿命その他の飼養期間に係る情報
④ 飼養又は保管に適した飼養施設の構造及び規模
⑤ 適切な給餌及び給水の方法
⑥ 適切な運動及び休養の方法
⑦ 主な人と動物の共通感染症その他の当該動物がかかるおそれの高い疾病の種類及びその予防方法
⑧ 不妊又は去勢の措置の方法及びその費用（哺乳類に属する動物に限る）
⑨ 前号に掲げるもののほかみだりな繁殖を制限するための措置（不妊又は去勢の措置を不可逆的な方法により実施している場合を除く）
⑩ 遺棄の禁止その他当該動物に係る関係法令の規定による規制の内容
⑪ 性別の判定結果
⑫ 生年月日（輸入等をされた動物であって、生年月日が明らかでない場合にあっては、推定される生年月日及び輸入年月日等）
⑬ 不妊又は去勢の措置の実施状況（哺乳類に属する動物に限る）
⑭ 繁殖を行った者の氏名又は名称及び登録番号又は所在地（輸入された動物であって、繁殖を行った者が明らかでない場合にあっては当該動物を輸出した者の氏名又は名称及び所在地、譲渡された動物であって、繁殖を行った者が明らかでない場合にあっては当該動物を譲渡した者の氏名又は名称及び所在地）
⑮ 所有者の氏名（自己の所有しない動物を販売しようとする場合に限る）
⑯ 当該動物の病歴、ワクチンの接種状況等
⑰ 当該動物の親及び同腹子に係る遺伝性疾患の発生状況（哺乳類に属する動物に限り、かつ、関係者からの聴取り等によっても知ることが困難であるものを除く）
⑱ 前各号に掲げるもののほか、当該動物の適正な飼養又は保管に必要な事項

■幼齢動物の販売規制

Part2（17ページ）でも説明しましたが、子犬子猫の販売日齢にも規制が設けられています。

子犬や子猫が犬社会、猫社会、そして人間社会のルールを学ぶ社会化期は、犬は生後3～12週齢、猫は生後2～9週齢だといわれています。

この時期の子犬子猫は、母犬・猫やきょうだいとのふれあいからも多くのことを学ぶため、早期に親きょうだいから引き離してしまうと、吠え癖や咬み癖などが生じやすくなることも指摘されています。

こうした問題行動が引き金となって飼い主による飼養が困難とならないよう、社会化期に親きょうだいと過ごす時間を確保するために、動物愛護管理法では、生後56日を経過しない犬猫の展示・販売・引き渡しを禁止しています。ただし、専ら天然記念物の日本犬のみを繁殖する事業者が消費者に直接販売する場合は生後49日となっています。

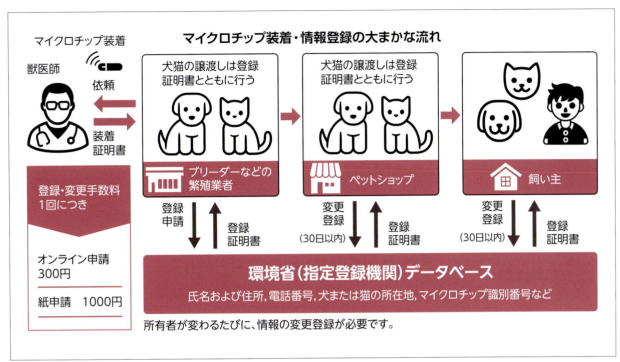

＊環境省の資料を元に作成

■展示時間の基準

子犬や子猫が疲れて体調を崩すことがないよう、販売に際しての展示時間の規制されており、午後8時から午前8時までの展示、お客様との接触、引き渡しは禁止されています。ただし、猫カフェなどでは成猫に限って、休息できる設備に自由に移動できる状態で展示されていることなどの一定条件のもとで、展示時間が1日12時間を超えない範囲で午後10時までの展示が認められています。

■マイクロチップの装着・登録の義務化

2022年6月1日から、ペットショップやブリーダーで販売されるすべての犬猫に、マイクロチップの装着・登録が義務化されています。

ブリーダーやペットショップは犬猫を取得した日（取得した犬猫が生後90日に満たない場合は、生後90日を経過した日）から30日以内にマイクロチップを装着することが義務づけられています。また、マイクロチップを装着したら30日以内に指定登録機関への登録を行わなければなりません。

マイクロチップが装着・登録された犬猫を販売するときには、購入者に「マイクロチップ登録証明書」を渡します。購入者は新しい所有者として、30日以内に「所有者の変更登録」を行う必要があります。

コラム ペットショップのよくあるトラブル事例［法律Q&A］

Q 販売後に遺伝性疾患が判明した

6カ月前に販売した子犬に先天性疾患が判明し、治療費の支払いを求められています。支払いに応じる責任はありますか？

A 治療費を負担しなければならないこともある

ペットショップには販売する動物について、お客様に対面で重要事項の事前説明を行うことが義務づけられています（動物愛護管理法第21条の4、動物愛護法施行規則8条の2／Part9参照）。説明項目には「病歴」も含まれており、販売時に先天性疾患が判明しているときには、その情報を伝えなければなりません。また、親やきょうだいの遺伝性疾患の発生状況も伝える必要があります。

ペットは生き物ですから、販売した時点ではわからなかった先天性疾患が後になってから判明するケースはよくみられます。この場合、販売した後でわかったのだから、ペットショップには責任はないというわけではなく、治療費の請求等に応じる責任があります。

販売時にはわからなかった先天性疾患が見つかった場合、購入者はペットショップに対して、「買主の追完請求」ができます（民法第562条の1／Part2参照）。民法では、引き渡された目的物の品質が契約内容に適合しないものであるときは、「目的物の修補、代替物の引渡し又は不足分の引渡しによる履行の追完を請求することができる」と定められています。先天性疾患の判明は通常「契約内容に適合しない」ものであり、購入者は先天性疾患を発見したときから1年以内にペットショップに通知することで、契約不適合責任として履行の追完を請求できます。つまり、治療費を請求された場合には、その支払いに応じる必要があります。ただし、契約書に具体的な追完方法が記載されていて、その内容が消費者契約法等に違反しない内容であれば、それに従います。

治療費の負担の範囲は通常、販売代金を超えない値引き程度の金額と考えられています。売買契約書に特約事項として「先天性疾患が判明した場合、治療費の負担は販売価格の〇％まで」と明記しておくこともできます。ただし、「どんな理由があっても購入者は損害賠償請求できない」など、購入者に一方的に不利な条項は消費者契約法によって無効となります（消費者契約法第8条）。

Q 販売後に感染症にかかった

子犬を販売してから10日後に犬パルボウイルス感染症を発症し、お客様から治療費を請求されました。支払う必要はありますか？

A 潜伏期間内であれば、治療費を負担することも

ペットショップには取り扱う動物の感染症の予防に必要な措置を適切に実施する努力義務があります（動物愛護管理法第21条の2）。

販売後、1カ月以上が経ってから感染症にかかった場合は、飼い主の元で感染した可能性が高くなるため、治療費の請求に応じる必要はないと考えられます。けれども、販売直後や病原体の潜伏期間内に発症した場合は、ペットショップで感染した疑いは否定できません。

例えば、犬パルボウイルスの潜伏期間は1～2週間といわれています。飼い主が子犬を外に連れ出さないなど細心の注意を払っていたにもかかわらず購入後10日で発症した場合には、ペットショップで感染した可能性もあるため、治療費の請求に応じるべきでしょう。

一方で、猫の伝染性腹膜炎（FIP）は猫コロナウイルスの突然変異によって起こると考えられており、注意していても予防が難しく、感染経路も明らかになっていないため、ペットショップにとっても対応が難しい感染症です。そのため、契約書の特約事項

に「猫伝染性腹膜炎については保証いたしかねる」と記すケースもあります。

重症になりやすいウェットタイプはこれまで治療が困難とされてきましたが、近年、有効な治療薬が見つかり、効果も報告されています。ただし、治療費は高額になるケースが少なくありません。店での感染の可能性が高く、責任を負ってもやむを得ないケースであれば、治療費を負担すべきですが、「治療費の負担は販売価格の〇％まで」など、負担できる金額の上限をあらかじめ決めておくとよいでしょう。

Q 大きくなりすぎたとクレームをいわれた

カニンヘン・ダックスフンドを購入したお客様から8カ月後に、体が大きくなりすぎてミニチュア・ダックスフンドのサイズになったので契約違反だとクレームをいわれました。

A 販売時の重要事項説明が大事

動物は工業製品ではないので個体差がありますし、飼い主の食事管理によっても大きく育つこともあります。トイ・プードルがミニチュアサイズになった、豆柴が普通の柴犬になったなど、成長後のサイズに関するクレームも少なからずあるものです。

重要事項の事前説明には、「性成熟時の標準体重、標準体長その他の体の大きさに係る情報」「適切な給餌及び給水」もあります。トラブルを防ぐためには、販売前に予想以上に大きくなることもあり得るときちんと購入者に説明し、納得していただくことが重要です。マンションの規約で「5kg以内」などの飼育規制があり、それを超えないサイズの小型犬を求めるお客様もいるため、そうした背景も確認しておくとよいでしょう。

必要事項をしっかり説明していたのであれば、予想以上のサイズになったとしても、契約違反にはあたりません。一方で、店側が説明を怠ったり、「5kgより大きくならない」と断言していた場合、購入者が適正飼養していたにもかかわらず著しく大きくなったときには、消費者契約法により購入者は契約を取り消すことができます（第4条1項）。契約が取り消されると代金の返金とともにその犬も返してもらうことになります。そのほか、債務不履行（民法第415条）として、損害賠償を請求されることもあります。

Q 血統書が届かない

販売後、ブリーダーから血統書が届きません。ブリーダーには催促していますが、お客様から血統書がないのであれば、代金を一部返金してほしいといわれましたが、支払う必要はありますか？

A 血統書代の返金に応じる必要がある

血統書はその動物の素性の証明となるものであり、「血統書付き」という付加価値によって、血統書のない動物よりも価格を高く設定するのが一般的です。

お客様に長くても3〜4カ月で血統書が届くと説明したにもかかわらず、その後、何カ月も渡せないようであれば、ブリーダーに問い合わせていつ頃までに届くのかを確認し、その事情をお客様に説明する必要があります。ブリーダーに催促してもいつまでも血統書をお客様に届けられない場合は、「血統書付き」という契約内容を守れていないこととなり、血統書代として上乗せした分の代金の返還に応じざるを得ないでしょう。

また、ブリーダーが血統書を発行できるとペットショップと約束したにもかかわらずそれが守られない場合には、ブリーダーの債務不履行となります。こうしたトラブルを防ぐために、ペットショップとブリーダーの間でも、しっかりと契約書を交わしておきましょう。

Part 10 ペット関連用品の販売

ペットが「家族の一員」「子ども同然」の存在となった今、ペット関連商品は多様化し、その種類も増えています。ネットショップでもほとんどのペット関連商品が購入できる時代だからこそ、お客様にペットショップに足を運んでいただけるように、飼い主のニーズに合った魅力的な商品を取り揃えるための工夫が重要です。

ペット関連用品のトレンド

用品販売の重要性

■ペット関連支出は増加傾向

これまで、ペットショップでの売り上げの主力は生体販売でしたが、生体販売に対する規制は年々厳しくなっています。イギリスやドイツなどヨーロッパでは、ペットショップでの生体の取扱いそのものを中止したり、制限していたりする国もあり、ペットショップの主な役割は、ペット関連グッズを販売することにシフトチェンジしています。

このように、世界的な流れを見てもペットショップでは生体販売のみに主軸を置くのではなく、ペット関連用品の販売に力を入れていくことが重要なトレンドになってきたといえます。日本国内でも、生体を取り扱わないペット用品専門のショップも増えつつあります。

一般社団法人ペットフード協会の「全国犬猫飼育実態調査」によると、犬猫の飼育頭数は2008年をピークに減少しています。近年は、犬はピーク時の1,300万頭台から700万頭を下回るまでに減少、猫は900万頭前後で横ばい状態となっています。

そうしたなかで、家庭のペット関連支出は年々増加傾向にあります。ペットが「家族の一員」や「子ども同然」の存在となった今、飼い主はよりよい商品やサービスを求める傾向が高まっており、1頭あたりにかける経費は増えていると考えられます。

また、近年では猫の飼育頭数が犬の飼育頭数を上回っていますが、飼育されている猫の8割以上が雑種・保護猫で、ペットショップやブリーダーからの購入は2割弱です。この8割の飼い主にペットショップに足を運んでお客様になっていただくためには、用品販売を充実させることが重要な課題となります。

ペット関連用品のトレンド

■用品はデザイン性も重要

ペットの家族化によって、ペット関連用品選びにも飼い主のライフスタイルが反映されるようになってきています。以前は使いやすさや機能性、安全性が用品選びのポイントでした。それが、室内飼育が一般的になり、ハウスやサークル、ペットベッド、キャットタワーなど室内に設置するものについては、インテリアに調和するベージュやブラウンなどのシックな色味や、デザイン性の高いものが好まれる傾向にあります。

●ペットフード

ライフステージ別フードだけでなく、犬種・猫種別、活動量、気になる症状の予防効果など、カテゴリーは細分化しています。また、飼い主の健

ペットの衣食住に関する用品を取り揃え、ペットショップは、ペットのいる暮らしの楽しさ・素晴らしさを想像し、実現するためのお手伝いをする場所として、飼い主に足を運んでもらえる店舗づくりを心がけましょう。

康志向は高く、ペットにも「よい食事を提供して長生きしてほしい」という思いから、安心・安全への関心が高まっています。そうした傾向を反映し、人と同様の素材を使ったヒューマングレードにも注目が集まっています。

● **スナック、おやつ、サプリメント**

ジャーキー、ガム、骨、クッキー、チーズ、ペースト、煮干しなど、さまざまなタイプがあります。かつては、ペットのおやつといえば、犬用が主流でしたが、猫のペースト状おやつの大ヒットによって猫にもおやつを与えることが習慣化し、それに伴い、猫のスナック類の種類も増えました。

デンタルケア、毛玉ケア、水分補給、投薬補助などの機能も、飼い主のおやつ選びのポイントとなっています。

また、ペットの健康維持のために、サプリメントへの関心も高まっています。

● **トイレ関連用品**

室内飼育では、犬猫のトイレ用品は必需品です。トイレ用品には、ペットシーツ、猫のトイレ砂（猫砂）、トイレトレーなどがあります。飼い主のペットの排泄物のニオイは飼い主の悩みの種であり、毎日、必ず使用するものなので、消臭効果に優れているもの、片づけや掃除がしやすいものなどが求められています。

猫砂は鉱物、ウッドチップ、紙、おから、シリカゲルなどの種類があり、トイレの形状もフラットタイプやドーム型、システムトイレなどいくつかのタイプがあります。

また、愛犬と一緒に外出を楽しむ飼い主が増え

たことでマナーウェアや、ペットの高齢化に伴ってオムツなどの介護ケア商品の需要も高まっています。

●ハウス、キャリーバッグ

ケージやサークルは、従来のスチール製のものだけでなく、プラスチック製、木製、パネルタイプ、折りたたみ式などさまざまなタイプがあります。ハウスはクレートやキャリーケースだけでなく、さまざまなデザインのものがあります。

また、移動用のキャリーケースはバリエーションも豊富です。バッグタイプ、リュックタイプ、スリング、バギー（ペットカート）などがあります。

●キャットタワー、爪とぎ器

猫は上下運動を好む動物です。室内飼育での運動不足の解消や、高いところに登りたいという猫の欲求を満たすためにも、キャットタワーやキャットウォーク、キャットステップなどを設置することが推奨されており、需要が高まっています。

部屋のなかでそこそこのスペースを占めるものなので、インテリアと調和するデザインや色味が好まれます。

また、猫の爪とぎ器は、爪をとぎたいという猫の欲求を満たすための必需品です。デザイン性の高いものや遊び心たっぷりの形状の爪とぎ器も登場し、飼い主を楽しませています。

●食器

フードボウルや水飲みなどの食器類も、従来のシンプルなステンレス製やプラスチック製のものよりも、インテリアになじみやすく、スタイリッシュなデザインの陶器のものが人気です。

早食い防止など形状を工夫したもの、食べやすさやこぼれにくさなどを追求したもの、飲水量が量れるメモリ付きのものなどもあります。

また、体に負担がかからない姿勢で食べられるフードテーブルも定番商品になっています。

●ペットウェア

愛犬のおしゃれを楽しむ人が増え、ペットウェア（洋服）は、今やペット用品の1ジャンルとして定着しています。近年では、人のアパレルメーカーも相次いで参入してデザイン性が高まり、飼い主とリンクコーデも楽しめるようになってきています。季節のイベントに合わせたコスプレウェアもあり、被り物は猫の飼い主にも人気です。

また、外出時や災害時の肉球の保護などの目的で犬用のシューズも注目されています。

ペットが喜ぶ姿を想像しながらのおやつやおもちゃ選びは、飼い主にとって楽しい買い物です。

毎日必ず使用し、常に飼い主の視界に入るペット用の食器類は、スタイリッシュなものが好まれます。

商品別販売のポイント

ペットフード

■有効な展示方法

コンセプトやスペースなどの条件によって品揃え(しなぞろえ)に差が出ますが、一方でそれがショップの個性を打ち出すポイントになります。以下にそのポイントを記します。

・品揃え重視ならば、棚1本のすべてを活用してタイプ別に陳列し、ボリューム感を演出する。たくさんのパッケージの色が重なり合って雑多な印象にならないよう心がける。

・価格重視ならば、チラシと連動させたPOPを活用したプロモーションが効果的。「広告の品」「○○%引き」などのPOPを、棚のカラーリングを意識しながら貼りつける。

・現在のペットフードは機能、成長段階など細かく分けたブランド構成が一般化しているので、「このフードはどんなペットに向いているのか」を、それぞれのタイプごとにはっきり示すことが大切になる。POPはアイキャッチになる大きなタイトルと、そのフードの特徴と利点を詳しく説明した文章によって構成する。

◎効果的なPOP＆キャッチコピー例

★あなたの愛犬、愛猫肥満度チェック

肥満度（ボディ・コンディション・スコア）4以上は、フードを「ライト」に変えてみましょう。

★シニア犬には特別な食事を用意してあげてください

高齢な犬や猫の写真をアイキャッチに。

★成長段階によって理想のフードは変わります

階段状に子犬子猫からシニア犬シニア猫の写真を並べる。そしてそれぞれの健康維持に必要な栄養素を表示し、それが配合されているフードを横に並べる。

★自然素材にこだわったナチュラルフード

原材料や素材を気にかける飼い主に向けて、「自然素材」「原料は国産」「グレインフリー」などを明確に示す。

■店頭でよくある質問と対応例

Q1 たくさん商品がありすぎて、どのフードを選べばよいのかわからないのですが…。

A まずはその理由を聞いて、お客様のペットの種類（犬種）、健康状態、年齢、体重、運動量、飼育環境、などの情報を加味して候補を提案します。そのときにあらかじめ、価格の説明も行いましょう。「高いものを勧めている」という勘違いをされないために大切なことです。

説明時には、現在のフードから新しいフードへ移行する際の注意として、いきなり全部を変えてしまうのではなく、新しいフードを混ぜて、その割合を少しずつ増やしていくことをお伝えしましょう。

Q2 フードの適切な給与量を教えてください…。

A 最適な給与量は、フードによって大きく異なります。パッケージには必ず記載されているものですが、お客様にはわかりづらいので、読み上げて確認するとよいでしょう。

可能であれば、日頃からフードの中身を見て、その形や表面の脂分などの印象をつかんでおきましょう。それらの情報を付加すれば、より詳しい説明をすることができます。

また運動量の違いや太りやすさなど、個体差も大きいので記載されている量は目安であって、適切な給与量は個々によって適宜調整が必要であることも説明します。

ハウス

■ハウスの種類と特徴

ハウスは、犬にトイレ、留守番などのしつけをするための必需品です。また、犬や猫が落ち着いて過ごせるプライベート空間にもなります。

用途や特徴別に次のようなバリエーションがあります。

●ケージ

金属やプラスチックの細い棒を組み合わせてつくったハウス。木製のものもあります。全体が網状なので通気性がよいこと、なかが見えやすいことが利点です。また折りたためるものが多いので、旅行時などにも持ち運びに便利です。

猫には上下運動ができるステップ台がついた2～3段ケージが適しています。

●キャリーケース／クレート

いろいろな素材、形状のものがあります。プラスチック製の箱型のハードタイプは、犬や猫の移動用のバッグとしてだけでなく、室内でクレート（ハウス）としても使用可能です。頑丈なプラスチックで覆われており、なかのペットの安全とプライバシーが保たれることが利点です。

また、災害時にペットと避難をする際にキャリーバッグに入れて移動する必要があり、ハードタイプのケースは、避難所でもハウスとして使用できることなども、お客様へのお勧めポイントになります。

●サークル

金属、プラスチック、木などでできた柵を組み合わせて囲いをつくり、そのなかにベッドやトイレ、小さなハウスなどを置いてペットの居場所に使います。また、室内で犬を留守番をさせる際の安全エリアとして使うこともできます。底面にプラスチックのトレーをつけて、ケージのように使う方法もありますが、犬によっては飛びだしてしまうので、その場合は天井がついているものを勧めたほうがよいでしょう。

●ソフトクレート

丈夫な布に金属製の骨をつけて組み立てるソフトタイプのクレートです。軽くて小さくたためるので、旅行用のハウスとして重宝します。ほかの

タイプに比べて丈夫さでは劣りますが、なかでおとなしくしていられるしつけをすれば、日常のハウスとして使うことも可能です。

■有効な展示方法

- 折りたたんだままや箱の状態で店頭に置いたのでは、何をするための商品なのか、自分のペットにぴったりな大きさなのか、部屋に置いても違和感がない色調かなど、お客様が知りたい情報がまったく伝わりません。必ず組み立てた形で展示し、お客様にさわってもらうことが大きな決め手となります。
- ハウス単体ではなく、なかに敷くマットやベッド、おもちゃなどを一緒に展示しましょう。「オリ」のような冷たい見た目が「ハウス」という温かい印象に変わります。またそれら関連用品の売り上げアップにもつながります。
- ハウスには種類があり、それぞれ特徴と用途が違うことを説明するために、同じ種類を多く展示するのではなく、ケージ、キャリーケース、クレート、サークル、ソフトクレートなど、異なるタイプのものを幅広く展示しましょう。

◎効果的な POP ＆キャッチコピー例
★まずはハウスを用意しましょう。
　ハウスは犬のトイレのしつけ、留守番、旅行やレジャー、来客時など、犬と暮らすあらゆる場面で必要です。

■店頭でよくある質問と応対例

Q1 室内飼いなのに、なぜハウスが必要なのですか？

A 室内でも犬の居場所を設けることは、トイレのしつけをするうえでとても大切です。犬はトイレの場所を自分の寝床から離れた場所に決める習性があります。ですから、まずハウスを自分の寝床として子犬に認識させ、さらに失敗を繰り返さないためにも、飼い主が見ていられないときに、入れておける安全な場所が必要であることも説明しましょう。

　また、旅行に愛犬を連れていく場合や家に来客がある場合など、犬が自由に行動しては困るとき、さらにペットホテルや入院の際、または災害等でペットとともに避難する際にも、おとなしく入っていられるようにしておけば安心です。猫も同様です。

Q2 どの大きさのものを選べばよいのですか？

A 室内での居場所として使うのであれば、愛犬が脚を伸ばして寝そべったときに少し余裕がある長さのものを選んでください（猫の場合は、上下運動ができる2段以上のケージがお勧めです）。そうではなく、移動用として使うのであれば、なかで愛犬（愛猫）が動きすぎてしまわないように長さは多少短かめ、幅はやや細めのものを選んでください。

リードやカラー／おもちゃなどのしつけ関連用品

■リードやカラー／おもちゃの種類と特徴

●リードやカラー

　リードとは散歩に使用する犬の引き紐、カラーとは首輪のことをいいます。昔は金属鎖や布製、革製がほとんどでしたが、現在は素材、形、使い方においてさまざまな種類のものが発売されています。カラーは外出の際にリードを着けるという

実用性だけでなく、ファッションアイテムとして楽しむ飼い主も増えています。従来のベルトタイプ、脱着しやすいワンタッチバックルタイプなど、バリエーションも豊富です。

①ナイロン製リード／カラー

ナイロン製の繊維を編んだ生地でできており、軽くて丈夫、いろいろな色や模様のものがありおしゃれ、低価格など、リードやカラーとしては最も扱いやすい商品です。

②布製リード／カラー

ナイロン製と形状はあまり変わりませんが、高級感がある、洗えて清潔を保てるなどのほか、ナイロン製のものにアレルギーがある犬にも使えます。少々高額になっても付加価値で売ることができる商品です。

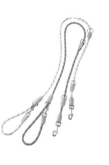

③革製リード／カラー

牛のなめし革などを使った、丈夫なリード／カラーです。最近では高級ブランドでもペット用の革製のリードとカラーを販売しており、愛犬とのおしゃれを楽しむ人たちの間では特に人気の高い商品です。

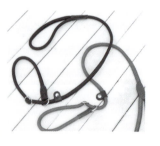

④伸縮式リード

プラスチックのカバーにつけられたボタンやレバーの操作で、長さを伸ばしたり縮めたりすることができるリードです。基本的には普段の散歩で使用するというより、公園や広い場所で遊ばせるためのものになります。

⑤訓練用チェーンカラー

金属製の特殊なカラーで、犬がリードを引っ張ると首が絞まります。絞まるときの金属音と絞まるという嫌悪刺激によって犬を訓練するという訓練用のカラーです。

装着や使い方には専門的な技術を必要とすることから、初心者や訓練についてあまり詳しくない人には向いていません。販売に際しては、それらの説明が絶対に不可欠になります。

●ハーネス

ハーネスは、前足を通して胴に装着する、いわゆる「胴輪」です。首輪よりも抜けにくく、首に負担もかからないことから、胴輪を選択する飼い主も増えています。短頭種など呼吸器トラブルの多い犬種や、引っ張り癖のある犬には首輪よりもハーネスがお勧めです。

●猫用首輪

猫用首輪は飼い猫であることの目印、身元表示であり、おしゃれを楽しむために着ける人もいます。

猫は狭い所にもぐり込むのが好きな動物ですが、その際、何らかの障害物に首輪が引っかかると、身動きが取れなくなったり、首をつったりするなどの事故が起こる可能性があります。そのため、猫用首輪には、セーフティバックルなど、ある程度の力が加わると外れるような安全機能が付いていることが犬用首輪との大きな違いです。

こうした安全性をきちんと説明し、猫の飼い主には犬用首輪ではなく、必ず猫用首輪を案内しましょう。

●おもちゃ

いろいろな形のおもちゃが発売されていますが、その用途により大きく2つに分けることができます。どちらのおもちゃも、人間との快適な暮らしのためには、絶対に必要な用品です。

①人といっしょに遊ぶためのおもちゃ

飼い主といっしょに遊んで、運動不足やストレスを解消するためのおもちゃです。飼い主と遊ぶ

ことでお互いの信頼感が向上するとともに、ペットのエネルギーを発散させることで、いたずらに向くエネルギーを減らす効果があります。

一緒に遊ぶとき以外は、人間が管理することが大切です。犬や猫が壊して飲みこんでしまうことを防ぐと同時に、「飼い主と遊ぶときだけの特別なもの」とすることが、しつけの面でも大切となります。

②ひとりで遊ぶためのおもちゃ

留守番中や来客中など、ペットにかまってあげることができないときに、ひとりで遊ばせるためのおもちゃです。なかや表面に、ペットの興味を惹きつけるためのフードやおやつを入れたり、塗りつけられることができる構造になっています。

長時間遊んでいても壊されることがないように、天然ゴムなどの丈夫な素材でつくられています。

■有効な展示方法

・リードはカラーリングを考え、つり下げて美しく展示しましょう。デザイン性の高いカラーやハーネスは、ぬいぐるみなどに装着して、装着時のイメージを感じてもらうことが有効です。
・ひとりで遊ばせるためのおもちゃは、子犬のショーケースに入れて、実際に使用している場面を見てもらいましょう。その場合にはフードをおもちゃのなかに入れておきます。

◎効果的なPOP＆キャッチコピー例
★遊びや運動はこんなに大切
★散歩が大切な理由
①飼い主との信頼感を築きます
②むだ吠えやいたずら（かじってほしくないものをかじる）など、ストレスからくる問題を防ぎます
③お留守番や来客があったときでも、静かに過ごすことができるようになります

リードやカラーの展示例

■店頭でよくある質問と応対例

Q1 適正なカラーのサイズとリードの長さを教えてください…。

A 着けた際に、首とカラーに人の指2本分が入るぐらいが適切なサイズです。犬（猫）の詳しい首のサイズがわからない場合は、調節ができるナイロンや布製のものが無難です。

リードは飼い主の身長と犬の体に合わせて考えます。犬が自分の横について歩いているときに、たるみができる長さがベストです。一般的には100〜120cmが適当でしょう。

Q2 おもちゃをすぐ壊してしまうのですがどうしたらよいでしょうか…。

A ぬいぐるみやロープのような、ペットといっしょに遊ぶおもちゃは、ペットに渡しっぱなしにせず、普段は飼い主が管理してください。ひとりで遊ばせるためのおもちゃは、天然ゴム製などの丈夫なおもちゃが最適です。

シャンプー、ブラシなどのお手入れ用品

■お手入れ用品の種類と特徴

●シャンプー
①一般的シャンプー

いわゆるオーソドックスなシャンプーです。汚れを落とす洗浄

（写真提供：株式会社ハートランド）

力と香り、それに低価格が商品PRのポイントになります。

②用途別シャンプー（1）

ノミ取り効果、ペットのデリケートな肌を考慮したものなど。医薬品は通常許可を得た動物病院や薬局でしか販売することができません。シャンプーのような日常使う頻度が高いもので、比較的安全なものに関しては「動物用医薬部外品」としてペットショップでも扱うことができます。

③用途別シャンプー（2）

皮膚の保湿成分や皮膚病対策、芳香効果のために、ハーブなどの天然成分を配合したもの。子犬用・長毛用など対象別につくられたシャンプーで比較的高価なのが特徴です。

●ブラシ／クシ

①ピンブラシ

毎日のブラッシングに使う、金属製のピンがついたブラシ。

②コーム

金属製の櫛。グルーミング時など、被毛を整えたい場合に使います。

③スリッカーブラシ

絡まった被毛を解きほぐすために使います。長方形のヘッドに、針金のようなピンがついています。皮膚に密着させて使うと、皮膚に細かい傷がついてしまうので販売の際には、お客様に使い方の指導もあわせて行いましょう。

④ラバーブラシ

ゴムでできたやわらかいブラシです。超短

毛や短毛の犬や猫のブラッシングのほか、皮膚のマッサージやシャンプー時に重宝します。

●その他のお手入れ用品

①ペット用歯ブラシ・ペースト

歯ブラシは人間用のものよりヘッドが小さめ、毛先は軟らかくつくられています。柄は斜めに角度がつけられており、犬や猫の口に当てやすい形になっています。また指サック型やガーゼのような使い捨てタイプのものもあります。

ペットはうがいをすることができないので、ペーストは、食べてしまっても安全で研磨剤が含まれないものが使われています。また嫌がらずに歯みがきを行うために、チキンなどの風味がつけられています。ペースト状ではなく液体状の歯みがきもあります。

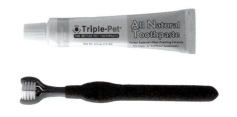

②耳の洗浄液

ペットの耳に注入して、耳のなかを洗浄するクリーナーです。揮発性（きはっせい）が高いので、拭き取らなくても耳のなかに液がたまってしまうことはありません。これを脱脂綿にしみ込ませて拭くと、耳の入口などをきれいにすることができます。

垂れ耳の犬の耳の内部は通気性が悪く、不潔になりがちなので、定期的な耳そうじは特に大切です。

③爪切り

ハサミ型とギロチン型が一般的です。ギロチン型とは、先端の穴にペットの爪を通し、グリップ

を握ることで刃を動かし切り落とすものです。

使用に際しては、深爪をさせないための技術が必要ですので、その方法をしっかり説明することが大切です。

■有効な展示方法
・シャンプーは、アイテム数が多いので、カラーリングを意識して種類やブランドごとに並べ、選ぶ楽しさを演出すると効果的です。
・歯みがきや耳掃除を怠ると、歯周病や外耳炎などの病気になることを説明するPOPなどを使い、「生活必需品」であるという認識をもってもらいましょう。また口腔や耳の状態がひどい場合には、獣医師に相談するように伝えましょう。

◎効果的なPOP＆キャッチコピー例
★わんちゃん（ねこちゃん）にも歯みがき習慣を！
　歯周病予防のためにはデンタルケアが欠かせません
★愛犬をシャンプー好きにする３つのコツ
　①おやつを与え、ほめながら
　②やさしくマッサージ
　③愛犬が気に入る香りをチョイス

■店頭でよくある質問と応対例
Q1 ブラッシング、シャンプー、爪切り、歯みがきのどれも、嫌がってできないのですが…。

A 力ずくで押さえつけてお手入れをすると、嫌いになるのは当然です。やさしい声で褒め、時々おやつを与えながら、ゆっくり慣らしていきましょう。

一気に最後まで行おうとせず、「今日は体をさわるだけ」「次はブラシを見せるだけ」「次はブラシをあてるだけ」「最後に少しブラシを動かす」という具合に、時間をかけて日々レベルアップしていくことが大切です。

どうしてもうまくいかないのであれば、最初はプロに頼むことも一つの方法です。

犬用ウェア、アクセサリー

小型犬を中心に、「犬に服を着せる」習慣が日本にも定着しました。デザイン製の高い製品も多く、人間の洋服顔負けの高価格のものもあります。

■有効な展示方法
・人間の衣服のように、トルソーに服を着せて展示する方法が取られています。また鏡やトリミングテーブルなどを置いて、「試着室」をつくるペットショップも多くあります。
・「大量陳列＝選ぶ楽しさの演出」が最も当てはまりやすい商品です。トルソーに装着させた季節感あふれる展示に加えて、専用コーナーを設け、ハンガーを使った大量展示を行うことで、有力なマグネットスペース（194ページ）にすることができます。
・小型犬の飼い主が中心顧客となるため、小さめサイズの商品を中心に品揃えすることになりますが、衣服を欲しがっている中型犬・大型犬の飼い主もいます。スペースの都合で各サイズを取り揃えられない場合には他サイズがあることと「注文も承ります」の表示をしておきましょう。

◎効果的なPOP＆キャッチコピー例
★あなたの愛犬にぴったりの一着が見つかります
　→採寸サービスを行う
★これが人気のコーディネート術
　→キャリーバッグや小物とのコーディネート例を見せる

Part 11 売り場づくり

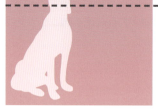

お客様の購買意欲を高める売り場をつくるために、役に立つポイントを覚えておきましょう。店内を回る際のお客様の心理を考えて棚や商品、掲示物を配置することで、売り上げを飛躍的に伸ばすことができます。また店舗に並べるペット用品のセールスポイントも、適切に説明できるようにしておきましょう。

ペットショップの売り場

売り場づくりの重要性

■売り場づくりの基本

あらゆる小売店の売場づくりの基本は、消費者にとって買いやすい売場であることです。そのために常に頭に入れておくべき大切な要素があります。

> 1. 入りやすい売り場
> ショップの前を通っている人を、いかに店内に引き込むか。
> 2. まわりやすい売り場
> お客様が対流しやすい通路配置であるか。
> 3. 見たくなる売り場
> 自然に視線が向く商品陳列がされているか。
> 4. ふれたくなる売り場
> 効果的なPOPが掲示されているか。

これらをすべて取り入れた、愛される売場づくりを実現するためには、店内レイアウト／POP／陳列／演出に関する知識を持っていなければなりません。

入りやすい売り場づくり

店舗の入り口には、少しでもお客様が入りにくくなるようなマイナス要素があってはいけません。チラシを配ったり、お金をかけて宣伝をして、お客様を店舗の入り口まで誘導したとしても、肝心の店舗の入り口に問題があったのでは売り場まで足を運んではくれません。ショップの「顔」である入り口には、スタッフ全員が常に注意を払っていなければなりません。

■明るく清潔な入り口

人間は明るいところに引きつけられる習性があります。また店頭が明るく演出されているショップは、お客様に「元気のいいお店」と感じさせるものです。反対に店頭が暗いと、ショップが開いているのか閉まっているのかがわかりくい印象をお客様に与えます。

・入り口付近にスポットライトをあてる。
・電球切れがないかこまめにチェックをする。
・ガラス戸の拭き掃除を徹底する。
・入り口付近の掃除、雑草の処理、入り口マットの洗浄を定期的に行う。
・のぼり、看板などで元気のよさを演出する。
・入店されるお客様に元気よく「いらっしゃいませ」のあいさつを行う。

■わかりやすい入り口

入り口から店頭を見ただけで、「どんなお店」な

のかが伝わる工夫をしましょう。お客様が店内に入りやすい環境をつくるだけでなく、「あの商品が欲しい」と思ったときに真っ先に思い浮かべてもらうきっかけにもなります。自分のショップの一押し商品やサービスを入り口に表示することで、お客様に強いインパクトを与えるのです。

- 一押しの商品やサービスのPOPを入り口にわかりやすく表示する。
- 陳列が可能なものなら、一押し商品を入り口付近に大量に並べる。
- 店内の商品構成がわかるように、フロア案内図を表示する。

■障害物のない入り口

入り口の前に障害物はないか、お客様が入りにくい状況になっていないかを確認しましょう。

- 商品が入り口をふさいでいないか。
- 看板の位置が悪く、入り口をふさいでいないか。
- 段ボールが散らかっていないか。
- 大きすぎるワゴンを入り口に置いていないか。

■不安のない入り口

お客様が心理的になんとなく不安を感じる売り場には、「入りにくい」ものです。気に入った商品がなさそうなときや雰囲気が合わなかったときでも、気楽に出られる入り口にすることで、その不安を解消することができます。

- 外から店内の様子がわかりやすいように、入り口の間口を広く取る。
- 比較的手頃な商品を店頭付近に展示する。
- お客様が計算しやすいように、商品の価格を明示しておく。

まわりやすい売り場づくり

入りやすい入り口をつくり、お客様に店内へ足を運んでもらった後は、店内をくまなくまわって買い物をしてもらうための工夫が大切になります。

棚やレジの設置位置を考えて通路をデザインし、お客様にショップ側が「ここを通ってください」と

自然に主張するレイアウトを設計しましょう。また、棚に陳列する商品の配置も計画し、お客様を各スペースに引き寄せるための工夫をしましょう。

■主通路

お客様がどのように店内をまわるのかを決めるのが、店内の「主通路」の取り方です。主通路の条件は以下のようなものです。

- 店内の通路で一番広い。
- 入店客の8割が必ず歩く。
- 店内の奥までまわっている。
- まっすぐで曲がりくねっていない。

まずは入り口から壁面に沿って、店内奥まで広い通路を設定します。店舗が広いときには、中間にもう1本の主通路を設定してもいいでしょう。この主通路をもとにして、棚の位置や商品の配置を決めていくのです。

■客動線

お客様に店内をどのように歩いてもらいたいのかを決めるのが客動線です。この客動線が長いと、お客様にそれだけ長時間店内にとどまってもらうことができ、売り場の奥まで商品をしっかり見てもらうことができます。そうすることで、取扱商品を知ってもらうことができますし、お客様が買いたいと思っている以外の商品も購入してもらうことができるかもしれません。反対に短いと、入り口から入ってすぐに出てしまうことになります。

ペットショップでは、生体コーナーを店の一番奥に設置し、そこへ向かう動線上にペット関連用品の売り場を設けることで、商品への関心を惹きつけることができます。客動線を長くするためには、以下のことを確認します。

- お客様の動きを見て、奥まで行ってほしいのに引き返している場所はないか。
- ほとんどお客様が通っていない通路がないか。
- 通路に柱や商品を置く什器（陳列棚や平台など）が張り出して、通路を狭めていないか。
- 魅力的な商品やPOPが少ない、長すぎる通路になっていないか。

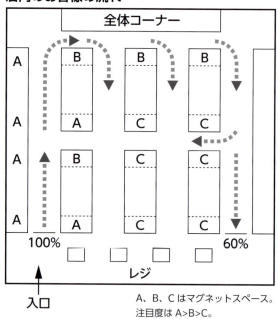

店内のお客様の流れ

A、B、Cはマグネットスペース。注目度はA＞B＞C。

- 什器がカーブしていて、それにつられるようにお客様が自然にカーブするように歩いていないか。

■マグネットスペース

注目度が低く、お客様があまり流れていかないスポットを改善する一つの方法として、お客様にとって興味のある魅力的な商品が売られる売り場［マグネット（磁石）スペース］を計画的に配置し、磁石に引き寄せられるように、お客様を惹きつけることで新しい客動線をつくる方法があります。以下にそのポイントを記します。

- 磁石とする商品は、購入頻度が高く、比較的低価

注目商品や同種の商品を目立つようにまとめた「おすすめコーナー」

格のもの、誰もが気軽に買える必需品がよい。
- 新商品や、店側からの提案コーナーを設け、注目を集める。
- 主通路沿いに、お客様が立ち止まった位置から次の磁石が見えるように配置する。
- 通路の突き当たりには、必ず魅力的な磁石を配置する。

■通路の幅

店内の通路はなるべくゆったりととりたいものですが、実際には店舗の規模によって制約があります。また通路を広くとるために、売り場の面積を縮めてしまったのでは、スペースのむだ使いになります。

お客様が通りやすく、なおかつ商品が見やすい通路にするためには、人間の体の幅など客観的なデータをもとに幅を設定していくのがよいでしょう。以下にそのポイントを記します。

- 日本人の平均的な体型は、身長160～170cm。肩幅40cm強。この幅に腕を振って歩くスペースを両幅に10cmずつ加えると、人間1人が通れる最低の幅は60cmとなる。
- 1人が什器の商品を見ている後ろを、別の1人が通れる通路の幅は90cm。
- 通路を歩く2人がすれ違うことができる通路の幅は60cm×2人で120cm。
- これら60cm、90cm、120cmの通路幅を基本と考え、主通路を90cmとするときにはそのほかの通路を60cm、主通路を120cmとするときにはそのほかの通路は90cmという具合に設定する。

■ゾーニング

店内のどこにどの商品を配置するかを決めることをゾーニングといいます。店内のスペースには、その位置によりそれぞれ役割があります。

●集客ゾーン

- 店内に入ってすぐの3分の1のゾーン。入店したお客様に売り場に興味を持ってもらえるような商品を展示する。
- 普段よく使う、購買頻度が高い商品やチラシに載せた目玉商品、主力商品、季節商品などを展示する。
- 平台やワゴンを使い、安さやボリューム感をアピールする陳列をする。
- 商品名や価格を目立たせた大きめのPOPを展示する。

●品揃えゾーン

- 集客ゾーンに続く3分の1のスペース。集客ゾーンで売り場に惹きつけられたお客様に、品揃えのよさをアピールし、商品選びをゆっくりとしてもらう。
- 什器に空きスペースをつくらないように、商品をびっしり並べる。
- 商品を比較検討しやすいように、「ドライフードコーナー」「おやつコーナー」のように単品別の陳列を行う。商品説明のPOPを多く用意する。

●接客ゾーン

- 店舗の一番奥に位置する3分の1のスペース。じっくりとお客様と会話を交わして販売する。
- 説明が必要な商品（ペットや動物用医薬部外品など）や高額な商品を時間をかけて吟味してもらい、接客で販売する。
- お客様とのコミュニケーションをはかり、固定客づくりを行う。
- 販売員がいないときでも商品のよさをPRすることができる説明POPを用意する。

■一等地とデッドスペース

売り場には何をおいても売り上げが上がるスペース（一等地）と、売れ筋商品を置いても売れないスペース（デッドスペース）があります。

●一等地

- 店頭付近、主通路沿い、什器の端、通路の突き当たりなど、通行客数が多いところが一等地になることが多い。
- 一等地には売上構成比の高い（15％以上）、売れ

筋商品を置く。売れ筋商品を、もっとたくさん売ることで店舗全体の売り上げは上がる。

● デッドスペース
・従業員用の出入り口付近、柱の裏側、階段の下など、物理的に凹凸が多いところがデッドスペースになることが多い。
・例えばスポットライトをあてて明るくしたり、大きなPOPを貼るなどして見やすさを演出する。

■ 照明
　照明は売り場に陳列された商品をよりよく見せるためのもので、店舗の構造、売り場の通路の取り方、什器の並べ方にあわせて設置していきます。人間には明るいところに惹きつけられる習性があるので、照明を明るくすることでそのスペースにお客様を集め、客動線を変えることもできます。以下にそのポイントを記します。
・主通路沿いには、人間が明るいと感じる1,000ルクスを目安に照明器具を取りつける。
・お客様を呼び込みたい場所には、蛍光灯などのメイン照明のほかにスポット照明を設置する。
・少しでも照明器具を効率よく輝かせるために、こまめに掃除を行う。

　ただし、生体を取り扱う売り場については、動物が落ち着けるよう、別途、照明の管理が必要になります。Part8で説明した「動物取扱業における犬猫飼養管理基準」では、動物の飼養や保管をする環境に関する事項として、光環境についても次のように基準を設けています。
・自然光や照明がない場所での飼養を禁止するとともに、夜間に休息を確保するため、自然採光又は照明により日長変化（昼夜の長さの季節変化）に応じて光環境を管理すること。

■ 催事スペース
　季節毎に商品を変えて陳列するスペースを催事スペースといいます。梅雨前にレインコートを置いたり、連休前にレジャー用品を置いたりすることで、「売れる時期に、売れる商品をもっと売る」魅力のある売り場をつくります。以下にそのポイントを記します。
・入り口を入ってすぐのスペースを催事スペースとして、催事毎に商品を変更する。
・什器は平台やワゴンを使用し、ボリューム感や安さを演出する。
・季節指数（季節性）の高い商品がその時期に売れる商品。単品毎の季節指数を計算して、その月の季節指数の高い商品を催事スペースに持って来る。
・季節指数は次の公式で求める。

（ある商品の）月間売上高 ÷
　　（ある商品の）年間売上高 × 100

見たくなる売り場づくり

　商品にはさまざまな意味や価値があります。それが伝わったとき、消費者は商品を購入する行動に至ります。商品が持つ特徴を引き出し、価値がお客様に伝わるように、陳列の方法を考えることが重要です。

■ 什器
　商品を並べるための棚や台を什器と呼びます。スペースの構造や広さ、ゾーニングの特徴、商品の内容や価格などにより、使い分けます。

● 平台
・ボリューム感や安さを演出することができ、集客ゾーンに使用することが多い。
・平台には多くの種類ではなく、一品を集中して置くため、頻繁な補充の必要がない。場合によっては箱のパッケージをそのまま重ねておくこともできる。
・在庫はそれほど置かなくても、ボリュームのある陳列ができる。売り場の前がわを平台に変えることで売り場が活性化する。
・ワゴンに積むワゴンセールも同じ効果がある。

●棚什器

- 売り場の壁面や品揃えゾーンに、たくさんの商品を陳列するために使用する。
- 段数を変えることができるので、段数を上に伸ばせば平台の何倍ものアイテムが展示できる。
- お客様にとって見やすい棚の高さは、目線の付近。すなわち身長×0.9で、だいたい130〜160cmになる。この高さの棚に主力商品を置く。
- 立って商品を手に取ることのできる高さは、肩の高さから上下60cmで70〜190cm。しゃがんで商品を手に取ることができる下限は、地面から30cm。したがって、棚什器の30〜190cmの間に商品を並べることができる。

■フェイス

商品のメインのイメージが表示されている「商品の顔」をフェイスといいます。商品のパッケージの前面のことで、フェイスの並べ方により、同じ商品でも売れ行きが大きく変わります。

- 棚什器陳列の基本は「売りたい商品のフェイスを多く取る」こと。
- 売り切れにより棚にスペースができた場合には、となりの商品のフェイスを増やして埋める。

■商品の陳列方法

商品陳列の基本は、「ドッグフード」「キャットフード」「シャンプー」「首輪」などのように、同じ種類を商品毎に並べる単品別陳列です。一部、特価商品を平台でまとめて展示することもありますが、店舗全体のレイアウトは単品別陳列で構成します。コーナー別の売り場担当者は、常に単品の並べ方が乱れていないか、欠品していないかをチェックします。

しかしさまざまな要素によって陳列の特徴を出すことで、さらに注目度を高めることもできます。

●価格別・グレード別の陳列

- 単品別の商品陳列をしたうえで、次に価格別に分けて展示する。例えば「ドライドッグフード」のなかでも、単価の安い商品、中間の商品、高級商品などに分ける。
- 高い商品には、なぜ価格が高いのかをPOPで説明することで、価格に合った価値を伝えることができる。

●チラシ商品の陳列

- なるべく目立つ一等地に陳列する。
- チラシ配布日の朝には、スタッフ全員がチラシ商品の陳列位置を確認しておく。
- チラシの掲載商品のなかでも特に集客力の高い目玉商品は、一部を集客ゾーンに山積みにする。

●目玉商品の陳列

- 大幅な値引きをして販売する「目玉商品」は、お客様の来店を促すために効果的。入り口付近で山積みにして、ショップの前を通っているお客様を呼び込む。
- 目玉商品の存在を知ってもらい、来店率を高めるためには店頭のほか一等地、主通路沿い、什器の両端など目立つ場所に陳列する。
- 什器は棚什器ではなく平台を活用。ボリューム感を演出する。

●おすすめ商品の陳列

- 超目玉商品よりは利益率が高く、グレードの高い商品。目玉商品でお客様を集めたら、おすすめ商品を積極的に売り、利益を確保する。
- 目玉商品の近くに陳列し、商品の価値を伝えるPOPをつけてアピールする。
- フェイス数も多くし、目立たせる。

●新商品の陳列

- お客様にアピールすると同時に、売れ行きを調査する目的から、新商品はなるべく一等地に展示し、商品説明のPOPをつける。
- 1週間の売れ行き個数を記録し、もしあまり売れなかった場合にはPOPを変える、陳列場所を変えるなどの措置をとり、ほかに売れる商品があればそれを一等地に戻す。

- ●季節商品の陳列
- ・犬用衣類や犬猫用のベッド、クールマット、レジャー用品など、季節によって売り上げが左右される季節商品は、次の3段階で陳列する。
- （1）導入期…その季節が始まる前に、店頭にて展示する。
- （2）展開期…店内の一等地に大量展示。POPの強化と対面販売で積極的に展開する。
- （3）晩期…シーズンが終わったら、売り切る工夫として値引きやワゴンセールを行う。

■配置別の陳列法

- ●柱まわりの陳列
- ・店内の柱を「デッドスペース」ではなく、「背の高い什器」として活用する。
- ・「ドッグフードコーナー」「お手入れ用品コーナー」などエリアの表示として活用。
- ・商品をアピールするPOPを貼る。
- ・柱にフックをつけて、商品そのものをディスプレイする。

- ●レジまわりの陳列
- ・買い物の最後に寄るのがレジ。お客様が買い忘れていそうな商品や、ついでに買ってしまいそうな商品を展示する。
- ・主力商品をレジ前でもう一度お客様にアピールすることもできる。

ふれたくなる売り場づくり

■POPとは

POP（point of purchase advertising）とは、もともと商品についているプライスカード、チラシ商品などの価格表示、商品説明のためのディスプレイカード、アイキャッチ用ボードなど、広く広告・宣伝に用いられる販促物全体を指す言葉です。しかし現在では主に店頭や店内で価格や、商品説明などを記載した掲示物やチラシを表す言葉として定着しています。

効果的なPOPは、優秀なセールスマンを常に売場に常駐させて宣伝を行うのと同等の効果があります。POPを掲示することで、売場の前を通過するお客様の目を留め立ち止まらせ、
- （1）特定アイテムへの注目率アップ。
- （2）売場全体への注目率アップ。
- （3）心理的な安心感のアップ、集客力アップ。

の3つの効果をもたらします。

■POPのパターン

POPには目的に応じてさまざまなパターンが考えられ、それにより表現の仕方も変わってきます。

- ●チラシ
- ・セールの告知などで配布したチラシを、対象商品の近くに貼る。
- ・チラシの上には「広告の品」などのPOPを貼り、商品名、定価・売価、割引率（○○％　オフ！）などの表記をする。

- ●案内POP
- ・売り場のどこに何が置いてあるのかがわかるようにするための表示。
- ・売り場の天井や什器の先に、「ドッグフード」「アクセサリー」「シャンプー」など部門を表示する。
- ・「レジ」「トイレ」「非常口」「喫煙所」の表示も忘れずに行う。

- ●プライスカード
- ・什器の棚の前面に名刺サイズの値札をつけるのが基本だが、プライスカードの大きさを変えることでアピール度を高めることができる。特に売りたい商品は、名刺サイズの2倍、3倍の大きさのプライスカードを用意する。
- ・商品名／メーカー名／サイズ／価格／割引率を最低限表示し、大容量フードや大型犬舎など送料がかかる場合にはそれも合わせて表示する。
- ・すべての書体、文字サイズ、文字の色を同じにするのではなく、伝えたい部分を強調して表記する。

● 目玉型POP／新入荷POP
・「売れ筋商品」「人気商品」「売れてます」などの表示をすると、商品への注目度と信頼度がアップする。
・単品ごとに店内で一番売れている商品に「人気ベスト1」、もしくはベスト3ぐらいまで表示する。
・目玉商品の什器に「特価品」「激安」「SALE」などの表示も有効。
・新しい商品には、「新入荷」「新発売」などの表示で関心を惹きつける。

● 品切れ表示／在庫処分POP
・人気が高く、品切れになってしまった商品には、「この商品は好評につき完売しました。次回の入荷は○日です」というPOPにより、お客様が商品がないと判断し店舗を出て行ったり、他店へ流れてしまったりすることを回避する。
・「品切れ」POPのとなりに、それに近い機能と価値の商品を並べて代用することができる。
・人気がなく、売れ残っている商品は「おすすめ品」のPOPを貼り、店内の目立つ位置へ移動させる。
・「この商品は好評につき、残りわずかになりました」のPOPも有効。
・それでも売れないならば値引きのPOPを貼る。

● お客様の声
・店頭でのお客様からの意見を集め、掲示板などに貼りつける。
・感謝の言葉だけでなく、クレームとその対応もあえて表示することで、ショップへの信頼度を高めることができる。

● スタッフ紹介
・ペットの販売など、お客様に説明をして安心してもらう販売法が基本のペットショップでは、スタッフの顔写真入り紹介POPが役に立つ。
・掲示板をつくり、氏名、プロフィール、持っている資格などを表示することで、親しみや信頼感を高めることができる。

新商品の特徴をわかりやすくまとめたPOPとマグネットスペース

お客様の心をつかむ、スタッフによる手描きPOP

・「店長のおすすめ」「スタッフのイチ押し」などのコピーとともに簡単な紹介文や感想を添える。商品にくわしいプロからのおすすめは効果的。

● 電子POP
　最近では紙のPOPだけではなく、小型ディスプレイを用いた電子POPもあります。USBメモリやSDカードに静止画や動画を入れて、陳列棚などに設置したディスプレイに差し込むと、何度でもリピートして流すことができます。
・動画と音声でお客様の関心を引き、商品をダイレクトにPRすることができる。

- スタッフがその場を離れていても商品説明ができ、効率よく店頭販促ができる。

生体販売コーナーの工夫

■動物福祉を考慮した配置

　ペットショップの生体販売コーナーは、動物福祉に十分に配慮した売り場づくりを行うことが最も重要です。

　入り口付近にショーケースを配置し、かわいらしい子犬や子猫、小動物を展示すれば、その姿に引き寄せられてお客様が店内に足を踏み入れることになり、一見すると効果的な売り場づくりのように思えるかもしれません。けれども、人の流れが激しい出入り口付近では、動物は落ち着いて過ごすことができないでしょう。

　また、入り口付近は外気や天候など外の環境の影響も受けやすく、道路に面していれば車の騒音などにもさらされることから、「動物取扱業における犬猫飼養管理基準」で規定されている、気温や湿度、光などの基準が守られにくくなります。こうした環境は動物にとって大きなストレスとなり、健康面にも悪影響を及ぼします。

　前述した客動線の観点からも、また動物福祉の観点からも、生体販売のコーナーは動物たちが落ち着いて過ごすことができ、飼養環境が安定していて管理しやすい、店舗の奥のほうが向いているといえます。

■飼育環境の工夫

　営業時間内は、基本的に子犬子猫はケージのなかで過ごすことになります。退屈させないように、おもちゃなど遊べるものをケージのなかに用意して、適度に刺激を与え、咬みたい、遊びたいという欲求を満たしてあげることも大切です。

　ただし、ケージ内ではひとり遊びになるので、おもちゃは壊れにくいものを選び、誤飲しないようにこまめに観察することが重要です。

　時にはケージから出して、子犬同士、子猫同士

ショーケースにおもちゃを入れる、猫では上下運動できるスペースを設ける、子犬子猫同士をふれ合わせるなど、子犬子猫が欲求を満たせるように工夫します。

をふれ合わせるのもよいでしょう。子犬子猫の社会性を高めることはもちろん、活発に遊んでいるかわいらしい姿をお客様に見ていただくこともできます。

　また、Part6で説明したとおり、排泄物はすみやかに片づけて、ショーケースのなかを常に清潔な状態に保つことはいうまでもありません。

■動物の特性に合わせた配置

　複数の動物種を取り扱う場合は、陳列する際の配置を十分に考慮する必要があります。

　例えば、肉食のフクロウなどの猛禽類とマウスやハムスターなどのげっ歯類は、本来は捕食 - 被食関係（食う食われるの関係）にあります。これらのケージを対面に配置すれば、互いに常に高いストレスにさらされ続けることになります。

　エキゾチックアニマルを取り扱う場合には、捕食動物と被食動物が互いの気配を感じさせないように遠ざけることが基本です。

実践編 Part 11
売り場づくり

Part 12 ペットショップの運営と販売促進

店内に並べる商品の仕入れ業務や、その在庫管理方法など、店舗運営に必要な仕事の進め方を学びます。自分が働くショップで将来責任のあるポジションを任されたとき、またさらにはいつかは自分のお店を持ちたいと考えるときには欠かすことができない大切な知識となります。

ペットショップの運営

ペット用品・ペットフードの仕入れ業務

■流通の仕組み

ペット用品・フードを製造するメーカーや、外国から商品を輸入する業者と、商品をお客様へ販売するペットショップ（小売店）の間には、卸売業と呼ばれる業種が存在します。

卸売業者はメーカーや輸入業者から商品を買い、それを自社の倉庫へ保管、ペットショップからの注文に応じて、求められた期日までに商品を届けるという業務を担当します。

つまりペットショップが何百種類という商品を少量ずつ店頭に並べるために、卸売業者という機能が必要とされてきたのです。メーカーが1個、2個という小口の注文に対応することは難しいので、卸売業者が大量に各メーカーから仕入れて、小口に分けてペットショップに届ける仕事を担当しています。

■卸売業者の種類

ペット業界に関わる卸売業者は、ペット関連商品を主に扱う「専門卸売業者」だけではありません。スーパーなどへ食品を納入する「食系卸売業者」、ホームセンターなどへ雑貨を納入する「雑貨卸売業者」、ドラッグストアなどへ薬品を納入する「医薬品卸売業者」なども、ペット用品やフードを扱っています。

■ペットショップと卸売業者の関係

卸売業者の仕事は、単に商品をペットショップへ届けるだけにとどまりません。業界全体でどんな商品があるのか、どんな商品が売れているのかといった商品知識をペットショップへ伝える機能も担っているのです。

店頭でのセールス方法、POPの作成、商品の機能の説明など、メーカーがつくった商品をメーカーに代わって販売促進することも、卸売業者の大切な業務です。

また、ペットショップをオープンさせるときに

メーカーから小売業者までのペット用品やフードの流れ

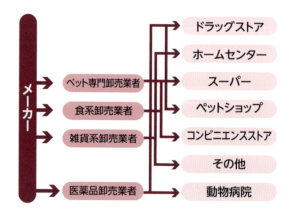

は、卸売業者が大きな役割を果たします。商品の仕入れはもちろん、店舗のデザイン、棚割り（商品の配置決め）、社員教育など、ペットショップがすぐに行わなければならないあらゆる仕事のアドバイスを担当することもあります。

ですからペットショップをオープンさせるためには、信頼できる卸売業者を見つけることが重要になります。専門卸売業者の業界団体（全国ペットフード・用品卸商協会）などに問い合わせると、地域をカバーしている卸売業者の情報を得ることができます。

一般社団法人全国ペットフード・用品卸商協会
[問い合わせ先] ウェブサイト：http://jpfsw.or.jp/

■発注に必要な情報

ペットショップは在庫数や売れ筋動向を見ながら、卸売業者へ商品を発注します。適切な発注を行うためには、ペットショップは毎日の業務のなかで、どの商品がどのように売れていくのかを把握しておく必要があります。

特に売れ筋商品は品切れを起こさないように注意しなければなりません。陳列スペースを広げ、発注数量も多めにするなどの工夫をしましょう。

どの商品をいくつ発注するのかを決めるためには、次のような情報を正確に把握しておく必要があります。

（1）商品名
（2）規格・用量、サイズ
（3）販売価格
（4）発注先卸売業者
（5）発注可能最低単位
（6）最大陳列数量
（7）競合商品情報
（8）JANコード（バーコード）

これらを商品ごとに記録し、共有しておくとミスを最小限に防ぐことができます。

また最小陳列数量（発注点：この数量になった

ら発注するという基準）も記録しておくと、該当する商品の残数がいくつなったら発注すべきなのかが誰が見てもわかるようになります。

取引卸売業者への発注は、オンラインで結ばれたコンピューターの利用が普及しています。しかし、小規模経営のペットショップでは、電話注文や、発注書をFAXするといった方法を取っているところもあります。

■商品のタイプと発注方法
●通常時の発注方法
商品の発注は、状況によって以下のようなタイミングで行います。

①商品を補充するための発注
例えば「最大在庫数量を10個に設定した商品の在庫が現在6個なので、売れた分の4個を発注する」というものです。売れた商品を補充するために行う定期的な発注ケースです。

ペットショップとしては、在庫を大量に抱える必要がないので、リスクの少ない発注方法です。

②販売数を見越して行う発注
例えば「来週から始まるチラシの商品を100個発注する」というように、これから売る商品をあらかじめまとめて在庫するために行うケースです。

商品の現在の在庫数量と、発注によって入荷する数量を合わせた数が、販売することができる数量の上限になります。この設定が実際の販売数量よりも極端に大きければ過剰在庫になり、売れ残りとなってしまいます。また反対であれば欠品となり、その商品があれば販売することができた機会を逃すことになります。これを機会損失といいます。

●定番商品と重点商品
フードやペットシーツのような必需品など、いつも安定した数量が売れる「定番商品」と、セール品など集中的に大量販売する「重点商品」とでは、その発注方法が異なります。

①定番商品
定番商品は安定した数量が売れるので、発注数を決めることは比較的容易です。最大在庫量と発注時点の在庫数量の差、つまりその日までに売れた数に、発注した日から納品日までの期間（リードタイム）に売れると予想される数量を加味して算出します。

②重点商品
価格を抑えた目玉商品は、棚割りや売場デザイン、販促方法などによって売り上げが大きく変わる可能性があります。過去の販売数量データをあまり参考にすることはできません。

（1）特売商品は過去の販売実績や数値目標、展開規模に応じて事前に発注の計画を練ります。特売が成功すれば、状況を見ながら必要に応じて追加発注をかけることも必要になります。

（2）チラシに掲載する商品は、特売期間やチラシの効果が勝負になりますが、あまり大量に発注してしまうと特売期間終了後に商品が残ってしまい、不良在庫になる危険性があります。反対に少なすぎれば、特売期間中に欠品し、機会損失となります。特売商品以上に、売り上げ予測の精度が大切になります。

（3）季節商品は、販売の展開方法によって初回の発注数を決めます。その後は実際の売り上げに応じて変えていきます。つまり、売り上げが予定よりも多ければ仕入れを増やして欠品を防ぎ、少なければ仕入れを減らして在庫が増えることを防ぎます。これをOTB（open to buy）方式と呼んでいます。

■商品の納品の流れ
①卸売業者から納品商品を受け取り、店舗の倉庫などへ運びます。
②納品された商品に、間違いや不足がないかを検品します。すでにお客様から注文をもらっている商品

については、特に念入りに確認しましょう。納品伝票を読み上げて、卸売業者に商品の確認をしてもらうとよいでしょう。

③卸売業者からの納品伝票は、受領後保管します。宅配業者を通じての納品の場合は、段ボールの脇やなかに伝票がついている場合もあります。

④検品終了後、売場に出せる商品から陳列を行います。賞味期限のあるものは、期限の長いものを奥へ、短いものを手前に置くようにします。

⑤バーコードや価格表示がない商品については、値札やバーコードを店内でつけてから陳列する場合もあります。値札やバーコードのシールを商品に貼るときには、パッケージにある内容量などの商品表示の文字が隠れない位置に貼ります。

●注意
・新商品が納品される場合には、それを朝礼やミーティング、連絡ノートへの記帳などで確認します。連絡すべき事項は、商品名、規格・用量・サイズ、原価、売価です。陳列を効率よく行うために、陳列場所を特定し、一時的にほかの商品を陳列して棚を埋めておきます。プライスカードやPOPが用意できたら、新商品に随時差し替えていきます。
・新商品が多い場合は、簡単な棚割り表をつくり、棚の何段目に何の商品を入れるかをシミュレーションしておくと間違いが少なく、作業時間も短縮できます。

仕入れ業務に必要な専門用語

■粗（荒）利益高（売上総利益）

かせぎ高のこと。付加価値高ともいいます。売上高から売上原価（仕入れ価格）を差し引いた金額になります。例えばペットショップが800円で仕入れた商品を1,000円で売った場合、粗利益高は200円になります。この粗利益高から、すべてのコストを差し引いた金額が利益となります。

■粗（荒）利益率（総売上高総利益率）

売上高のなかに占める粗利益高の割合。
粗利益率＝粗利益高÷売上高×100
の計算で求めることができます。

■ABC分析

品目数の多い商品の場合、その売上高（粗利益高や販売数量を使うこともある）の大きい順にABCの3つのグループに分け、その商品を重点的に管理する分析方法です。ある商品グループの10〜20％がA商品で、全売上高の70〜90％を占めるといわれています。

■オープン価格

メーカーが標準小売り価格をつけていない商品で、小売店側が自主的に小売価格を設定できる価格のことです。

■客単価

買い物客一人の平均買い上げ高です。売上高の総合計額をレジ通過客数で割ることで得ることができます。また、商品の平均単価とお客一人当たりの平均買い上げ商品個数を掛けることでも求めることができます。

客単価を上げるためには、商品の平均単価を上げるか、お客の買い上げ数量を増やすかのいずれかの方法がとられます。ただし客単価を上げる前に、来店客数を増やす努力をしなければ、ショップの経営は苦しくなります。

■共同仕入れ

商品を大量に仕入れることで、仕入れにかかるコストを下げることを目的に、複数のペットショップが共同出資した共同の仕入れ機構（協同組合など）を通じて仕入れに当たることをいいます。

このメリットには、以下のようなものが考えられます。
・多数の仕入れ担当者の協力によって、優れた商品

選定ができること。
・大量発注によって、一店舗では不可能に近いものの仕入れ、もしくは低価格で仕入れができること。

反面、次のようなデメリットもあります。
・店舗ごとの実情によって必要商品が異なり、それに即応できないこと。
・複数の仕入れ担当者が仕入れ業務に当たるので、チームワークが乱れるおそれがあること。

■商品回転率

ある商品群が一定期間（通常は一年間）に何回転するかをみる指標です。

ただし、消費者の買うもののなかでも、商品群によって著しくその回転率は異なります。この商品回転率を算出する目的は、特定商品に投入した資金の回収状況を知るためで、小売業にとっての実力を示すものです。また、売れ筋や死に筋（売れていない商品）が把握でき、必要在庫数量の確保の目安ともなります。

商品回転率は次の計算で求めることができます。

ある期間の売上高（売上原価）÷平均在庫高

平均在庫高とは、期首（その期間の始まり）在庫と期末（その期間の終わり）在庫を平均した金額です。

商品回転率は計算式で求めた数値が高いほど好ましく、よく売れているということになります。ポイントは在庫数量を品切れにしない程度の限度まで抑えることです。

■値入れ率

販売価格に対する値入れ高の割合。その商品の販売価格には何パーセントの利益が含まれているかを示すもの。「外掛け」ともいいます。

値入れ率（％）＝値入れ高÷販売価格×100

の計算で求めることができます。

ペットの仕入れ方法

■ペットの仕入れルート

店頭のショーケース内のペットも、ペットショップにとって「商品」であることには変わりありません。お客様に販売するためには、当然仕入れを行う必要があります。

ペットの仕入れ方法には、次のような方法があります。

●ペット（生体）卸売業者（卸売業）

ペットを国内外のブリーダーから仕入れ、ペットショップへ販売する業者です。扱うペットに関する豊富な経験をもとに、まだ体力的に弱く幼いペットの健康を管理しています。

●ブリーダー

小鳥や爬虫類、観賞魚の多くは卸売業者経由で仕入れが行われることが多いのに対し、犬、猫、小動物などは直接ブリーダーから入手することも少なくありません。

大きな繁殖施設を持っているブリーダー（繁殖業者）と契約し、安定的に商品を仕入れる仕組みを確立しているペットショップもあれば、個人規模の複数のブリーダーから仕入れを行うところもあります。

●オークション（せり市）

ペット卸売業者が主催するペットのオークションに参加して、出品される多くのペットをその場で確認し、ほかの参加者と価格で競い合いながら落札する方法で行われています。

●自家繁殖

規模の大きなペットショップやチェーン展開しているペットショップでは、独自に大きな繁殖場を持ち、多数のペットを常時保有する店舗もあります。

自社の人間が責任を持って健康状態を管理し、血統のはっきりした子犬や子猫を供給できること

がメリットです。

●輸入業者

珍しい種類や、外国のショーなどで活躍する犬や猫の優れた血統を受け継いだ子犬子猫を輸入している業者です。

●同業者との取り引き

普段親しくしているほかのペットショップから入手することもあります。

■ペットの到着時にチェックすること

ペットを仕入れる前日、あるいは頼んでおいたペットが店舗に到着する前日には、その受け入れ準備を整えましょう。

●バックルームの準備

・新しいペットが入るためのスペース確保
・使用するフード・用品の準備
・隔離しての健康チェック作業の確認

●受け入れ管理ノートの作成

子犬子猫ごとの健康状態・成長度合いを記録し、情報を全員で共有するようにしましょう。受入日、種類・性別・誕生日、仕入れ先、外部寄生虫の有無、便の検査（内部寄生虫の有無）、外形の異常がないかなどを記録します。

●犬種・猫種に関する知識の確認

店内POPやチラシなどを作成する際、お客様へ説明する際に必要になる犬種・猫種に関する知識を確認し合います。

・原産国、ルーツ
・生年月日
・標準体重、体高
・体の特徴、被毛の色、種類
・気をつけるべき病気
・ワクチン接種の有無

■販売価格について

ペット用品やフードなどの商品には、あらかじめメーカーが設定した「標準希望小売価格」がつけられているものが多く、店頭価格を設定する際の基本とすることができます。

しかし、命あるペットには、生まれながらに値段がついているわけではありません。ペットの販

ペットの価格設定の例

A 仕入れ価格		仕入れ先、両親の血統などで大きな違いがあります。
B 経費を含んだ原価		【（運賃＋諸経費）÷仕入れた頭数】＋**A**
C 損耗率		病気や死亡などで仕入れたものの販売できないペットが仕入数全体に占める割合 販売できないペットの数÷仕入れたペットの数
D 経費および損耗率を見込んだ原価		**B**÷（1－**C**）
E 予定利益率		利益をお店ごとに設定します。
F 経費・損耗率・予定利益を見込んだ原価		**D**÷（1－**E**）

Fで得た金額に、その犬種・猫種の人気などの付加価値を考慮して、最終的な販売価格を決定します。

売によって利益を生むためには、いくつかの要素から適正価格を設定することが大切です。

●ペット販売価格算定

仕入れ先に支払う金額（仕入れ価格）に、運賃などの諸経費を加えた金額を原価といいます。

ペットは仕入れたすべてが販売できるとは限りません。不幸にも輸送中に死んでしまったり、先天的な病気が見つかって販売を見合わせることもあるでしょう。そのようなリスクをあらかじめ予測し、販売価格に組み入れていくことも重要です。

また販売する犬や猫の賞歴や血統、流行などの付加価値を考慮して利益を定め、最終的な販売を決定します。

在庫管理

■在庫とは？

ペットショップなどの小売業にとって在庫とは、店舗で販売するためにあらかじめ仕入れて店頭に陳列したり、倉庫に保管している商品のことです。在庫がなければ、お客様が商品を求めて店頭に来たときに販売することができません。

価格が高い商品や、非常に特殊な商品であれば、注文を受けてから仕入れる方式もありますが、通常はあらかじめ商品を仕入れておいて在庫し、それを販売するのが基本です。

■在庫のリスク

商品を仕入れて保管しておくためには、購入代金や保管費用がかかります。すなわち在庫とは、商品に形を変えたお金と考えることができます。

在庫している商品は、お客様に販売できてはじめて費用を回収することができます。しかし売れない場合にはお金になることはなく、ショップの運転資金は減ることになります。

さらに仕入れた商品がなんらかの理由でお客様に販売できない場合には、それが丸損となります。「これは売れるはずだ」と思って仕入れても、そこには見込み違いが必ずあるものです。

したがって在庫を大量に持つことは好ましいことではありませんし、店舗運営上危険なことでもあります。

■棚卸し

欠品することなく、同時に在庫がむだになることがないようにするには、まずその量をつかんでおかなければなりません。そこで店舗が行うのが「棚卸し」です。

棚卸しとは、在庫を数えることです。基本的には決算の行われる月末に行いますが、会社によっては毎月末や数カ月間隔で行うこともあります。とくに決算時には、利益を算出するために必ず棚卸しを行います。

棚卸しの方法には2種類あります。一つは「帳簿棚卸し」、もう一つは「実地棚卸し」です。

（1）**帳簿棚卸し**…帳簿に書いてある数量を信用して、在庫評価を行うことです。在庫をコンピューターにより管理していれば、帳簿棚卸しはコンピューターの操作だけで済みます。

（2）**実地棚卸し**…実際の個々の商品を数えて、在庫評価をする方法です。言葉でいえば簡単ですが、数千、数万の商品がある場合、大変な作業になります。

実地棚卸しでは、コンピューターより出力された商品コード、商品名、帳簿上の在庫数と、実際の在庫数を記入する欄がある帳簿表を使用します。その表を手に実際の在庫数を調査して記入していくのです。数をチェックする人と、記入する人の二人一組で実施することが基本です。

記入した表をもとに、実際の在庫数をコンピューターに入力していきます。コンピューターに入力すれば、帳簿上の在庫と、実際の在庫の差がわかり、在庫評価額も計算できます。

帳簿上の在庫と実際の在庫の差の大きな商品をチェックし、差が発生した原因を推測・追求します。この方法が一般的です。

■ POSシステム（販売時点情報管理システム）

仕入れと売り上げに関するあらゆる情報を自動的に記録し、常に在庫状況を把握するための手段がPOS（point of sales）と呼ばれるシステムです。

商品についているバーコードを読みとると商品名や金額がレジに表示されます。POSシステムは「販売時点」の情報（商品名、金額、購買日、時間、購買者の年齢、性別、天気や湿度・温度、商圏の周辺情報などのデータ）を記録します。そのデータをもとに新たな発注や売上・在庫管理、今後の店頭コンテンツの充実のために活用することができます。

■ EOSシステム（電子発注システム）

EOS（Electronic Ordering System）とは、ネットワークとコンピューターを利用して発注をする電子受発注システムです。発注スタッフが陳列棚を回りながら、モバイル端末などを利用して在庫状況を確認し、その端末からそのまま発注できます。

このシステムを活用することで、在庫の管理がリアルタイムで行えるようになり、欠品や在庫過多を減らすことができます。

ハンディターミナルでバーコードを読みとることで在庫数が確認でき、そのまま発注もできます。

販売管理

■ 固定客づくり

一度だけの来店ではなく、定期的にショップを訪問、買い物をしていただいているお客様を「固定客」といいます。ペットショップの場合、犬や猫を購入したお客様はその後も用品やフードの購入、しつけや健康に関する相談、トリミングやホテルなどのサービス利用などの目的でショップを訪問することも多いので、固定客がつくりやすい業種といえます。

- 固定客を多くつくることは、店舗の安定的な売り上げ確保につながります。
- 「お店のファン」になっていただいた固定客が、ほかの新規のお客様を呼ぶ「口コミ効果」が期待できます。
- セールやイベントの案内、ダイレクトメールを固定客に向けて出すことで、購買意欲の高いお客様を店舗に呼ぶことができます。

■ 顧客管理

- 顧客の情報を管理する「顧客管理カード」を作成します。用紙に記入してもらい、コンピューターでデータベースにしておくと便利です。
- 顧客管理カードには、最低限、以下の情報を記入します。

> ・名前
> ・住所／電話番号／メールアドレス
> ・生年月日
> ・職業、家族構成
> ・飼っているペットの情報
> 　（種類、性別、生年月日、頭数）
> ・店への要望

- ペットを購入するお客様には、しつけや健康チェックなどのアフターフォローの意味でも、必ず顧客管理カードに記入してもらいます。
- プレゼントつきのアンケートなどを店頭で行い、新規の顧客情報を獲得します。
- 割引特典などがついた会員カードを用意し、入会時に上記の情報を記入してもらいます。
- LINEや販促アプリなどを導入し、登録していただくことでも、顧客情報を得ることができます。顧客情報を取り扱う場合は、個人情報を流出させないようにしっかり管理しましょう。

ペットショップの販売促進

生体販売と関連用品

■生体販売とアフターフォロー

　ペットショップで生体を購入されるお客様のなかには、その動物を初めて飼育されるという方もたくさんいます。その場合、飼育に必要な用品を一式揃える必要があり、絶好の販売チャンスです。

　けれども、一度にたくさんの商品を勧めると、お客様に「売りつけられている」というあまりよくない印象を与える可能性もあります。動物を迎える当日までに用意しておくもの、徐々に揃えるものなど、購入商品とそのタイミングなどをアドバイスするとよいでしょう。こうしてお客様に足を運んでいただく機会を増やすことが、固定客として定着させることにつながります。

　購入したペットが成長した後になってから必要となる用品もあります。ライフステージによってペットフードの切り替えが必要になりますし、シニア期には介護用品が必要になるかもしれません。

　販売したペットの一生に寄り添い、固定客として長く来店いただけるよう、アフターフォローをしっかり行いましょう。

■子犬関連用品

●当日までに揃えておくもの

　子犬を迎えるにあたって必要となるものは、連れて帰るためのキャリーケースと、ペットシーツ、子犬用フードです。

- ハードタイプのキャリーケースは、自宅ではハウス（クレート）として活用することができます。
- 食事の内容が急に変わると子犬が体調を崩すことがあるため、フードは店内で与えていたものをお勧めするとよいでしょう。
- 自宅に準備しておきたいものは、サークル、トイレトレー、食器類、おもちゃなどです。
- 体の小さな子犬を家のなかで自由に行動させると、誤飲や事故などが起きやすくなるので、サークル内で過ごさせたほうが安全であること、のちのち、留守番させるときにも役立つことなどもアドバイスします。
- おもちゃは犬の狩猟欲求や好奇心を満たすために欠かせません。犬のおもちゃには、咬む、引っ張る、投げて取ってくる、ひとりで遊ぶ、人と遊ぶ、などさまざまなタイプがあります。異なるタイプのものをいくつか用意しておくとよいことを伝えましょう。

●徐々に揃えるもの

　爪切り、ブラシやコームなどのお手入れ用品、首輪やリード、歯ブラシなどのデンタルケア用品、シャンプー、（必要に応じて）犬用ベッド、おやつなども揃えておきたい用品です。

　子犬には首輪やリード、デンタルケアグッズはまだ不要と思われがちですが、早くから慣らしておくことが重要であることをアドバイスしましょう。

■子猫用品

●当日までに揃えておくもの

　子猫を迎える前に必要となるものは、連れて帰るためのキャリーケース、猫トイレ、トイレ砂、子猫用フードです。

- 子犬同様、フードは店内で与えていたものをお勧めするようにします。
- トイレ砂にはさまざまなタイプがありますが、用意した猫トイレに慣れさせるためには、最初は店内で使っていたものと同じタイプがよいでしょう。
- 成猫用の猫トイレは子猫には高すぎて出入りしにくいので子猫用トイレをお勧めし、体が大きくなったら買い換えるようアドバイスします。

- トイレ、トイレ砂、食器類、ケージ、おもちゃなどを自宅に準備しておきます。
- おもちゃは猫の狩猟本能を満たすためにも、欠かせません。いろいろなタイプのものがありますので、使い方をアドバイスしましょう。
- 子猫を家のなかで自由に行動させると、誤飲や家具のすき間などに入り込んで出られなくなる事故などが起きやすくなるので、2〜3段ケージを用意して、そのなかで過ごしたほうが安全であることなどを伝えましょう。

●徐々に揃えるもの

爪切り、爪とぎ器、ブラシやコームなどのお手入れ用品、首輪、歯ブラシなどのデンタルケア用品、（必要に応じて）猫用ベッドやキャットタワーも揃えておきたい用品です。

- 室内飼育の猫に首輪は不要と考える人もいますが、首輪には迷子札をつけることができ、万一、家から脱走してしまったときの身元表示になります。大きくなってからだと嫌がることも多いため、子猫のうちから慣らしておくことが重要です。安全面から、一定の力が加わるとはずれるセーフティバックルの付いた猫用首輪を必ず勧めましょう。
- 爪とぎは猫の本能による行動で、爪のお手入れ、マーキング、ストレッチ、気分転換などさまざまな目的があり、十分に爪とぎができるように爪とぎ器を用意する必要があります。爪とぎ器にはダンボール、麻紐、カーペット、木などさまざまなタイプがあるので、それぞれの特徴について説明しましょう。

■小動物の用品

小動物が健康で長生きするためには、食事を含めた飼育環境を万全に整えることがとても重要になります。

ケージのタイプや必要な用品、フードの種類などは動物種ごとに異なります。それぞれの動物について、お客様に適切なアドバイスができるようにしっかりと勉強しておく必要があります。

展示のレイアウトを見本として、飼育用品のスターターキットをセット販売します。

ケージの中に、床材、トイレ、食器、巣箱、（必要に応じて）回し車など、関連用品を設置してレイアウト例を展示しつつ、フードと一緒に、そのままセット販売する方法もあります。販売する生体を展示しているケージもレイアウトの参考例となるよう、整えておくことも大切です。

小動物の飼育について不明点などがあったら、気軽に足を運んで相談していただけるよう、お客様と信頼関係をしっかりと築きましょう。

販売促進の方法

■チラシ

紙のチラシは販売促進の王道です。近年はデジタルツールによる広告が広く普及していますが、スマホやパソコンなどを持っていない人、苦手な人にも情報を届けることができ、ポスティングすることで確実に手元に届きます。保管して繰り返し読めるのも紙のチラシの強みです。配布範囲を指定してポスティングすることができるため、チラシは地域密着型の店舗に向いています。

紙面のスペースに限りがあるため、セールなどのお買い得情報、新商品やサービスの紹介など、入れる情報を精査して、見やすいデザインにすることが重要です。「ペットフードのサンプルプレゼント」「会計から10％割引」など、クーポンをつけると、お客様を店舗に誘導しやすくなります。

■ダイレクトメール（DM）

顧客情報を集めたら、ダイレクトメールを使って新商品情報提供やセールの案内を定期的に行います。チラシや広告など不特定多数に行う販売促進よりも、来店する確率が高く、費用対効果の高いものとなります。

●ダイレクトメール例

「このご案内は特別のお客様だけにお届けしています。春のペット用品をゆっくりお試しいただけるよう、限定のお客様のみの特別展示会を開催します！」

「特別ご招待　ペットショップ○○の開店1周年記念として、ご来店いただいた会員様にプレゼントをご用意しております」

「その後ワンちゃんのご様子はいかがでしょうか。悩んでいること、気になることがございましたら、お気軽にご来店ください。」

「ワンちゃんのかわいい洋服を大量に入荷しました。会員の皆様には特別価格にてご提供いたしますので、皆様お誘い合わせのうえご来店ください」

■ポイントカード

ポイントカードは、「100円で1ポイント」など購入金額に応じたポイントが貯まり、次回以降の買い物でポイントを支払いに使えたり、プレゼントや特典と交換できたりする仕組みで、今やさまざまな店舗で導入されています。自社ポイントカードのほかに、Vポイント、楽天ポイント、dポイント、Pontaポイントなど、共通ポイントカードもあります。

購買行動とポイントは密接に結びついており、来店頻度を高めて購買意欲をかき立てる効果が期待できます。「ポイント○倍デー」を設けることにより、さらなる集客も見込めます。

また、文字通りの「カード」だけでなく、スマホアプリと連動させるケースも増えていて、購買頻度や購買傾向など、顧客情報をマーケティングに活かすことが可能です。

■ホームページ

ホームページは店の存在を多くのお客様に知っていただく名刺代わりであり、細かな情報を発信できる窓口でもあります。

店舗の場所や営業時間などの情報を載せることで、お客様を店舗に誘導し、新商品・子犬や子猫・小動物などの入荷情報、イベント告知、お役立ち情報、お客様の感想、お問い合わせ対応など、集客や販売促進につながるさまざまな情報発信ができます。

ただし、ホームページは一度作成したら終わりというわけではありません。いつ見ても同じ内容で、新しい情報を得ることができなければ、次第に検索されなくなり、閲覧数が減ってしまうでしょう。お客様に注目され、販売促進として効果的に活用するためには、定期的に更新することが重要です。

SNSで情報を告知して、ホームページで詳細を伝えるなど、連動させるのもよいでしょう。

■SNS

Instagram、X、Facebook、LINEなどを多くの人々が利用している今、SNSは欠かせない販促ツールとなっています。ショップのアカウントを作成し、お客様にフォローしてもらうことで、SNSのユーザーに情報を届けることができます。ホームページと比較すると、SNSには次のような特徴があります。

・店側はSNSやサイトで告知をするだけなので、比較的手軽に始めることができ、作業の手間やコストもさほどかからない。
・情報伝達のスピードが速く、口コミを通じて情報の拡散力が大きい。
・双方向のコミュニケーションが可能で、お客様の意識を調査しやすい。
・掲載できる情報量には限りがあるが、コンパクトに情報を発信できる。

また、「このアカウントをフォローしてくれた方に○○をプレゼントします」「お友だち登録をしてくれた方はご来店10回ごとに100円引きになり

ます」など、フォロワー特典をつけることもできます。

SNSでは、ペット関連の投稿は人気が高いため、かわいらしい画像や動画を用いて上手に発信できれば、注目度を高めることができ、新規顧客の獲得につながります。地道に情報を発信し、アカウントのフォロワーや閲覧者が増えていけば、費用をかけずにショップの宣伝ができ、集客を上げることができます。

キャンペーンやイベントの企画

■販促キャンペーン

販促キャンペーンとは、お客様の購買意欲の向上や、サービスの利用意欲の促進を目的とした宣伝活動のことです。ショップや商品の認知度のアップ、新規顧客の獲得、既存のお客様のリピート、売り上げの拡大などの効果が期待できます。

ペットショップが独自に行うもののほかに、メーカーが特定の商品をPRするために行う場合もあります。

●値引きセール

割引や値引きは商品やサービスが通常よりも安く購入・利用できるので、集客に直結します。足を運んだついでに、値引き商品以外を購入することも期待でき、売り上げ拡大につながりやすくなります。

例：ペットフード10％割引
　　ペットウェア衣替えセール　など

●特典・プレゼント

特定の条件を満たしたお客様に、景品やオリジナル商品などをプレゼントすることで、集客や顧客満足度アップを図ります。ポイントカードの「ポイント○倍」などもこれに該当します。

その店舗で販売したペットは、誕生月にお客様に来店いただきプレゼントを渡すなどのサービスをすることで、販売後のアフターフォローにもなります。

例：当店オリジナルカレンダープレゼント　など

●サンプリング／無料体験

サンプルの配布や無料お試し体験なども販促キャンペーンの一つです。無料で提供することはその分、多少のコストがかかるケースもあります。ですが、魅力的な商品を提供したり、ペット同伴でサービスを体験していただくことで、集客や新規のお客様の獲得につなげることができます。

例：ペットカートの試乗キャンペーン
　　おやつの試食会　など

■店頭イベント

イベントはお客様参加型の販促キャンペーンです。店に足を運んでいただくことで、「ついで買い」の効果も期待できます。ペットショップでの店頭イベント例には次のようなものが考えられます。

●パピーパーティ

子犬同士が集まって、ほかの犬や家族以外の人との接し方、知らない物や環境への慣れさせ方など「子犬の社会化」を一緒に学ぶパピーパーティは、ペットショップの定番のイベントとなっています。

単にふれ合わせればよいというわけではなく、よい経験をすることが重要で、怖い思いや嫌な経験をすれば逆効果になってしまいます。専門的な知識をもったドッグトレーナーの立ち会いのもとで開催することが重要です。

●しつけ教室

犬と飼い主が参加するしつけ教室は、「上手な散歩のさせ方」「お出かけのマナー」「おもちゃの使い方」「デンタルケア」などテーマを決めて行うとよいでしょう。こうすることで、関連商品の購買につなげることができます。

●撮影会

店内に小物などを並べた撮影ブースを設けてプロのカメラマンが撮影を行います。フォトジェニッ

クなワンちゃんは店頭ポスターのモデルに採用するなどの特典をつけるとさらに盛り上がります。

● **ペットファッションショー**
　犬のウェアは今やペットショップの定番商品です。ウェアに身を包みさっそうとステージを歩くファッションショーも楽しいイベントです。撮影会とセットにしてもよいでしょう。

● **ドッグプール**
　夏の納涼イベントです。折りたたみプールに水を張り、来店した犬たちに水遊びを楽しんでもらいます。

● **飼育相談会**
　ドッグトレーナーや獣医師などの専門家を招き、飼い主の困りごとや悩みの相談に応じます。ペットを店頭に連れてこられない猫や小動物などの飼い主にも参加してもらうことができます。

● **フォトコンテスト**
　飼い主からペットのベストショットを募集し、店内に掲示します。掲示された「うちの子」の姿を見に来店が見込まれます。

シーズン別販売促進

　販売促進のプロモーションは、実施する季節にメインとなる商品や行うイベントを絡めることで効果を高めることができます。年中行事と関連づけて、販売促進案を立ててみましょう。

● **シーズン別販売促進テーマ例**
【春の年中行事・イベント】
☆春休み
☆転勤・転居
☆入学・進学・入社
☆ひな祭り（桃の節句）
☆端午の節句
☆ゴールデンウィーク・旅行
☆ペットの日（ナショナルペットデー）（4月11日）
【セール・販促企画】
☆子犬／子猫の飼育用品セット
☆トイレのしつけ用品セール（講習会つき）
☆お出かけ・旅行用グッズセール

【夏の年中行事・イベント】
☆梅雨
☆虫歯予防デー（6月4日）
☆夏休み
☆夏祭り
☆ボーナス
☆お盆・帰省
【セール・販促企画】
☆子犬／子猫の飼育用品セット
☆雨の日のお散歩グッズ（レインコート）
☆デンタル用品特集
☆トイレのしつけ用品セール（講習会つき）
☆お出かけ・旅行用グッズセール
☆ペットホテル利用回数券付きセール
☆暑さ対策、熱中症対策グッズ
☆虫よけグッズ
☆水遊びグッズ（ライフジャケット、水に浮くおもちゃなど）
☆ドライブ用品
☆夏バテ防止グッズ
☆サマーファッション（ゆかた など）

【秋の年中行事・イベント】
☆防災の日（9月1日）
☆動物愛護週間（9月20〜26日）
☆スポーツ、運動会
☆ハロウィン（10月31日）
☆犬の日（11月1日）
【セール・販売企画】
☆ペットの防災用品セット
☆スポーツの秋　ドッグスポーツグッズセール

（ボール、フライングディスク［フリスビー］、伸縮式リードなど）
☆犬のファッションショー
☆ハロウィンコスプレ
☆犬の日のプレゼント（おやつ、おもちゃ）
☆おすすめ犬グッズフェア

【冬の年中行事・イベント】
☆クリスマス・お正月
☆ボーナス
☆帰省

☆猫の日（2月22日）
【セール・販売】
☆クリスマスセール
☆お年玉福袋セール
☆寒さ対策・防寒グッズ
☆年賀状用干支コスプレ
☆帰省用キャリーバッグセール
☆室内での運動不足解消用品集（おもちゃ）
☆猫の日のプレゼント（おやつ、おもちゃ）
☆おすすめ猫グッズフェア

シーズン別販売促進案

季節	春			夏		
月	3	4	5	6	7	8
販促テーマ	春休み・転勤・転居	入学・進学・入社	ゴールデンウィーク・旅行	梅雨	夏休み・ボーナス	お盆・帰省
	ペットとの新しい生活を始めるために		健康で清潔なペットとの生活		ペットとおでかけするために	
		ペットの日 4月11日				
		子犬・子猫の生活必需品の準備		ノミ対策の徹底	行楽用移動用品	
			トイレのしつけは最初が肝心		運動・散歩は涼しい時間に	
				歯の健康は予防第一	熱中症対策	

季節	秋			冬		
月	9	10	11	12	1	2
販促テーマ	防災の日（9/1）	旅行	犬の日（11/1）	クリスマス・帰省・ボーナス	正月	猫の日（2/22）
	ペットといっしょに体を動かす		冬に備えて	ペットにもプレゼントを		春に備えて
	ドッグスポーツイベント本番			おやつ・おもちゃプレゼント商品		
	動物愛護週間 9/20～9/26	室内, 外の防寒対策		帰省・旅行用の移動用品		
		運動・散歩で体力づくり			室内での運動不足解消	
	ペット用防災グッズ				防寒服からおしゃれ服に衣替え	

付録

付録 店頭で使えるお客様用リーフレット

*コピーしてお客様にお渡しするなどして、ご活用ください。

*リストの空欄にはお客様によって必要になるものを記入して下さい

子犬との暮らしに必要なもの

わんちゃんの生活必需品をそろえましょう。
(iStock)

迎えるまでに準備しておく必需品

- □ ハウス
- □ サークル
- □ 子犬用フード
- □ 食器
- □ トイレトレー
- □ ペットシーツ
- □
- □
- □
- □
- □

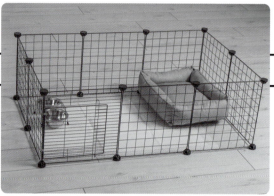

サークル
トイレトレーニングや、留守番のときや就寝時に活用します。

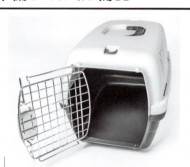

ハウス（クレート／キャリーバッグ）
ハードタイプのキャリーバッグはハウスとしても利用できます。なかでフセができるサイズを選びましょう。

トイレトレー　ペットシーツ
ペットシーツは多めに用意しておきましょう。トイレトレーは大きめのものを用意しましょう。

子犬用フード　食器
食器は、安定感があり、ある程度の重さがあるものがおすすめ。フード用と水飲み用の2種類を用意します。

少しずつそろえていくもの

- □ 首輪
- □ リード
- □ おもちゃ
- □ ブラシ／コーム
- □ 歯ブラシ
- □ 爪切り
- □
- □
- □
- □
- □
- □

首輪　リード
首輪は成長に合わせて買い換えます。首輪やリードは子犬のころから慣らしておきましょう。

おもちゃ
ひとり遊び用や飼い主さんと一緒に遊ぶものなど、何種類か用意します。

ブラシ／コーム
長毛種にはピンブラシ、短毛種にはラバーブラシや獣毛ブラシがおすすめ。

歯ブラシ　爪切り
嫌がらずにケアできるよう、子犬のころから徐々に慣らします。

子猫との暮らしに必要なもの

ねこちゃんの生活必需品をそろえましょう。
(iStock)

迎えるまでに準備しておく必需品

- ☐ クレート、キャリー
- ☐ 猫トイレ
- ☐ トイレ砂
- ☐ ベッド
- ☐ 子猫用フード
- ☐ 食器
- ☐ ケージ／ハウス
- ☐
- ☐
- ☐
- ☐

猫トイレ　トイレ砂
トイレ容器や砂にはいろいろな種類があります。トイレ容器は子猫が乗り越えられる高さのものを選びましょう。

キャリーバッグ
動物病院に連れて行くときなど移動時の必需品。上から開けられて、外から丸見えにならないものを。ハードタイプのものは室内でハウス（クレート）としても利用できます。

ベッド
猫がくつろげる寝床を用意します。

ケージ／ハウス
（*必要に応じて）
留守番の時や就寝時などにあると便利です。上下運動できる2～3段ケージがおすすめ。

子猫用フード　食器
食器は、安定感があり、ある程度の重さがあるものがおすすめ。フード用と水飲み用の2種類を用意します。

少しずつそろえていくもの

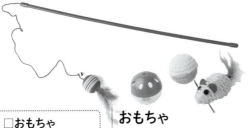

爪とぎ器
ダンボール、麻紐、カーペット、木などさまざまなタイプがあります。

キャットタワー
上下運動できる場所を提供します。

おもちゃ
ひとり遊び用や飼い主さんと一緒に遊ぶものなど、何種類か用意します。

- ☐ おもちゃ
- ☐ 爪とぎ器
- ☐ ブラシ／コーム
- ☐ 首輪
- ☐ 爪切り
- ☐ 歯ブラシ
- ☐ キャットタワー
- ☐
- ☐
- ☐

ブラシ／コーム
猫にもブラッシングなどのお手入れは重要です。

歯ブラシ　爪切り
嫌がらずにケアできるよう、子猫のころから徐々に慣らします。

首輪
子猫のころから慣らしておきます。必ず猫用のものを選びましょう。

> 付録 **店頭で使えるお客様用リーフレット**
> ＊コピーしてお客様にお渡しするなどして、ご活用ください。

子犬を迎えたら
やるべきこと

(iStock)

トイレトレーニング

室内で過ごすわんちゃんには欠かせないしつけです。子犬が生活する部屋の落ち着ける場所にトイレトレーとペットシーツをセットして、トイレ環境を整えましょう。

次のようなタイミングでトイレに連れて行きます

- 目を覚ましたとき
- 食後や水を飲んだ後
- 遊んだ後、興奮した後
- ハウスから出たとき
- 床のニオイを嗅ぎ出したとき
- 前回のトイレから1時間以上が経ったとき

ソワソワ

そろそろトイレに行きたいワン

トイレに連れて行ったらそばで見守ります

- 「チッチ」「シーシー」など、合図となる言葉をかけます。
- オシッコやウンチができたら、やさしい声で「いいコね」とほめ、すぐにその場でごほうびを与えます。
- しばらく待ってもしない場合にはトイレから出して、15〜30分後にまた連れて行きます。

いいコね〜

わーい、ほめられた。ここでオシッコするのは楽しいな！

失敗しても叱らないで！

- トイレを失敗したとき、飼い主さんが大声を出したり騒いだりすれば、子犬は「かまってもらえた」と勘違いし、ますますトイレ以外の場所でするようになります。
- 叱られれば、「場所を間違えた」ことでなく「排泄したから叱られた」と子犬は考え、飼い主に隠れてトイレ以外で排泄するようになることもあります。
- トイレを失敗したときは、子犬をサークルやケージに入れ、静かに片づけます。

NG
イケナイ！

わんちゃんとあなたが快適に暮らすためのしつけをしましょう。

クレート（ハウス）トレーニング

わんちゃんがクレート（ケージ、ハウス、キャリーバッグなど）のなかで落ち着いて、リラックスして過ごせるようにするするための練習です。普段の生活はもちろん、留守番するとき、移動や旅行、災害時などにも大いに役立ちます。

1. クレートを設置する

生活空間にクレートの扉を外した状態で置きます。

2. クレートに入ることに慣らす

「ハウス」などの号令をかけながら、おやつやおもちゃを使ってクレートのなかに誘導します。クレートのなかに入ったら、しっかりほめておやつをあげます。

3. クレートにいる時間を延ばす

入ることに慣れてきたら、おやつを詰めたおもちゃ（知育玩具）などをクレートのなかで与え、クレートのなかで過ごす時間を延ばしていきます。

4. 扉を閉める

外しておいた扉を取り付け、おやつやおもちゃに夢中になっているうちに扉を閉めます。最初は閉めたらすぐに開け、様子を見ながら扉が閉まっている時間を徐々に延ばします。

じゃれ咬み・甘咬み予防

弱い力で人の手足にじゃれついて咬む「甘咬み」を放置すると、オトナになっても咬みグセが抜けないこともあります。咬みグセをつけないためにも、手や足を使って直接遊ばないようにして、遊ぶときは必ずおもちゃを使いましょう。

- 子犬が手や足に甘咬みをしたら、「痛い！」と言ってその場を離れ、しばらく無視します。
- 子犬のかじりたい欲求を満たすために、かじってもよいおもちゃを与えましょう。

付録 店頭で使えるお客様用リーフレット

*コピーしてお客様にお渡しするなどして、ご活用ください。

子猫を迎えたらやるべきこと

(iStock)

トイレトレーニング

猫はもともと、さらさらした砂のうえでウンチやオシッコをし、そこに前足で砂などをかけて隠す習性があります。猫がいつもいる部屋の中の落ち着ける場所に、トイレ砂とトイレ容器を用意すれば、比較的カンタンにトイレを覚えることができます。

＊トイレは食器と離して置きましょう。

次のようなタイミングでトイレに連れて行きます

- 目を覚ましたとき
- 食後や水を飲んだ後
- 遊んだ後、興奮した後
- 前回のトイレから1時間以上が経ったとき

トイレの環境を整えましょう

- 基本的には、適切なトイレを用意すればそこで排泄しますが、トイレの場所が遠いと探すことができないので、いつもいる部屋の中など、近くに設置します。
- トイレを覚えるまでは、植物の鉢やプランターなど猫トイレとまぎらわしいものは片づけておきます。
- 子猫がトイレを見つけやすいように、ペットショップで使用していたタイプの猫砂を用意しましょう。
- 子猫が入りやすいように、段差の低いトイレを選びましょう。

失敗しても叱らないで！

- トイレの失敗をしたとき、飼い主さんが大きな声を出したり叱ったりしても、子猫がおびえるだけでしつけとしての効果はありません。
- トイレを失敗したときは、子猫をサークルやケージに入れ、静かに片づけます。

猫はきれい好きでニオイに敏感。トイレが汚れていると使わないことがあるので、排泄物はこまめに片づけ、清潔に保ちましょう。

じゃれ咬み・甘咬み予防

弱い力で人の手足にじゃれついて咬む「甘咬み」を放置すると、オトナになっても咬みグセが抜けないこともあります。
咬みグセをつけないためにも、手や足を使って直接遊ばないようにして、遊ぶときには必ずおもちゃを使いましょう。

NG

ねこちゃんとあなたが快適に暮らすためのしつけをしましょう。

キャリーバッグトレーニング

キャリーバッグは、動物病院に連れて行くときや災害時などに欠かせません。
ねこちゃんがキャリーバッグのなかで落ち着いて、リラックスして過ごせるようになるために、練習して慣らしておきましょう。

1. キャリーバッグを置く

生活空間に、キャリーの扉を外した状態で置きっぱなしにします。

2. キャリーに入ることに慣らす

おやつやおもちゃなど使って、自分からキャリーのなかに入るようにします。なかに入ったらほめます。

3. なかにいる時間を延ばす

入ることに慣れてきたら、キャリー内でごはんやおやつをあげるなど、なかにいる時間を少しずつ延ばします。

4. 扉を閉める

入ることに慣れたら、外しておいた扉を取りつけ、なかにいるときに扉を閉めます。最初は閉めたらすぐに開け、様子を見ながら扉が閉まっている時間を徐々に延ばします。

＊扉を閉めても落ち着いていられるようになったら、キャリーバッグを持ち上げて移動する練習もしておきましょう。

爪とぎ

爪とぎには、爪のお手入れ、マーキング、ストレッチなど、さまざまな役割があり、猫の本能による行動です。猫の欲求を満たすためにも、爪とぎをやめさせるのではなく、爪とぎしやすい場所を提供することが重要です。

愛猫の好みの爪とぎ器を見つけましょう

ダンボール、麻紐、カーペット、木製などさまざまなタイプがあります。いくつか試して好みのものを見つけてあげましょう。

爪とぎ器の置き方を工夫しましょう

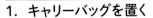

床と水平に爪をとぐのが好きなコもいれば、上体を起こして垂直に研ぐのが好きなコもいます。

爪とぎ器に慣らしましょう

爪とぎ器に猫の前足の肉球を軽くこすりつけてニオイをつけておきます。マタタビの粉などを爪とぎにふりかけると、興味を持つこともあります。

爪とぎをしてほしくない場所には、カバーをかけたり、ツルツルのシートで覆ったりして、爪をとげないような対策をしてください。

付録　**店頭で使えるお客様用リーフレット**
*コピーしてお客様にお渡しするなどして、ご活用ください。

犬のライフステージとケア

うちのコいま何歳？

いつまでも子どものようにかわいらしい愛犬も、あっという間に飼い主さんの年齢を追い越していきます。健康で長生きしてもらうためには、愛犬の年齢を人間の年齢に換算してみると、今の状態や必要なケアがイメージしやすくなります。

> **小型犬**や**中型犬**は、最初の2年で24歳、3年目からは1年に4歳ずつ年を取るといわれています。

> **大型犬**は、最初の1年で12歳、2年目からは1年に7歳ずつ年を取るといわれています。

犬と人の年齢換算表

犬の年齢	人の年齢に換算	
生まれてからの年数	小型・中型犬	大型犬
1カ月齢	1歳	1歳
2カ月齢	3歳	2歳
3カ月齢	5歳	6歳
6カ月齢	9歳	8歳
1歳	13歳	12歳
1歳半	20歳	16歳
2歳	24歳	19歳
3歳	28歳	26歳
4歳	32歳	33歳
5歳	36歳	40歳
6歳	40歳	47歳
7歳	44歳	54歳
8歳	48歳	61歳
9歳	52歳	68歳
10歳	56歳	75歳
11歳	60歳	82歳
12歳	64歳	89歳
13歳	68歳	96歳
14歳	72歳	103歳
15歳	76歳	
16歳	80歳	
17歳	84歳	
18歳	88歳	
19歳	92歳	
20歳	96歳	

＊年齢換算はあくまでも大まかな目安です。
参考：「飼い主のためのペットフードガイドライン」（環境省）

離乳期（生後2カ月）
- 消化機能がまだ未熟なため、やわらかくした子犬用フードを少量ずつに分けて与えます。
- 社会化期（3～12週）は、犬の一生に関わる多くのことを、経験を通して学習する大切な時期です。

成長期（小型・中型犬：生後2カ月～1歳／大型犬：生後2カ月～1歳半）
- 子犬用（成長期用）フードを与えます
- 乳歯から永久歯に生え替わります。（生後4～7カ月）
- 小型・中型犬は生後6～12カ月、大型犬は12～24カ月で最初の発情が訪れます。
- 好奇心旺盛な時期。誤飲や思わぬ事故に気をつけましょう。

成犬期（小型・中型犬：1～7歳／大型犬1歳半～5歳）
- 成長が止まり、体重や体型が安定します。
- 成犬期（維持期）用のフードを与えます。
- 運動と食事管理で肥満にならないよう気をつけましょう。

中高齢期（小型・中型犬：7～12歳／大型5～8歳）
- 運動量が減る、毛づやがなくなるなど、老化がゆるやかに始まります。
- 生活習慣病の症状が現れ始めます。
- 高たんぱく、低脂肪、高消化率のシニアフードに切り替えます。

高齢期（小型・中型犬：12歳以上　大型犬：8歳以上）
- 筋力が衰える／足腰がふらつく／耳が遠くなる／白内障になる／やせるなど、本格的な老いの症状が現れます。
- 認知症になったり、介護が必要になることもあります。
- 体に負担がかからない生活環境を整えましょう。
- 超高齢犬用フードなどもあります。

年1回以上は、健康診断を行いましょう。

猫のライフステージとケア

うちのコいま何歳?

いつまでも子どものようにかわいらしい愛猫も、あっという間に飼い主さんの年齢を追い越していきます。健康で長生きしてもらうためには、愛猫の年齢を人間の年齢に換算してみると、今の状態や必要なケアがイメージしやすくなります。

> 猫は、は最初の2年で24歳、3年目からは1年に4歳ずつ年を取るといわれています。20歳を超える猫もめずらしくありません！

猫と人の年齢換算表

猫の年齢（生まれてからの年数）	人の年齢に換算
1カ月齢	1歳
2カ月齢	2歳
3カ月齢	4歳
6カ月齢	10歳
1歳	15歳
1歳半	21歳
2歳	24歳
3歳	28歳
4歳	32歳
5歳	36歳
6歳	40歳
7歳	44歳
8歳	48歳
9歳	52歳
10歳	56歳
11歳	60歳
12歳	64歳
13歳	68歳
14歳	72歳
15歳	76歳
16歳	80歳
17歳	84歳
18歳	88歳
19歳	92歳
20歳	96歳
21歳	100歳
25歳	116歳

＊年齢換算はあくまでも大まかな目安です。
参考：「飼い主のためのペットフードガイドライン」（環境省）

離乳期（生後2カ月）

- 生後2カ月頃までの離乳期は、消化機能がまだ未熟なため、やわらかくした子猫用フードを少量ずつに分けて与えます。
- 社会化期（2〜9週）は、猫の一生に関わる多くのことを、経験を通して学習する大切な時期です。

成長期（生後2カ月〜1歳）

- 生後3カ月頃から子猫用（成長期用）フードを与えます。
- 乳歯から永久歯に生え替わります。（生後3〜6カ月）
- 生後4〜12カ月で最初の発情が訪れます。
- 好奇心旺盛な時期。誤飲や思わぬ事故に気をつけましょう。

成猫期（1〜7歳）

- 成長が止まり、体重や体型が安定します。
- 成猫期（維持期）用のフードを与えます。
- 運動と食事管理で肥満にならないよう気をつけましょう。

中高齢期（7〜12歳）

- 体力が徐々に落ちてきます。
- 猫に多い慢性腎臓病などの症状が現れ始めます。
- 高たんぱく、低脂肪、高消化率のシニアフードに切り替えます。

高齢期（12歳以上）

- 12歳頃から、高いところに登らなくなる、動きがゆっくりになるなどの本格的に老化の兆候が見えてきます。
- 15歳頃から寝ている時間が長くなります。
- 体に負担がかからない生活環境を整えましょう。
- 超高齢猫用フードなどもあります。

年1回以上は、健康診断を行いましょう。

付録　店頭で使えるお客様用リーフレット

＊コピーしてお客様にお渡しするなどして、ご活用ください。

ペット用非常持ち出し袋

準備していますか!?

いざというときに備えて、ペット用非常持ち出し袋を用意しておきましょう。
荷物が多すぎても運び出せないため、持ち出すものには優先順位をつけましょう。

優先順位1　動物の健康や命に関わるもの

- ☐ 療法食、薬
- ☐ ペットフード、水（少なくとも5日分、できれば7日分以上）
- ☐ 予備の首輪、リード（伸縮リードでないもの）、名札
- ☐ ペットシーツ
- ☐ トイレ用品（猫の場合は使い慣れたトイレ砂など）
- ☐ 排泄物の処理用具
- ☐ 食器　など

優先順位2　情報

- ☐ 飼い主の連絡先、飼い主以外の緊急連絡先・預け先などの情報
- ☐ ペットの写真
- ☐ ワクチン接種状況、既往歴、投薬中の薬の情報、かかりつけの動物病院の連絡先　など

優先順位3　ペット用品

- ☐ タオル、ブラシ
- ☐ ウェットタオル
- ☐ ビニール袋
- ☐ お気に入りのおもちゃやニオイのついた用品
- ☐ 洗濯ネット（猫の場合）
- ☐ ガムテープやマジックペン　など
- ☐ クレートやケージ

避難が必要になったとき、ペットと一緒に安全な場所まで移動する【同行避難】が原則です。猫や小型犬は必ずキャリーバッグに入れて避難してください。

参考：「人とペットの災害対策ガイドライン」（環境省）

付録 独立開業タイムテーブル

独立開業までの歩み

■学校を卒業してからやっておきたいこと

●固い信念を持つ

　ペットビジネスの勉強を始めた人ならばだれでも「いつかは自分の店を持ちたい」という夢を持っていることでしょう。しかしその大半は、残念ながら途中で挫折してしまいます。

　そのきっかけは些細なことだといいます。たとえば「カットの途中に犬を傷つけてしまった」「犬に咬まれて怖くなった」ということで自信をなくしてしまうことが多いのです。

　最初から高い技術を持った人などいません。夢を持ち続けて、それを目標にやる気と根気を持続させることが大切です。

●いろいろな店舗で経験を積む

　多くの独立開業成功者が、実現までに2、3回の転職を経験しているといいます。一つのショップでじっくりと勉強することも大切ですが、いろいろな環境で、それに応じた多くの経験をつむことが重要な財産となります。

　カットやシャンプーなどのサービスが中心となっている店、ペット用品・フード販売が中心の店、ペット販売が中心の店、住宅街のなかにある店、都心の大型店など、さまざまな職場での経験をもとに、自分にあったビジネススタイルを探してみましょう。

●対人間、対ペットとのコミュニケーション
ペットを連れた人間へのコミュニケーションが必要

　「動物は大好きだけど、人づきあいは苦手」ということでは、ショップはやっていけません。技術を磨くことも必要ですが、それ以上に大切なのはお客様とのコミュニケーション能力です。

　商品やサービス、しつけや健康などについてのアドバイスを的確に、しかも感じよくできる人こそが、ペットショップで成功する人間です。またそれによりつちかった人脈は、必ずあなた自身の開店にもプラスの力となって大きく作用するはずです。

●独立のための開業資金を考える

　一軒のショップを持つためには、その立地や建物の規模、設備、従業員の数などで大きく異なりますが、開業資金が必要になります。自分が描いている店舗のイメージをしっかりと持ち、綿密な計画を練りましょう。

　資金がない場合には、親や知人にお金を借りて、ショップが軌道に乗ってから少しずつ返済をしていくスタイルを取る人が多いと思います。また、自宅で開業して、開店資金を節約する方法もあります。店舗を持たずに、お客様のもとへ出向いていってサービスを行う方法もあります。

　最初から店舗を持つための開業資金計画を綿密に練ることは大事ですが、あらゆる節約方法を検討してから、開業資金を算出する方が現実的です。

●自分にしかできない技術・知識を得る

　成功している人たちのなかには、グルーミング方法やマッサージなど独自のサービス技術により、開店当初から固定客を得ている人たちも少なくありません。

　開店準備までの経験をつんでいる間は、常に探究心を持って取り組み、しっかりとした技術とオリジナリティーを得るように勉強しましょう。「うちのワンちゃんのグルーミングは○○さんにやってもらいたい」という指名客を持つことができれば、その人が開業したときのお得意様となってくれるかもしれません。

◎独立開業までの大まかなスケジュール

❶ 開店プランを作成する
○職種・サービス内容を決める
○店のコンセプトを固める

最初に「自分がやりたいのはどんなショップか」を明確にすることは非常に大切。まずは店で提供したいサービス（職種）を絞り込み、さらに①どんなお客様に来てもらいたいか（年齢層、趣味、飼っているペットの種類・サイズなど）、②価格帯（高級／リーズナブル）、③ショップのウリ、など基本的なコンセプトを固めていこう。

❷ 開業場所を決める
○エリアを絞り込む
○近隣の市場調査をする
○各自治体の条例等の調査
○店舗物件を探す

まず❶で決めたコンセプトを念頭に、エリアを絞り込もう。例えば「高級感のある商品を置き、落ち着いた店にしたい」なら、高級住宅地などに近い場所がいい。近辺にあるペットショップの数や種類、ペットの飼育頭数など、最低限の市場調査をし、その自治体独自の条例なども調べる。問題がなければ、物件探しへ。周辺環境、広さと間取り（自分のやりたいサービスができるか）、家賃などの条件をよく検討しよう。

❸ 事業計画書を作成する
○必要な資金の見積もり
○資金の調達・返済計画を立てる
○店舗の収支予算の作成

物件探しと並行して、資金面も含めた事業計画書を作成しよう。金融機関などから融資を受ける場合、「開業にかかる費用」「開業後の収支予測」「資金の調達および返済方法」などを詳しく説明した事業計画書の提出が求められる。融資を受けない場合でも、きちんと資金計画を立てておくことは非常に大切。自己資金がいくらあるのか、不足分をどう補うか、1日の売上はどれくらいありそうかなどを現実的に見積もっていこう。

❹ 店舗の設営
○不動産契約
○店舗デザイン・レイアウトを決める
○設備・什器・備品の手配

資金計画が決まり、晴れて店舗物件を契約したら、店舗の設営に取りかかる。店舗のデザイン・レイアウトは、イメージだけでなく、実際に働いてみて便利かどうかも重要。ペット関連の店舗を手がけた経験のある施工業者などに工事を依頼できれば安心だ。店舗で使う設備・什器・備品は、予算に合わせて調達しよう。

⑤ 商品の仕入れ手配とスタッフ採用
- 取扱商品の選定
- 仕入れ先の選定
- スタッフの募集・面接

　商品はペットの専門問屋などから卸してもらうのが一般的だが、海外の商品や手作りの1点モノなど、個性的な商品を扱いたい場合は、メーカーと交渉して直に仕入れる。犬や猫などのペットを販売する場合は、安全な仕入れルートをよく考える必要がある。スタッフの募集では、月々の人件費をよく考えたうえで、人数や賃金、働いてもらう時間等を決めていこう。

⑥ 諸手続き
- 動物取扱業の登録をする
- 開業に必要な資格を取得する
  （動物取扱責任者　ほか）
- その他、各自治体で定める手続き

　動物愛護管理法により、動物の販売、保管、貸出、訓練展示等を行う場合は「第一種動物取扱業」として登録することが義務づけられている。また、動物の管理方法や飼育施設の規模・構造などの基準も定められている。管轄の自治体に問い合わせ、店舗の開業までに所定の手続きを済ませておく。登録を受けるためには事業所ごとに「動物取扱責任者」を置かなければならない。また、飲食を提供するドッグカフェでは「食品衛生責任者」の有資格者も必要となる。このほか、税務関連や社会保険関連の届け出も忘れずに行うこと。

⑦ 最終準備
- 商品の納品・陳列
- スタッフの研修
- チラシ・広告の手配
- 近隣への挨拶

　店舗物件の工事が終わり、設備・什器等が搬入されたら、納品された商品を陳列し、開店の準備を整える。採用したスタッフに、商品・サービスに関する説明や接客の指導といった研修も行っておくとよい。開店前には広告やチラシを作成したり、SNSなどを活用して、なるべく多くのお客様にショップの存在を知ってもらうよう手配する。また、近隣の店舗はもちろん、今後、何かと関わりのある周辺の動物病院にも開業のあいさつをしておこう。

⑧ 開業！

索引

【英字】

AAFCO	92、95
ABC分析	205
EOSシステム	209
FAX	122、124
FeLV → 猫白血病ウイルス感染症	
FIP → 猫伝染性腹膜炎	
FIV → 猫免疫不全ウイルス感染症	
POP(ポップ)	198、199
POSシステム	208
SFTS → 重症熱性血小板減少症候群	
SMS・メッセージアプリ	125
SNS	213

【あ】

愛玩動物看護師	13、29
愛玩動物看護師法	21
愛玩動物飼養管理士	28
あいさつ	116〜118
アウトブリード	76
アガリクス(栄養補助食品)	91
秋田	49
アビシニアン	59
アフターフォロー	26、210
アメリカンカール	60
アメリカン・コッカー・スパニエル	43
アメリカンショートヘア	55
粗(荒)利益高	205
粗(荒)利益率	205

【い】

異系交配法	76
移行期	
子犬	146
子猫	158
異種交配法	76
イタリアン・グレーハウンド	39
胃腸うっ滞(ウサギ)	97
一等地(売り場)	195
遺伝子	74
遺伝子型	74
遺伝性疾患	
犬	77
猫	79
遺伝様式	74
遺伝率	74
犬感染性肝炎	143
犬コロナウイルス感染症	143
犬ジステンパー感染症	143
犬伝染性咽頭気管支炎(ケンネルコフ)	143
犬等の輸入検疫制度	21
犬・猫回虫症	113
犬猫等健康安全計画	134
犬猫等販売業者	17
犬パラインフルエンザ	143
犬パルボウイルス感染症	143
犬用ウェア	191
犬レプトスピラ感染症	143
イングリッシュ・コッカー・スパニエル	43
インブリード	77

【う】

ウィペット	41
ウエスト・ハイランド・ホワイト・テリア	44
ウェットテイル(ハムスター)	96
ウェットフード	86
ウェルシュ・コーギー・ペンブローク	45
ウサギ	66〜69、96〜97、165〜167
売上総利益	205

【え】

栄養回復(療法食)	90
栄養基準(ドッグフード、キャットフード)	95
栄養性脱毛(ハムスター)	96
栄養補助食品	91
エーラス・ダンロス症候群	79
エキゾチック(ショートヘア)	55
エコノミータイプ(ペットフード)	87
エチルアルコール(70%)	112

【お】

嘔吐(吐く)	
子犬	145
子猫	157
オウム病	113
オオカミ	30
オープン価格	205
おじぎ	118
おもちゃ	
犬	148、150〜151
猫	160〜161、188
オリエンタル(ショートヘア)	58
オリエンタルタイプ	57
卸問屋	11

【か】

回虫症(犬・猫回虫症)	113
界面活性剤	112
拡張性心筋症	78
家族性腎症	79
家族性皮膚筋炎	79
家庭動物管理士	28
下部尿路疾患・尿石症(療法食)	90
咬みつき	146、147
カラー	187

間食	87	下痢		サルモネラ症	113
関節疾患	90	子犬	144		
感染症の予防及び感染症の患者に対する医療		子猫	156	【し】	
に関する法律	22	健康診断		次亜塩素酸ナトリウム	111
感電	163	子犬	140	シー・ズー	38
		子猫	154	シーズン別販売促進	214
【き】		ケンネルコフ	143	仕入れ	202～208
寄生虫				シェットランド・シープドッグ	46
子犬	142～145	【こ】		嗜好性	81
子猫	154～157	誤飲	163	脂質	82
逆性石けん	112	口腔疾患(療法食)	90	膝蓋骨脱臼	77
客単価	205	抗酸化物(栄養補助食品)	91	しつけ	
客動線	194	高脂血症(療法食)	90	子犬	146～151
キャットタワー	184	甲状腺機能亢進症(療法食)	90	子猫	156～162
キャットフード	89	口内炎	145	品揃えゾーン	195
キャバリア・キング・チャールズ・スパニエル		公認訓練士	29	歯肉炎・歯周病(フェレット)	98
	40	公認トリマー	29	柴	48
キャリーケース(キャリーバッグ)	184、186	肛門	144	シベリアン・ハスキー	45
狂犬病	21、113	肛門腺(フェレット)	67	ジャーマン・シェパード・ドッグ	46
狂犬病予防法	21	肛門嚢	32、144	社会化	
共同仕入れ	205	肛門嚢しぼり	153	子犬	146～147
虚血性大腿骨頭壊死	77	高齢犬用フード	88	子猫	158
近親交配法	76	高齢猫用フード	89	社会化期	
		ゴールデンハムスター	66	犬	97
【く】		ゴールデン・レトリーバー	42	猫	102
クーリングオフ	27	股関節形成不全	77	若年期(猫)	158
くしゃみ	157	呼吸が荒い(子猫の)	157	若年性白内障	78
グルーマー	11	個人情報保護法	128	ジャック・ラッセル・テリア	44
グルコサミン(栄養補助食品)	91	骨折	163	ジャパニーズボブテイル	58
グルコン酸クロルヘキシジン	112	言葉遣い	119	ジャパニーズホワイト	69
グルタールアルデヒド	112	コビータイプ	54	シャム(サイアミーズ)	57
グルタラール	112	コリー眼異常	78	ジャンガリアンハムスター	65
クレート	189	混合ワクチン		シャンプー	
クレーム対応	130	犬	143	子犬	153
クレゾール石けん	112	猫	155	子猫	162、189
		コンドロイチン(栄養補助食品)	91	獣医師	13、14
【け】				獣医師法	20
系統交配法	76	【さ】		獣医療法	20
景品表示法	28	サークル	186	什器	196
契約不適合責任	27	サイアミーズ	57	集客ゾーン	195
けいれん	144	在庫管理	208	重症熱性血小板減少症候群(SFTS)	113
ケージ	186	催事スペース	196	重点商品	204
血統書	35、64	サイベリアン	63	主通路	194
毛づや	156	債務不履行責任	27	出血	163
		サプリメント	91	消化器疾患(療法食)	90

条件付特定外来生物	25
脂溶性ビタミン	85
消毒薬	111〜113
消毒用エタノール	112
消費者契約法	27
商品回転率	206
商品提示	128
食物アレルギー又は食欲不振症（療法食）	90
食欲がない	
子犬	145
子猫	157
シンガプーラ	56
人工哺乳	140
新生子期	
子犬	146
子猫	158

【す】

水溶性ビタミン	85
スーパープレミアムフード	87
頭蓋下顎骨症	77
スコティッシュフォールド	56
スコティッシュフォールドに関連した骨軟骨異形成	79
スタンダード（犬種標準）	35
ストルバイト尿石（療法食）	90
スフィンクス	61
スポーティング・グループ	42

【せ】

成犬用フード	88
成長ステージ	
子犬	146
子猫	156
成猫用フード	115　89
咳（子猫）	157
接客ゾーン	195
接客の注意	128〜132
絶滅のおそれのある野生動植物の種の保存に関する法律	23
セミコビータイプ	55
セミフォーリンタイプ	60
セミモイストフード	86
染色体	74

全世界の絶滅のおそれのある動植物のリスト	25
先天性心疾患	78
先天性難聴	
犬	77
猫	79

【そ】

総売上高総利益率	205
総合栄養食	87〜89
僧帽弁閉鎖不全症	78
ゾーニング	195
その他の目的食	90
ソフトクレート	186
ソフトドライフード	86
ソマリ	59

【た】

第一種動物取扱業	16〜17
第一種動物取扱業者及び第二種動物取扱業者が取り扱う動物の管理の方法等の基準を定める省令	19、136〜139
代謝性骨疾患・低カルシウム血症（フクロモモンガ）	100
態度・仕草	119
第二種動物取扱業	18
対面説明	177〜178
ダイレクトメール	211
抱き方（子犬、子猫の）	133
ダックスフンド	41
ダッチ	69
多頭飼育（小動物）	64
棚卸し	208
棚什器	196
炭水化物	82
タンパク質	83

【ち】

知育おもちゃ	
子犬	150
子猫	161
チャイニーズハムスター	66
超酸化水	112
超酸性水	112
チワワ	37

チンチラ	71〜72、99、170〜171
チンチラ（ペルシャ）	54
陳列	197

【つ】

爪切り	
子犬	153
子猫	162、190
爪とぎ	159
爪とぎ器	184

【て】

定番商品	204
手紙	122
デグー	70、90、169
デッドスペース	195
テリア・グループ	43
点検状況記録台帳	105
展示時間	179
電子メール	122
電話	121

【と】

トイ・グループ	37
トイ・プードル	37
トイレ	
ウサギ	166
子犬	147
子猫	162
チンチラ	171
デグー	169
ハムスター	165
フェレット	167
フクロモモンガ	173
モルモット	168
ヨツユビハリネズミ	172
トイレのしつけ	
子犬	147
子猫	158
糖質	82
糖尿病（デグー）	100
糖尿病（療法食）	90
動物取扱業者	16、136

項目	ページ
動物取扱業における犬猫の飼養管理基準（省令）	136～139
動物取扱責任者	17
動物の愛護及び管理に関する法律	15～19
動物の適正な取扱いに関する告示	20
トキソプラズマ症	155
特定外来生物による生態系等にかかる被害の防止に関する法律	23
特定動物	18
特発性てんかん	78
ドッグトレーナー	12
ドライフード	86
トリマー（グルーマー）	11

【な】

納豆菌（栄養補助食品）	91

【に】

日本犬	48
日本スピッツ	49
日本の絶滅のおそれのある野生生物	25
尿石症	
ウサギ	97
フェレット	99
ヨツユビハリネズミ	100
尿の色	
子犬	144
子猫	156
妊娠期間	
犬	34
ウサギ	68
チンチラ	72
デグー	71
猫	52
フェレット	67
フクロモモンガ	73
モルモット	70
ヨツユビハリネズミ	72

【ぬ】

抜け毛	156

【ね】

値入れ率	206
猫ウイルス性鼻気管炎	155
猫カリシウイルス感染症	155
猫伝染性貧血	155
猫伝染性腹膜炎（FIP）	155
猫白血病ウイルス感染症（FeLV）	155
猫汎白血球減少症	155
猫ひっかき病	113
猫免疫不全ウイルス感染症（猫エイズ　FIV）	155
ネザーランドドワーフ	68

【の】

ノルウェージャンフォレストキャット	62
ノンスポーティング・グループ	47

【は】

ハーディング・グループ	45
バーニーズ・マウンテン・ドッグ	45
売買契約書	174～176
ハウス	
子犬	148
子猫	160、184、186
ハウンド・グループ	40
パグ	39
パスツレラ症	113
発情間期	52
発情期	
犬	33
猫	52
発情休止期（犬）	34
発情後期（犬）	34
発情周期	
犬	33
チンチラ	71
デグー	70
猫	52
ハムスター	65
フクロモモンガ	73
モルモット	70
発熱（子犬）	144
鼻が乾く（子犬）	145
鼻水	
子犬	145
子猫	157
パピヨン	39
歯ブラシ	190
歯みがき	
犬	152
猫	162
ハムスター	65～66、96、164～165
汎進行性網膜萎縮	78
販売士	29

【ひ】

ビーグル	41
ビション・フリーゼ	47
肥大性心筋症	79
ビタミン	85
ビタミンC（栄養補助食品）	91
ビタミンC欠乏症（モルモット）	98
人と動物の共通感染症	113
皮膚糸状菌症	113
皮膚疾患（療法食）	90
皮膚病	156
ヒマラヤン（ペルシャ）	55
肥満（療法食）	90
表現型	74
表情	118
平台	196

【ふ】

フード	
ウサギ	166
チンチラ	171
ハムスター	165
フェレット	167
フクロモモンガ	173
モルモット	168
ヨツユビハリネズミ	172
フェイス（売り場）	196
フェレット	66～67、98、109、166～167
フォーリンタイプ	58
フォンヴィレブランド病	79
不快感を与える接客態度	130
フクロモモンガ	79、100、172～173
不正咬合	
ウサギ	97
チンチラ	99
不当表示	28、94
不法行為責任	27
ブラシ／クシ	190

項目	ページ
ブラッシング	
子犬	152
子猫	162
ブリーダー	12、206
ブリティッシュショートヘア	56
ブルドッグ	48
プレミアムタイプ（ペットフード）	87
フレンチ・ブルドッグ	47

【へ】

項目	ページ
ペキニーズ	39
ペットの仕入れ	206
ペットフード	86〜95、185
ペットフード安全法	92
ペットフードの表示に関する公正競争規約	92
ペルシャ	54
ベンガル	63

【ほ】

項目	ページ
ポイントカード	212
ホーランドロップ	69
ボーダー・コリー	46
ホームページ	125、212
ボストン・テリア	48
哺乳（子猫）	154
哺乳期（哺育期）	
子犬	140〜142
子猫	154〜155
ポメラニアン	37
ホルマリン	112
本態性脂漏症	79

【ま】

項目	ページ
マイクロチップ	18、178
マグネットスペース	194
マルチーズ	38
慢性肝機能低下（療法食）	90
慢性心機能低下（療法食）	90
慢性腎機能低下（療法食）	90
マンチカン	60

【み】

項目	ページ
水	85
水を頻繁に飲む	157
身だしなみ	119

項目	ページ
ミニチュア・シュナウザー	43
ミニチュア・ピンシャー	40
ミヌエット	57
ミネラル	84
耳掃除	
子犬	153
子猫	162、190
耳の異常（犬）	145
民法	26

【む】

項目	ページ
無発情期（犬）	34

【め】

項目	ページ
名刺交換	118
メインクーン	61
メーカー（ペット用品・フード）	11
目の炎症（犬）	145

【も】

項目	ページ
モルモット	69〜70、97、109、168〜169

【や】

項目	ページ
薬物、毒物	163
やけど	163
薬機法	28

【よ】

項目	ページ
幼犬後期	146
幼犬用フード	88
陽性石けん	112
幼猫用フード	89
幼齢動物の販売規制	178
ヨークシャー・テリア	38
ヨツユビハリネズミ	72、100、171〜172

【ら】

項目	ページ
ライソゾーム病	79
ラインブリード	76
ラガマフィン	63
ラグドール	62
ラブラドール・レトリーバー	42

【り】

項目	ページ
リード	187

項目	ページ
離乳食	
子犬	141
子猫	154
両性界面活性剤	112

【れ】

項目	ページ
レジ周り	130
レッキス	69
レッグ・カルベ・ペルテス病	77
レッドデータブック	25
レッドリスト	25
レプトスピラ症	113

【ろ】

項目	ページ
ロシアンブルー	58
ロボロフスキーハムスター	66
ロング＆サブスタンシャルタイプ	61

【わ】

項目	ページ
ワーキング・グループ	44
ワクチン接種	
子犬	142〜143
子猫	154〜155
ワシントン条約	22

■監修者プロフィール

水越美奈（みずこし みな）
日本獣医生命科学大学 教授。獣医師、博士（獣医学）。獣医行動診療科認定医（日本獣医動物行動研究会）、JAHA（日本動物病院協会）認定家庭犬しつけインストラクター。日本獣医畜産大学獣医学科卒業。6年間の臨床経験後、渡米。行動治療と動物福祉を学ぶ。帰国後、「P.E.T.S 行動コンサルテーションズ」を主宰。犬と猫の問題行動カウンセリングやペットのためのセミナーを開催。著書に『イヌの心理学』、『犬と猫の問題行動の予防と対応 動物病院ができる上手な飼い主指導』、『犬語大辞典』など著書多数。

監修ページ：Part 1、6、7、10、11、12、付録の全文、Part 3、4、5、8の犬猫に関する記事。

田向健一（たむかい けんいち）
田園調布動物病院 院長。博士（獣医学）。麻布大学獣医学科卒業。神奈川、東京の動物病院を経て現在に至る。犬猫ウサギから小動物、爬虫類を診療対象にしている。『ウサギ・フェレット・齧歯類の内科と外科』（インターズー・現 エデュワードプレス）、「生き物と向き合う仕事」（ちくまプリマー新書）ほか小動物に関する多数著書執筆。

監修ページ：Part3、5、8章の小動物に関する記事。

浅野明子（あさの あきこ）
髙木國雄法律事務所　弁護士。日本愛玩動物協会認定 愛玩動物飼養管理士1級。早稲田大学法学部卒業。主に相続等一般民事事件、および、ペットに関する法律相談等を扱う。著書に『ペット判例集―ペットをめぐる判例から学ぶ』『知って得する！ペット・トラブル解決力アップの秘訣38！』など多数。

監修ページ：Part 2、9の全文、Part 5、7、8の法律に関する記事。

執　筆	杉崎孝志（第1版）、宮村美帆、大野瑞絵
編集協力	宮村美帆、大野瑞絵
装丁・本文デザイン	Iwai Design（岩井栄子）
組　版	Iwai Design（岩井栄子）、龍屋意匠合同会社
イラスト	Iwai Design（岩井栄子）（各Partはじめのイメージと付録P228、229） はやしろみ（P119、P166～167の雌雄の図、P168～173） ヨギトモコ（P31、P133、P146～147、P152、P159、P160、P164～165、P166～167のケージの図） iStock（P201、P216、付録P226）

※本書の制作に際し、ペットショップの店舗およびスタッフの方々に多大なるご協力をいただきました。心より感謝いたします。

ペットビジネス　プロ養成講座　vol. 1　ペットショップ　改訂第2版

2006年1月25日　第1版第1刷　発行
2024年7月15日　改訂第2版第1刷　発行

監修者	水越美奈、田向健一、浅野明子
発行人	太田宗雪
発行所	株式会社 EDUWARD Press（エデュワードプレス） 〒194-0022　東京都町田市森野 1-24-13　ギャランフォトビル3F 編集部 Tel：042-707-6138／Fax：042-707-6139 販売推進課（受注専用）Tel：0120-80-1906／Fax：0120-80-1872 E-mail　info@eduward.jp WEB Site　https://eduward.jp（コーポレートサイト） 　　　　　　https://eduward.online（オンラインショップ）
印刷・製本	株式会社シナノパブリッシングプレス

乱丁・落丁本は、送料弊社負担にてお取替えいたします。
本書の内容に変更・訂正などがあった場合には、上記の弊社コーポレートサイトの「SUPPORT」に掲載しております正誤表でお知らせいたします。
本書を無断で複製する行為は、「私的使用のための複製」など著作権法上の限られた例外を除き禁じられています。大学、動物病院、企業などにおいて、業務上使用する目的（診療、研究活動を含む）で上記の行為を行うことは、その使用範囲が内部的であっても、私的使用には該当せず、違法です。また、私的使用に該当する場合であっても、代行業者などの第三者に依頼して上記の行為を行うことは違法となります。
© 2024 EDUWARD Press Co., Ltd. All Rights Reserved. Printed in Japan
ISBN978-4-86671-228-4 C3061

大人気ロングセラー、ペットビジネスプロ養成講座シリーズ!!

ペットビジネス プロ養成講座
フードアドバイザー vol.2

栄養学の基礎から販売まで

監修　櫻井 富士朗　島田 真美　定価　6,809円(税込)
仕様　A4判、並製本、180頁、2色　ISBN　978-4-89995-440-8

CONTENTS

▼ 基礎編
- 第1章　はじめに
- 第2章　栄養学
  - Part1　栄養と栄養素
  - Part2　食性・採食パターン・嗜好性
  - Part3　炭水化物
  - Part4　脂質
  - Part5　タンパク質
  - Part6　ビタミン
  - Part7　ミネラル
  - Part8　水
  - Part9　エネルギー
  - Part10　犬と猫の養分要求量
  - Part11　犬種、猫種ごとの標準体重と肥満度の見分け方
- 第3章　ペットフード
  - Part1　フードの成り立ち
  - Part2　各種フードの製造・加工法
  - Part3　フードの表示
- 第4章　サプリメント
- 第5章　1step up セールストーク「よく食べる」に根拠を！

▼ 実践編
- 第6章　対面アドバイス
  - Part1　お客様への対応
  - Part2　フード販売に関するQ&A
  - Part3　事例　地域密着型ショップでの接客
- 第7章　売り場づくり
- 第8章　顧客管理の基本
  - Part1　顧客情報の管理
  - Part2　事例　固定客を増やすための顧客管理

豊富なイラストや写真を用いて
ていねいにポイントを解説！

本書の詳細
https://eduward.online/products/detail/225

EDUWARD Press
オンラインサイト　https://eduward.online

TEL. 0120-80-1906
受付：平日9:00〜17:00

Mail　toiawase@eduward.jp